kritik & utopie ist die politische Edition im mandelbaum *verlag*.
Darin finden sich theoretische Entwürfe ebenso wie Reflexionen aktueller sozialer Bewegungen, Originalausgaben und auch Übersetzungen fremdsprachiger Texte, populäre Sachbücher sowie akademische und außeruniversitäre wissenschaftliche Arbeiten.

Dominik Götz

OPERAISMUS

Geschichte & Philosophie
des autonomen Marxismus in Italien

mandelbaum *kritik & utopie*

Lektorat: Elvira M. Gross
Satz: Kevin Mitrega
Umschlag: Martin Birkner
Druck: Primerate, Budapest

Inhaltsverzeichnis

Vorwort

Die Geschichte des Operaismus ist die Geschichte eines Fehlschlags, zumindest nach den Worten seiner wichtigsten Gallionsfiguren, Mario Tronti und Raniero Panzieri. Doch ist es ein produktiver Fehlschlag, der bis heute noch das Denken und den Blick auf die sozialen und ökonomischen Verhältnisse der Welt stimuliert. Trotz der unglaublichen Vielfalt und facettenreichen Anwendbarkeit der operaistischen Thesen war die Entwicklung dieses Theoriegebäudes unmittelbar mit der ökonomischen und politischen Entwicklung Italiens in der Nachkriegszeit verquickt.

Das Italien der 50er Jahre war geprägt einerseits von dem wirtschaftlichen Aufschwung, wie ihn zunächst alle westeuropäischen Länder nach dem Zweiten Weltkrieg gesehen hatten. Natürlich war nach einem Krieg, der starke Verwüstung und Zerstörung mit sich brachte, und nach der Anbindung an den größten Exporteur wichtiger Güter, die USA, durch den Marshall-Plan ein Wirtschaftsaufschwung vorprogrammiert. Andererseits war die linke Politik Italiens von einer aus dem antifaschistischen Kampf verstärkt hervorgegangenen Kommunistischen Partei dominiert. Diese konnte in den Nachkriegswahlen ihre hegemoniale Stellung ausbauen und durfte sich nun rühmen, eine avantgardistische Stellung im antikapitalistischen Kampf an vorderster Front der Opposition einzunehmen.

Dies blieb folglich nicht unberührt von den theoretischen Auseinandersetzungen dieser Zeit. Hing die marxistische Debatte in anderen Teilen des Kontinents noch an der Frage nach der Machtübernahme und Erlangung einer hegemonialen Position, so konzentrierte sie sich in Italien bereits auf die Frage, wie nun ein geordneter Übergang von einem kapitalistischen Staat zu einem sozialistischen und in weiterer Folge kommunistischen Staat ermöglicht werden könnte.

Palmiro Togliatti war unangefochtener Parteiführer der PCI und der von ihm gewählte Parteitheoretiker war der kurz nach dem Krieg verstorbene Antonio Gramsci. Seine *Gefängnishefte* – er war beinahe die gesamte faschistische Diktatur als politischer Gefangener eingesperrt – umfassen einen reichen Schatz an theoretischen Auseinandersetzungen. Diesen wusste Togliatti sich zunutze zu machen, allerdings in einer für die Zwecke einer führenden kommunistischen Partei bestimmten Interpretation und im Wissen um die Vorzeigewirkung Gramscis, ein Zugang, Gramsci selbst fremd war.

Gramscis politisches Projekt zielte zwar genau auf die Problematik der Einbindung des Kampfes um die Staatsmacht in einen erweiterten marxistischen Theorierahmen, auf Fragen nach der Hegemonie einer Klasse innerhalb des Staatsapparates, der Rolle der Intellektuellen für die politische Konsensbildung, der Verbindung zwischen ökonomischer Basis und Ideologie sowie jene, warum die Revolution in Russland gelang, ihr Feuer jedoch nicht ebenso in anderen, weiter industrialisierten Ländern entfacht werden konnte.

Insofern er jedoch als Schablone für die politische Haltung der PCI nach 1945 diente, bot Gramsci die Hauptangriffsfläche operaistischer Theoriebildung. Mithilfe seines methodischen Historizismus konnte Togliatti nämlich argumentieren, dass die Zeit für den revolutionären Umschwung noch nicht reif sei, da der technologische Stand der italienischen Produktion, und damit die Arbeiterklasse, noch nicht fortgeschritten genug sei, um eine Diktatur des Proletariats anzudenken.

Dies ist das Biotop, in dem sich ein eigenständiger Theoriekorpus entwickelte, der bis heute unzählige Male für tot erklärt wurde und dennoch immer wieder aus der Versenkung emporsteigt, um mit einem ungewohnten Blick neues Licht auf aktuelle Situationen zu werfen.

Ich habe meine Arbeit in der Annahme begonnen, dass diese Theorie eine fruchtbare Verbindungsstelle zwischen marxistischem und anarchistischem Gedankengut darstelle. Ich wollte versuchen, den klassischen Operaismus trontianischer Prägung für eine aktuelle Analyse des Kapitalismus im 21. Jahrhundert wieder urbar zu machen. Allerdings musste ich meine ursprüngliche These verwerfen, da ich durch meine Forschungen auf den sozialen, politischen und kulturellen Nexus aufmerksam wurde, in dem der Operaismus agierte. So bleibt seine ökonomische und politische Theorie meines Erachtens leider auf eine sehr konzise Periode des Nachkriegskapitalismus beschränkt. Sein Blick auf die Arbeiterschaft, die Fabrik und das Verhältnis von Arbeit und Kapital wurde vom keynesianischen Gesellschaftsmodell der Nachkriegszeit vorgezeichnet. Zwar war der Keynesianismus, den sie als kapitalistische Planwirtschaft bezeichnete, sein erbittertstes Feindbild, er blieb aber in derselben Logik des Ausbaus der Produktivkräfte und eines Glaubens an die Möglichkeit ihrer Revolutionierung durch forciertes Wirtschaftswachstum stecken. Der Operaismus hatte imminente Probleme damit, die wirtschaftlichen und politischen Veränderungen in den 70er Jahren entsprechend zu interpretieren und das politische Subjekt – Arbeiter, Arbeiter-Student, Multitude, Kognitariat – diente mehr und mehr als Lückenbüßer, um die Leerstellen der sozialen Analyse zu kaschieren.

Nichtsdestotrotz bleibt eine Analyse der historischen Ereignisse der 60er Jahre unerlässlich, will man die politischen und sozialen Entwicklungen der globalisierten Welt ab den 70er Jahren bis heute verstehen. Und der Operaismus hat einen erheblichen Anteil an der Schaffung eines proletarischen Bewusstseins von Studenten, von Frauen, von Prekarisierten aller Art, insofern er nach wie vor die Fähigkeit des politischen Subjekts zur Selbstermächtigung und Autonomie hervorhebt. Mein Augenmerk liegt vor allem auf der Analyse des sogenannten klassischen Operaismus, eben jenes, der aus den beiden wichtigsten Zeitschriften, *Quaderni Rossi* und *Classe Operaia*, erwuchs. In ihnen wurden die Grundkonzepte geschmiedet, die in weiterer Folge für fortlaufende Entwicklungen umgeformt wurden. Der Nexus jedoch, aus dem heraus diese Konzepte ihre Berechtigung erhielten, ist zweifellos mit dem Beginn der 60er Jahre anzusetzen, in dem die Fabrik als Verbindungsstück zwischen Wirtschaft und Gesellschaft und damit der neue Akteur des Massenarbeiters mit voller Wucht in Erscheinung traten. Somit hoffe ich, mit meiner Arbeit an der Aufklärung der Ideengeschichte beizutragen, die den Operaismus einläutete, um im Weiteren einen Blick auf die Ideengeschichte zu werfen, die aus ihm erwuchs und bis heute nachhallt. Denn nach wie vor verfolge ich die These, dass der Operaismus eine entscheidende Zäsur in der italienischen Theoriegeschichte darstellt und auch in anderen Ländern bis heute eine enorme Wirkmächtigkeit aufweist.

Ich werde also zunächst auf die historische Lage vor der Gründung der *Quaderni Rossi* zu sprechen kommen und die Beziehung zwischen Gramsci und Togliatti durchleuchten, die bereits vor der Machtergreifung Mussolinis gemeinsam an der Gründung eines sozialistischen Italiens mitwirkten.

In weiterer Folge werde ich die Problematik des häretischen Marxismus in Italien, vor allem durch Galvano Della Volpe, behandeln, der auch in der Folge einen sehr großen Einfluss auf die Gallionsfigur des Operaismus, Mario Tronti, ausüben sollte.

Hierauf wird es um die Person Raniero Panzieris, den Gründer der *Quaderni Rossi*, gehen, der als Vordenker des Operaismus bezeichnet werden kann. Die Frage, ob Panzieri nun bereits als operaistischer Denker gesehen werden kann oder ob der klassische Operaismus erst mit Tronti beginnt, bleibt für meine Darstellung unerheblich.

In einem ersten Exkurs werde ich dann auf die immens wichtige Figur Romano Alquati eingehen, der mit seinen detaillierten soziologischen Analysen in den Fabriken des italienischen Nordens viele Grundkonzepte des Operaismus geprägt und geformt hat und damit auch heute noch zu einem der wichtigsten Vertreter des ursprünglichen Operaismus zählt.

Nach *Quaderni Rossi* kam *Classe Operaia*, eine Zeitschrift, von einem Teil der Gruppe der Roten Hefte herausgegeben, die mit den theoretischen Vorgaben Panzieris nicht mehr einverstanden waren. Ein Kapitel werde ich also den Ereignissen widmen, die diese Spaltung provozierten und dabei die methodologischen Unterschiede der beiden Zeitschriften herausarbeiten.

Der weitere Fokus liegt auf der »Bibel« des Operaismus und seinem Verfasser. In *Operai e Capitale* (Arbeiter und Kapital) finden sich Aufsätze Mario Trontis, die sowohl aus der Zeit der *Quaderni Rossi* als auch aus der Zeit von *Classe Operaia* stammen. Ich werde dabei eine sehr genaue Analyse des Textes versuchen, da diese für die Beschreibung derer, die die Erbschaft des Operaismus antreten wollten, unerlässlich ist.

In einem zweiten Exkurs möchte ich dann auf die theoretischen Gemeinsamkeiten und Unterschiede zwischen Tronti und Althusser eingehen. Da sie loyale Anhänger ihrer Partei und dennoch Vertreter einer alternativen Lesart der marxschen Texte waren und ihre Theoriebildung entsprechend gestalteten, betrachte ich eine Gegenüberstellung dieser beiden Exponenten des sogenannten »Westlichen Marxismus« als durchaus aufschlussreich.

Das Kapitel »Ein neuer politischer Akteur« geht der Frage nach, inwiefern die Ideen des Operaismus auch bei der Bildung eines proletarischen Bewusstseins der Studentenschaft, direkt vor der Revolte von 68, mitwirkten. Diese Frage möchte ich positiv beantworten, indem ich mich auf einen Text beziehe, der aus einem Studierendenprotest von 1967 (also noch vor Mai 68) hervorgegangen ist und sich direkt auf operaistische Terminologie und Begriffe beruft.

Das nächste Kapitel wird ein historischer Aufriss der Ereignisse des zweiten *Biennio Rosso* (1968 und 1969; das erste Biennio Rosso beruft sich auf die Zeit des Umschwungs direkt nach dem Ersten Weltkrieg: 1919–1920) sein. Denn in Italien, so könnte man behaupten, hatte die Revolte von 1968 eine längere Dauer und ging in die Lohnverhandlungen vom Herbst 1969 über. Dieser Herbst sollte einen Generalstreik hervorrufen und wird in der italienischen Geschichtsschreibung seither als *Autunno Caldo* (Heißer Herbst) bezeichnet.

In »Die Erbschaft des Operaismus« möchte ich die Zeitschriften behandeln, die auf *Quaderni Rossi* und *Classe Operaia* folgten, dabei möchte ich meine Aufmerksamkeit vor allem auf die zwei wirkmächtigsten Zeitschriften, *Potere Operaio* und *Lotta Continua*, richten, die ihre Redaktionstätigkeit noch zehn Jahre nach dem Ende von *Classe Operaia* erhalten konnten.

Doch auch die folgenden Kapitel lassen sich unter dem Titel »Erbschaft des Operaismus« lesen. Zunächst werde ich auf Massimo Cacciari eingehen, da dieser historisch die erste post-operaistische Theorie ins Leben rufen soll, welche auch von namhaften Theoretikern des Operaismus, wie Tronti und Negri, hohe Beachtung erhielt.

Darauf aufbauend möchte ich dann die späte Theorie Mario Trontis behandeln, die sich teilweise auch auf Cacciaris Konzept der Autonomie des Politischen beruft, obwohl Tronti doch eine andere Lesart dieses Begriffs ins Felde führt, insofern er nicht auf marxistische Grundkoordinaten seiner Theorie verzichten wollte und auch seine Zugehörigkeit zur kommunistischen Partei nicht unberücksichtigt lassen konnte.

In einem dritten und letzten Exkurs möchte ich dann auf die feministische Interpretation des Operaismus von Mariarosa Dalla Costa und Silvia Federici zu sprechen kommen, die mit dem Verweis auf die produktive Tätigkeit der Arbeitskraft den Schwerpunkt auf die nichtentlohnte Arbeit im Haushalt und im Pflegebereich legt. Diese hauptsächlich von Frauen getätigte Arbeit umfasst überwiegend reproduktive Tätigkeiten, obwohl nach Ansicht der Autorinnen gerade die Reproduktion der Arbeitskraft als wichtigste produktive Tätigkeit überhaupt beschrieben werden sollte.

Im darauffolgenden Kapitel werde ich auf Antonio Negri zu sprechen kommen, der ausgehend von Trontis Theorie zu völlig anderen Schlussfolgerungen gelangt als dieser. Während für Tronti der Fabrikarbeiter stets in einer privilegierten Rolle blieb, war für Negri klar, dass sich mit der Veränderung der kapitalistischen Ausbeutung auch die Form des politischen Subjekts des Proletariats veränderte, was ihn zur Bildung des Begriffs vom sozialen Arbeiter veranlasste. Negri gilt als wichtigster und bekanntester Vertreter des Post-Operaismus und konnte mit seiner Trias *Empire*, *Commonwealth* und *Multitudes* auch über die Grenzen Italiens hinweg eine große Leserschaft erreichen.

In meinen Schlussfolgerungen werde ich stichworthaft auf die historischen Ereignisse der 70er und 80er Jahre eingehen und dabei versuchen, die Verbindungslinien zu anderen italienischen Denkern zu ziehen, um zu zeigen, inwiefern auch Theoretiker, die sich nicht der Schule des Operaismus zugehörig sahen, notwendigerweise in deren Fahrwasser geraten sind. Nicht die Antworten, sondern die Fragen bestimmen die Prämissen eines Theoriegebäudes, und insofern der Operaismus die gesamte intellektuelle Landschaft der 60er und 70er Jahre (und damit die Fragestellungen dieser Zeit) beeinflusste, sei es positiv oder negativ, kann er als ein elementarer Teil der italienischen Ideengeschichte gesehen werden.

Togliattis Gramsci

> Es herrschte in Italien, soviel ist bekannt, die Linie De-Sanctis-Labriola-Croce-Gramsci vor: ein unübertroffenes Modell zur Ausübung der kulturellen Hegemonie, um Politik zu machen. Um diese Linie herum, und aufgrund Togliattis Charismas, formierte sich jene außergewöhnliche führende Gruppe der PCI, die in der Nachkriegszeit und darüber hinaus wirkte. Die Mitglieder der Parteiführung und des Sekretariats fanden sich im Istituto Gramsci zusammen. Sie schrieben keine Bücher, umso weniger, als sie fabulöse Ghost-Writer fürs Schreiben engagierten, sondern sie lasen die Bücher. Und dazwischen diskutierten sie mit denen, die dachten.[1]

Gramsci und Togliatti waren beide, zusammen mit Angelo Tasca, Mitbegründer der Zeitschrift *Ordine Nuovo*, einer politischen Zeitschrift, die sich zunächst mit kulturpolitischen Themen befasste, sich jedoch bald nach ihrer Gründung die russische Revolution zum Vorbild nahm und in einen dezidiert revolutionären Kurs einlenkte. Mittel der Wahl war zum damaligen Zeitpunkt die Errichtung dezentraler Arbeiterkonzile

1 Mario *Tronti*, Noi operaisti (Derive Approdi 2009) 18. (Transl.: D. G.; Orig.: »Imperava in Italia, é noto, la linea De Sanctis-Labriola-Croce-Gramsci: un modello ineguagliato dell'esercizio di egemonia culturale per fare politica. Qui intorno, e per il carisma di Togliatti, si era coagulato quel formidabile gruppo dirigente del PCI, all'opera nel dopo-guerra e oltre. I membri della Direzione e della Segreteria del partito li ritrovavi all'Istituto Gramsci. Non scrivevano libri, tanto meno se li facevano scrivere da improbabili *ghost-writer*, ma i libri li leggevano. E tra un fare e l'altro discutevano con chi pensava«; Hervorh.: M. T.)

in den Fabriken als direktes Verbindungsstück der ökonomischen Basis zur politischen Entscheidungsfindung. Dies war der Weg, den Gramsci und Togliatti theoretisch beschritten, während Tasca Räten, Gewerkschaften und der kommunistischen Partei bei der Organisation eines revolutionären Umschwungs dieselbe Wichtigkeit beimaß.[2] Bereits in der redaktionellen Tätigkeit der Zeitschrift trafen also linker und rechter Flügel der kommunistischen Partei aufeinander. Gramsci und Togliatti drängten Tasca bereits nach der siebten Ausgabe der Zeitschrift aus der Redaktion und wurden schnell zu Befürwortern der Gründung eigener Sowjets in Italien. Damit direkt verbunden ist auch Gramscis starkes Interesse an anarchosyndikalistischen Theoretikern wie Sorel.

In Anlehnung an die russische Revolution und – aus der daraus resultierenden Not – um den revolutionären Kommunismus vom reformistischen Sozialismus zu unterscheiden und damit die politische Zugehörigkeit zur KomIntern zu bekräftigen, kam es nach Ende des ersten *Biennio Rosso* 1921 beim 17. Parteikongress der Sozialistischen Partei in Livorno zur Abspaltung des kommunistischen Flügels von der PSI und zur Gründung einer eigenständigen Kommunistischen Partei (der PCd'I). Das Zentralkomitee der neu gegründeten Partei bestand aus 15 Delegierten, von denen fünf Personen in das Exekutivkomitee gewählt wurden, welches das Entscheidungsorgan der Partei darstellte. In Wahrheit jedoch galt Amedeo Bordiga bereits von Anfang an als unangefochtener Parteiführer und bildete zusammen mit Umberto Terracini und Ruggero Grieco den Führungskader der Partei.

2 Flavio *Silvestrini*, Dopo la trincea: Gramsci, »l'Ordine Nuovo« e la rivoluzione italiana. In: Etica & Politica (14/2012) 166.

Schon bald aber sollte Bordiga aufgrund seiner kritischen Haltung in Bezug auf die Vormachtstellung der KPdSU innerhalb der KomIntern der geeinigten kommunistischen Bewegung ein Dorn im Auge werden. Sein Widerstand gegen das Vorhaben, die italienische kommunistische Partei unter die russische Führung zu stellen, beflügelte die Opposition des zentralistischen Flügels um Gramsci, der weitaus mehr zu Zugeständnissen an die russische Führung bereit war.

Als bei der Machtübernahme Mussolinis 1923 einige Mitglieder der Kommunistischen Partei, darunter Bordiga, verhaftet und des Landesverrats angeklagt wurden, kündigte dies den langsamen Fall Bordigas innerhalb der Partei an. In seiner Abwesenheit konnte sich der zentralistische Flügel in Stellung bringen, um dann beim 5. Parteikongress 1924 zum Gegenschlag anzusetzen. Das Zentralkomitee wurde erweitert, und mithilfe der neu eingeführten Wählerstimmen wurde Gramsci in die Position des Generalsekretärs gehoben, ein Titel, der ganz klar die Zugehörigkeit zur russischen Parteilinie demonstrierte. Der offizielle Titel hatte eine weitere Schwächung der Stellung Bordigas zur Folge, dessen Führungsrolle innerhalb der Parteistruktur eine eher informelle war.

Die Strategie der »Bolschewisierung« der italienischen Gesellschaft wurde als einzige Möglichkeit gesehen, ein Bollwerk gegen die herannahende faschistische Bedrohung zu schaffen.

1926 wurde die Kommunistische Partei auf Betreiben Mussolinis verboten und Gramsci wurde verhaftet, zusammen mit anderen namhaften Kommunisten, darunter abermals Bordiga. Nur Togliatti blieb als einer der wenigen von der Verhaftungswelle verschont, da er sich zu dem Zeitpunkt bei einem Treffen der KomIntern in Moskau aufhielt. Kurz zuvor kam es zu einer ersten größeren Auseinandersetzung zwischen Gramsci und Togliatti, die sogenannte »russische Situation« betreffend. Wenngleich Gramsci als gelehriger Schüler dem russischen Meister gedient hatte, kamen auch ihm mittlerweile Zweifel am bisher eingeschlagenen Weg. Zwar hatte die KPdSU sich innerhalb der KomIntern eine hegemoniale Position erkämpft und die Frage nach der Einheit der verschiedenen kommunistischen Parteien Europas zu ihren Gunsten entschieden, doch wurden nach Lenins Tod erstmals Gegenstimmen in der Russischen Kommunistischen Partei zur gegebenen Parteilinie laut. Stalins Hauptziel war die Konsolidierung und Institutionalisierung der kommunistischen Führung im Staatsapparat. Sein theoretisches Programm war geprägt von der Durchsetzung des »Sozialismus in einem Land«. Die leninistische »alte Garde« spaltete sich in einen Kampf um die Frage nach Stabilisierung oder Revolutionierung (Stalin und Bukharin gegen Trotzki und Zinowiew).

War der Großteil der Italienischen Kommunistischen Partei für die politische Einheit mit Stalin und Bukharin, da, im Falle Italiens, die Konsolidierung des kommunistischen Machtanspruches in der politischen Parteienlandschaft den Vorrang hatte, die unmittelbare Machtergreifung jedoch noch fern lag, so bot Gramsci mit seiner differenzierteren Analyse der politischen Situation in den einzelnen Ländern eine andere Sichtweise. Während der führende Flügel der KPdSU die Verantwortung für die fehlende geschlossene Einheit restlos der Opposition zugeschanzt hatte, verortete Gramsci diese Verantwortung eher bei der größeren, hegemonialen Seite. Überdies würde die Hintanstellung dieser Frage die Führungsposition der KPdSU in der KomIntern als Ganzes schwächen, da sie die Wichtigkeit dieser »russischen Frage« nach politischer Einheit für sämtliche kommunistischen Parteien übersähe.

Togliatti hingegen gab der Frage nach der Einheit den Vorrang vor jener nach dem richtigen Weg dieser Einheit. Er, der sich zu dem Zeitpunkt in Moskau befand und den Text der KPdSU hätte vorlegen sollen, sprach sich gegen die Veröffentlichung von Gramscis Brief aus, weil er eine zu starke oppositionelle Ausrichtung zum gegebenen Zeitpunkt für taktisch unklug hielt. Anscheinend war ihm bewusst, dass die Zeit des freien theoretischen Meinungsaustausches innerhalb der russischen Führung spätestens seit Lenins Tod vorbei war. Wie erwähnt wurde Gramsci wenig später verhaftet und verfasste im Gefängnis eines der wirkmächtigsten politischen Werke des 20. Jahrhunderts – die sogenannten *Gefängnishefte*. Togliatti wurde von russischer Seite zum neuen Generalsekretär der italienischen kommunistischen Partei ernannt und begann den antifaschistischen Widerstand vom Ausland aus aufzubauen. Er sollte erst im Jahre 1944 nach Italien zurückkehren.

Hier deutet sich bereits eine wichtige Differenzierung in den zwei Persönlichkeiten Togliatti und Gramsci an: Zwar zeigte Togliatti wie Gramsci eine gehörige Portion Idealismus – die wohl nötig war, um als Parteichef einer revolutionären Oppositionspartei zu fungieren –, er hatte jedoch ebenfalls einen starken Drang zum Opportunismus und ein prognostisches Wissen darüber, was in gewissen Situationen möglich sein würde. Vor allem aber blieb er zeit seines Lebens an das stalinistische politische Paradigma gebunden. Selbst nach 1956, als es zu Massenaustritten aus den europäischen kommunistischen Parteien kam, bemühte sich Togliatti um die Verbesserung der Beziehungen zwischen Moskau und Rom. Togliatti verblieb dabei in einem recht widersprüchlichen Nexus zwischen revolutionärer Rhetorik und der Unterordnung unter die autoritäre Führung Moskaus.

Selbst die *Gefängnishefte* Gramscis sollen vor der Veröffentlichung noch von problematischen Stellen gereinigt worden sein. Manche gehen sogar so weit, Togliatti Zensur und Verleumdung vorzuwerfen. 2012 machte die Veröffentlichung zweier Bücher Furore, weil sie beide einen etwas anderen Gramsci vorstellten und dabei durchaus suggerierten, dass Togliatti an der Fabrikation eines falschen öffentlichen Bildes Gramscis mitgewirkt habe. Giuseppe Vacca[3] beispielsweise behauptet, dass Gramsci sich allmählich vom Leninismus gelöst habe, nachdem er vom stalinistischen Projekt der Zwangskollektivierung des Agrarlandes ab 1929 erfahren hatte. Franco Lo Piparo[4] meint sogar, dass in die Veröffentlichung der *Gefängnishefte* eingegriffen wurde, da nur 33 gedruckt wurden, während das originale Werk 34 Hefte verzeichnete. Togliatti soll demnach so weit gegangen sein, dasjenige Heft zu unterdrücken oder zu vernichten, das Gramscis Konversion zum Liberalismus offenbarte, zu dem er sich schlussendlich bekannt haben soll, nachdem er sich von der Ideologie des Marxismus distanziert hatte. Demnach konnte Togliatti dieses volle Spektrum im Denken Gramscis nicht zulassen, denn es würde natürlich ein völlig neues Licht auf die anderen Hefte werfen und hätte nicht mehr als Mobilisierungsinstrument für eine einheitliche nationale kommunistische Front dienen können. Darüber hinaus wäre Gramsci als intellektuelle Gallionsfigur der italienischen Einheit dadurch nicht mehr tragbar gewesen.

3 Vgl.Giuseppe *Vacca*, Vita e pensieri di Antonio Gramsci. 1926–1937 (Einaudi, Turin 2012).

4 Vgl. Franco *Lo Piparo*, I due carceri di Gramsci, La prigione fascista e il labirinto del comunismo (Donzelli 2012).

Freilich wurden diese umstrittenen Thesen nicht von allen Gramscianern anerkannt, die Autoren stützen sich auf Dokumente, die einen gewissen Interpretationsspielraum zulassen. Auch mir ist es hier nicht daran gelegen, diese Thesen mit meiner Argumentation zu stützen, ich möchte vielmehr zeigen, dass der aktuelle Forschungsstand durchaus einige Fragen offen lässt und die Gramsci-Rezeption auch 80 Jahre nach dessen Tod noch nicht zur Ruhe gekommen ist. Doch der Aufschrei, den diese Thesen in der italienischen Leserschaft erzeugt haben, zeugt von der äußersten Lebendigkeit dieser Kontroverse. Die Hypothese eines derartigen Opportunismus Togliattis ist offensichtlich auch seitens der Intellektuellen Italiens nicht vollkommen abwegig. Und genau auf diesen politischen Opportunismus baut der Versuch einer Argumentation, die zeigen will, inwiefern die bisherige Geschichtsschreibung um Gramsci bewusst in ein falsches Licht gerückt wurde.

Diesen Opportunismus bewahrte Togliatti sich anscheinend auch, um das theoretische Erbe Gramscis für seine strategischen Ziele nutzbar zu machen. Denn auch ohne diese jüngsten Anschuldigungen ist klar, dass es Togliatti darum ging, die politische Theorie Gamscis für seine eigene Konzeption des italienischen Staates zu verwenden und notfalls auch umzuformen. So gab er gewissen Grundkonzepten Gramscis einen ganz persönlichen Zusatz. Begriffe wie Stellungskrieg, Hegemonie, Intellektuelle etc. versuchte Togliatti speziell für die neue politische Situation der Nachkriegszeit urbar zu machen. Die Situation war eine andere als diejenige, in der Gramsci als Redakteur des *Ordine Nuovo* seine Grundkategorien zu schmieden begann. Die PCI war gestärkt aus dem antifaschistischen Widerstand hervorgegangen und konnte nun als treibende Kraft auch erwarten, bei der Gestaltung der Zukunft des Landes mitzuwirken.

Sie blieb zwar Oppositionspartei, war jedoch die größte kommunistische Partei Westeuropas und konnte bei den Wahlen von 1965 bis zu 30 Prozent der Stimmen für sich verbuchen. Auch in vielen politischen und theoretischen Fragen war die institutionalisierte Linke treibender Motor in den Diskussionen um Verteilung, Gerechtigkeit, politische Mitbestimmung und anderes.

Doch die Gefahr, zwischen die Fronten der neu aufgestellten Weltordnung zu geraten und als Spielball zwischen West und Ost zu dienen, musste Togliatti bewusst gewesen sein; ebenso jene, sich mit zunehmender Polarisierung der Bevölkerung zwischen Faschismus und Antifaschismus in einen mehr oder weniger latenten Bürgerkrieg hineinzumanövrieren. So sprach er sich mehrmals gegen die Behauptung aus, dass die Möglichkeiten einer Arbeiterrevolution gerade jetzt vermehrt gegeben seien. Im Hinblick auf die relative technologische Rückständigkeit Italiens wollte er zuerst das Potential der Produktivkräfte ausbauen, um eine Revolution ins Leben zu rufen, die nicht sofort ins Chaos stürzte. Sein wichtigstes Ziel nach dem Krieg blieb daher vor allem das Schmieden einer neuen nationalen Einheit und nicht die Weiterführung und Stilisierung der Zwietracht innerhalb des italienischen Volkes. Vor allem das gramscianische Konzept des Stellungskrieges sollte Togliatti für dieses Ansinnen sehr zu Hilfe kommen, denn es ermöglichte ihm eine theoretische Rechtfertigung für die Notwendigkeit eines gewissen politischen Opportunismus, bei dem er sich durchaus auch auf Lenin zu berufen wusste.[5]

5 Aber auch bei Gramsci selbst hatte es bereits eine gewisse apologetische Funktion, nämlich die, zu erklären, warum die Revolution in anderen Ländern einen anderen Weg gehen müsse, als sie es in Russland tat.

So tritt Togliatti 1944 auch als Parteichef der PCI unter genau diesen Prämissen in die Übergangsregierung der nationalen Einheit ein, zusammen mit Vertretern des Bürgertums und der Monarchie. Ursprünglich die beiden Erzfeinde der PCI, wurden sie doch für eine strategische Koalition gegen Nazi-Deutschland als nützlich erachtet; zumal Stalin Togliatti persönlich mit der Aufgabe betraut hatte, an dieser Übergangsregierung teilzunehmen.[6] Der Schulterschluss mit Bourgeoisie und Monarchisten wurde ideologisch als taktische Maßnahme zur Befreiung des Landes verkauft; nach besagter Befreiung könne im Sinne des Volkes mit beiden abgerechnet werden. Diese Koalition wurde dennoch von vielen als ein erster Verrat an den grundsätzlichen Interessen des Proletariats gesehen, besonders da dieser Kurs der nationalen Einheit länger anhalten sollte als die Übergangsregierung selbst, sie wurde zum Hauptprogramm der kommunistischen Partei Italiens unter Togliatti.

Togliatti verfocht, natürlich in loser Anlehnung an Russland, einen »italienischen Weg zum Sozialismus« mit starkem Fokus zur Massenpartei und damit einer Anbindung an die Mittelschicht durch den Appell an die antifaschistische Einheit und die Konstruktion einer neuen Art von sozialer/sozialistischer Demokratie. Während also die Arbeiter- und Partisanenschaft in spontanen Ausbrüchen auf die Straße drängte, strebte die PCI Togliattis eine Politik der Moderation im Sinne der nationalen Einheit an. Er versuchte die progressiven Wirtschaftssektoren der Bourgeoisie und die Arbeiter zur Zusammenarbeit zu bewegen, um die bürgerliche Demokratie, welche durch Mus-

6 Piattaforma Communista, »70 anni dopo: uno sguardo storico sulla ›Svolta di Salerno‹« (http://piattaformacomunista.com/SVOLTA_SALERNO.pdf, 17.4.2017).

solini unterminiert und entstellt worden war, zu restaurieren. Damit bekräftigte er implizit, dass er das Ziel des Sozialismus als nur auf demokratischem Wege erreichbar betrachtete. Ein weiteres Mal half ihm dabei das Konzept des Stellungskrieges, um den politischen Kampf nun offiziell in das Parlament verfrachten zu können, zur Konsolidierung einer konstitutionellen politischen Einheit und gleichzeitig Reform der politischen Strukturen im Sinne dieses »italienischen Weges«.

Gleichzeitig aber war damit bereits der Keim der Abkopplung der Partei von der Basis gepflanzt. Denn zurück blieb ein schizophrener Diskurs, der einerseits mit Respekt vor den gängigen politischen Institutionen und einer mehr als moderaten Einstellung zur Demokratie und nationalen Einheit aufwartete, andererseits aber niemals von seiner Rhetorik der Diktatur des Proletariats Abstand nahm. Mit dem Versprechen: »Einmal an der Macht, werde diese sofort umgesetzt werden«, ließ er die Anhänger in einem Attentismus zurück, aus dem es schwer war, sich wieder zu lösen, insofern man selbst noch an diese Revolution glaubte. Auch aus diesem Grund sollten viele der Partisanen ihre Waffen nie zurückgeben, sondern sie vielmehr verstecken, um zu warten, bis der richtige Moment gekommen sei. Vorerst galt es, das Spiel der Parteilinie mitzuspielen, notfalls aber wieder aus dem Untergrund hervorzutreten und die wahre Macht des »verratenen Widerstandes« zu demonstrieren. So schreibt Tronti retrospektiv über Togliatti:

> »Es ist banal zu behaupten, dass die PCI die wahre Sozialdemokratie in Italien verkörperte. Dies stimmt nicht. Sie war jedoch die italienische Form der kommunistischen Partei. Der italienische Weg zum Sozialismus kam von weit her und legte eine weite Strecke zurück: Dahinter stand die Geschichte einer Nation, die Realität eines Vol-

kes, die Tradition einer Kultur. Das Leben und Werk von Gramsci erreichte eine Synthese dieser Teile und bezeichnet ihre hegemoniale intellektuelle Hinterlassenschaft im gesamten politischen Handeln [*all'azione politica totale*] Togliattis. Auf diese Weise war der Reformismus auf eine originelle Weise die politische Form, die einen revolutionären Prozess antrat. Dieser Zyklus schloss sich mit dem Fall des Mythos der kapitalistischen Rückständigkeit, der in der PCI lange nach Eintreten der kapitalistischen Entwicklung in Italien überlebte. [...] Der puglianische Hilfsarbeiter, der zum Massenarbeiter in Turin wurde, war dieses strukturelle symbolische Ereignis, das die Geschichte vom kleinen Italien [*Italietta*] abschloss. Der Taylorismus im Arbeitsprozess, der Fordismus im Produktionsprozess, die politische Zentralität der großen Fabrik, das waren die Fakten, die die Strategie Togliattis in die Krise stürzten. Togliatti erfasste die Aspekte des Überbaus, der Politik in dieser neuen Mitte-Links-Regierung sehr gut, sehr viel weniger gut erkannte er die sozialen und materiellen Gründe, die dazu führten. Sein Verschwinden Mitte der 60er Jahre, war somit auch ein symbolisches Ereignis.«[7]

7 *Tronti*, Noi operaisti, 34f. (Transl.: D. G.; Orig.: »È banale dire che il PCI fu la vera socialdemocratica in Italia. Non lo fu. Era, si, invece, la forma italiana di un partito communista. La via italiana al socialismo veniva da lontano e andava molto lontano: dietro c'era la storia di una nazione, la realtà di un popolo, la tradizione di una cultura. La vita e l'opera di Gramsci facevano sintesi di queste cose e ne consegnavano l'egemonico lascito intellettuale all'azione politica totale di Togliatti. Cosi, qui e ora, il riformismo era, in modo originale, la forma politica che assumeva il processo rivoluzionario. Questo ciclo si concluse con la caduta del mito dell'arretratezza capitalistica, che sopravvisse a lungo nel PCI allo stesso

Gleichzeitig kam es in dieser Zeit, die von dem Diskurs über die relative Rückständigkeit der italienischen Wirtschaft im internationalen Vergleich dominiert wurde, bereits zur größten wirtschaftlichen Transformation, die Italien je gesehen hatte. Der Schulterschluss mit den Großunternehmern schaffte eine Restrukturierungswelle, welche den Arbeitsplatz nach tayloristischen Prinzipien neu ordnete und interne Überwachungsorgane schaffte, um die Kontrolle über die Arbeiterschaft zu verschärfen. Der Einfluss der Gewerkschaften wurde unterbunden, indem die gewerkschaftsnahen Arbeiter im Betrieb versetzt, entlassen oder unter Aufsicht gestellt wurde und indem man die Teilnahme an Streiks und Protesten unter Strafe stellte und gleichzeitig für die unternehmenseigenen Gewerkschaften Werbung machte. Blind für ihre Teilhabe an dem Problem folgerte die Führung der PCI, dass die politische Initiative für das Land nicht allein von den Produktionsstätten ausgehen könne. Der Abkehr der PCI folgte eine noch härtere Abkehr der Arbeiterschaft. 1955 verlor die FIOM-CGIL bei den Wahlen der internen Kommission von Fiat erstmals ihre repräsentative Mehrheit (von 63 auf 37 Prozent) und wird von der christlich inspirierten CISL (Confederezione Italiana Sindacati Lavoratori) überholt

avvento del capitalismo sviluppato in Italia. […] Il bracciante pugliese che si faceva operaio-massa a Torino, era questo l'evento strutturale simbolico che chiudeva la storia dell'Italietta. Il taylorismo nel processo lavorativo, il fordismo nel processo produttivo, la centralità politica della grande fabbrica, questi i fatti che mettevano in crisi la strategia togliattiana. Togliatti colse bene gli aspetti sovrastrutturali, politici, nelle novità del primo centro-sinistra, molto meno bene vide le cause sociali materiali che li producevano. La sua scomparsa, a metà degli anni Sessanta, fu anch'essa simbolica.«)

(41 Prozent).[8] Das zunehmende Auseinanderdriften von Partei und Arbeiterschaft sollte dann auch einer der wichtigsten theoretischen Einstiegspunkte der *Quaderni Rossi* für ihre politischen Sozialstudien sein.

8 Vgl. Gli anni duri della Fiat. In: Nanni *Balestrini* Primo *Moroni* (Hg.), L'orda d'oro: 1968–1977. La grande ondata rivoluzionaria e creativa, politica ed esistenziale, 34–38.

Della Volpe gegen Gramsci

Das Hauptziel der linken Kritik Italiens in den 50er und 60er Jahren richtete sich geradewegs gegen die PCI selbst, die nicht mehr in erster Linie als revolutionärer Akteur, sondern als Wächter des Staatsapparates fungierte. Eine erste größere Front gegen die Parteipolitik bildete sich nach dem 20. Parteitag der KPdSU 1956, bei dem Chruschtschow erstmals den stalinistischen Terror öffentlich ansprach und verurteilte. Eine weitere in der Folge durch den Ungarn-Aufstand, bei dem Togliatti eine beschwichtigende Position einnahm und im Großen und Ganzen an den engen Beziehungen zu Moskau festhielt. Dies führte einerseits zu einer Austrittswelle aus der Kommunistischen Partei, andererseits erlaubten sich nun auch diejenigen, die in der Partei verblieben, ihre Kritik an der eigenen Parteilinie erstmals lautstark auszutragen.

Einer der herausragenden Köpfe dieser Gruppe neuerer marxistischer Häretiker war Galvano Della Volpe (1895–1968). In seiner Jugend war er größtenteils von Gentile beeinflusst, bevor er durch seine Studien zu Empirismus, Logik und Marxismus eine dezidiert antiidealistische Position einnahm. Bezeichnenderweise datiert die Veröffentlichung seines Hauptwerks *Logica come scienza positiva*[9] (1956) den Umschwung im Zeitgeist des revolutionären italienischen Denkens.

Seine Häresie bestand ironischerweise darin, noch einmal zu Marxens Texten zurückzukehren und diese einer beinahe phi-

9 Der deutsche Titel wäre »Logik als positive Wissenschaft«.

lologischen Relektüre zu unterziehen, sie von den Einflüssen Hegels und Engels' zu trennen. Diese Neubewertung der marxistischen Grundlagen erlaubte ihm, das große Vorbild der italienischen Linken – Gramsci – hinter sich zu lassen und damit auch eine dominante Opposition gegenüber der von Togliatti geförderten Parteilinie zu bilden. Es muss hier allerdings zwischen Della Volpe und den Dellavolpianern unterschieden werden, denn hatte der Dellavolpismus größtenteils in der außerparlamentarischen Linke seine Anhänger gefunden, so blieb Della Volpe zeitlebens mit der PCI verbunden.[10]

Ähnlich wie Althusser definierte auch Della Volpe einen frühen und einen späten (»reifen«) Marx, er setzte seinen »epistemologischen Bruch« jedoch noch etwas früher an, bei Marxens *Kritik der Hegelschen Rechtsphilosophie* (1843/44). Die Ähnlichkeiten hören hier nicht auf, in seinem Aufsatz »Über materialistische Dialektik« geht Althusser von denselben Prinzipien aus wie Della Volpe.[11] Auch ihm war es ein Anliegen, die Neuheit der marxistischen Methode gegenüber der Dialektik Hegels auszuweisen. Seiner Ansicht nach griff Hegel in entscheidenden Bereichen zu kurz und musste somit durch eine materialistische Theorie der Natur und des Sozialen ersetzt werden.

Della Volpe wiederum folgt hier Marxens Definition des historischen Materialismus (1859), der alle Formen des Überbaus als den Ort beschreibt, an dem sich »die Menschen der

10 Karin *Priester*, Studien zur Staatstheorie des italienischen Marxismus. Gramsci und Della Volpe (Frankfurt 1981) 136.

11 Weiters scheint Althusser sehr wohl Notiz von den innerparteilichen theoretischen Auseinandersetzungen der PCI genommen zu haben, zumal er feststellte, dass die Diskussion in Italien viel offener geführt werden konnte als in Frankreich, obwohl beide Parteien nach 1956 in eine Krise eintraten.

Widersprüche und Konflikte zwischen den materiellen Produktivkräften der Gesellschaft und den existierenden Produktionsverhältnissen bewußt werden«. Genau diesem Anspruch möchte Della Volpe treu bleiben, wenn er die Rechtsverhältnisse und die Formen des Staates (juristischer und politischer Überbau) als den Ort bestimmt, an dem der Zusammenhang mit der ökonomischen Basis am greifbarsten ist, weil dort die Umwandlung der ökonomischen Widersprüche in ideologische Formen den aktuellen Klassenkampf am deutlichsten zum Vorschein bringen lässt.

Della Volpes Forschungsschwerpunkt war die Analyse des politisch-juridischen Staatsapparates als Teil des ideologischen Überbaus. Er vertritt also wie Gramsci die relative Autonomie des Überbaus, vornehmlich des juridischen und des politischen. Somit dürfte wohl klar sein, dass Della Volpe sich nicht nur als Gegen-Theoretiker zu Gramsci positionieren wollte, sondern auch sehr viel von dieser Tradition übernahm. Lediglich die Ausgangsbedingungen für die Theoriebildung hatten sich geändert, sodass die theoretischen Fragestellungen Gramscis zum Zeitpunkt der Bemühungen Della Volpes keinen wirklichen Anhaltspunkt mehr für die Gründung einer neuen revolutionären Praxis liefern konnten. Im Gegenteil war Gramscis Theorie-Korpus bereits mehr oder weniger vollständig in den hegemonialen Diskursstrang aufgenommen worden, ja war geradezu selbst bereits zum rhetorischen Mechanismus der ideologischen Einhegung des politischen Feldes (des Feldes des politisch Möglichen bzw. Unmöglichen) verkommen.

Indem nun Della Volpe über Gramsci und seine Rezeption hinausgehen wollte, ging er zurück zum marxschen Werk, dabei interessierte ihn aber nicht so sehr das *Kapital*, sondern dessen frühere Schriften, in denen – so Della Volpe – der Ursprung und das Novum der marxschen Methode zu suchen sei. Della Volpes großes Anliegen war eine konzeptuelle Trennung der marxschen Analyse von der Philosophie Hegels. Er hielt zwar an dem Grundgerüst der dialektischen Methode fest, insofern Marx dies auch tat, aber er wollte sie von ihrem spekulativen, »idealistischen« Moment befreien. Erst dadurch sollte eine rein materialistische Dialektik möglich werden. »Für Della Volpe liegt der Kern des Materialismus in der Sicht des Realen als Mannigfaltigkeit und Positivität gegenüber dem Idealismus, der es als Moment des Widerspruchs bzw. der Negation begreift.«[12]

Durch solche Proponenten wie Gramsci, aber auch bereits durch Lenin, Trotzki etc., sah Della Volpe wohl den Idealismus in die marxsche Theorie zurückgeholt. Vor allem die Sowjetorthodoxie hatte nur mehr ein sehr reduziertes Verständnis davon, was Dialektik wirklich bedeutete oder bedeuten hätte können. Indem Della Volpe nun an den Errungenschaften der Wissenschaft seiner Zeit festhalten und auch die Theorie Marxens als eine wissenschaftliche Methode ausweisen wollte, versuchte er die formale Logik, mit ihrem Prinzip des ausgeschlossenen Dritten, als dezidiert materialistische Logik der Wahrnehmung und Verknüpfung von Sinnesdaten zu konzipieren. Mithilfe der formalen Logik als positive Wissenschaft sollten sogar die elementarsten menschlichen Wahrnehmungen (bis hin zur Ästhetik[13]) als mit dem Überbau-Apparat verbunden dargestellt werden. Della Volpes Forschung bewegt »sich im Inneren des kulturellen Überbaus und seiner als Überbau begriffenen geschichtlichen Morphologie […], anstatt die eigentlich materialistische

12 Karin *Priester*, Gramsci und Della Volpe, 146.

13 Vgl. Galvano *Della Volpe*, Critica del Gusto (Milano 1960).

Absicht in dem Versuch zu sehen, die äußerlichen, empirischen Zusammenhänge zwischen Überbau und Basis aufzuzeigen, wie es zum Beispiel Plechanow zu tun pflegte«.[14]

Genau diese Wechselwirkung in der wissenschaftlichen Praxis auszuweisen wäre Aufgabe des historischen Materialismus. Della Volpe versteht den historischen Materialismus also als eine Art kritischer Soziologie, die sich in der Verantwortung wähnt, auch elementarste philosophische, politisch-rechtliche, ökonomische Kategorien auf ihre Zugehörigkeit zum Überbau zu überprüfen.

32 Marxens *Kritik des Hegelschen Staatsrechts* stellt für Della Volpe nun die Entwicklung einer neuen Art von Dialektik dar. Ein neuer Typ von Dialektik, geschult unter der materialistischen Kritik des Apriori. Kategorien und Abstraktionen seien niemals als sinnstiftendes Apriori zu verstehen, sondern sie besitzen immer nur hypothetischen Wert. Sie verifizieren sich erst »in der und durch die historische Materialität«, welche »der praktischen ökonomischen und sozialen Erfahrung zukommt«.[15] Während Hegel also die dialektischen Gesetze als reine Denkgesetze über die Natur überstülpt, meinte Della Volpe mit seiner Methode erstmals die methodologische Einheit von Geistes- und Naturwissenschaften gefunden zu haben. Die materialistische Logik könne gar nichts anderes sein als die Theorie der Methode (Methodologie) aller Wissenschaften.

14 Galvano *Della Volpe*: Logica come scienza positiva. Opere, a cura di I. Ambrogio (Roma 1972–1973/Bd. 4) 590. Zit. in: ders., Rousseau und Marx. Beiträge zur Dialektik geschichtlicher Strukturen (Luchterhand 1975) 11.

15 *Della Volpe*, Logica come scienza positiva, 460. Zit. in: ders., Rousseau und Marx, 17.

Della Volpe konzipierte somit die Methode der »Tautoheterologie«, die gezielt an einer diadischen Dialektik festhält, ohne Aussicht auf Aufhebung ihrer disparaten Gegensätze. Das Moment der Aufhebung blieb nach Della Volpe der Praxis vorbehalten, die allein über den hypothetischen Wert von einfachen Denkgesetzen hinausgehen könne. Die tauto-heterologische Identität ist Einheit des Mannigfaltigen im Begriff. Das Mannigfaltige sei dabei als das materielle Fundament zu verstehen, durch das sich höhere, abstraktere Einheiten bilden ließen. Die positive, diskrete Instanz des Materiellen/Empirischen wird nicht mehr als ontologischer Grund, sondern immer schon als Resultat vorangegangener Verknüpfungsleistungen gesehen. Das Empirische wird also bei Della Volpe selbst nicht als Substanz, sondern bereits als Subjekt aufgefasst. Es sind somit die materiellen Mannigfaltigkeiten, die durch ihre eigenen Verknüpfungsleistungen zu höheren, abstrakteren (jedoch deshalb nicht weniger materiellen) Einheiten emporsteigen. Man sieht, wie Della Volpe versucht, die neuesten Erkenntnisse der Quantentheorie auf ein festes materialistisch-philosophisches Fundament zu stellen.

Für Hegel sei der Widerspruch nicht das tatsächliche Sichgegenüber-Stehen autonomer Elemente, sondern die Verdoppelung einer ursprünglichen Einheit: Objektivität als Entäußerung der Subjektivität, das Ganze, das in sich den Widerspruch setzt mit dem Ziel, ihn einer immanenten Lösung zuzuführen. Für Marx hingegen sei der Widerspruch Gegensatz realer Elemente. Er ist nicht hervorgegangen aus der Selbstbewegung des Ganzen als Idee, sondern durch die historische Bewegung der Produktion. Damit kann dieser sich auch nicht aus sich selbst heraus lösen, sondern nur durch den praktischen Eingriff.[16]

16 Vgl. *Priester*, Gramsci und Della Volpe, 155.

Hier tritt der Umschwung des Marxismus als Weltanschauung (Gramsci) zum Marxismus als wissenschaftliche Methode ein. Während bei Hegel das Subjekt im Prädikat voll und ganz aufgeht, führt dies nach Della Volpe unweigerlich zu unbestimmten (metaphysischen) Abstraktionen. Della Volpes Aufgabe war es daher, solche unbestimmten »hegelschen« Abstraktionen (wie z. B. den »Staat«) in historisch bestimmte Abstraktionen zu überführen. Die historische Bewegung einer solchen bestimmten Abstraktion verläuft nach Della Volpe notwendig nach dem Zirkel konkret-abstrakt-konkret (d. h. Datum – Hypothese – Verifikation durch Praxis). Badaloni fasst Della Volpes Methode wie folgt zusammen:

> »1) historisch genaue Begriffe wie die Klassen und die ihnen entsprechenden Produktionsverhältnisse heranziehen und nicht allgemeine Begriffe (Theorem der ›bestimmten Abstraktionen‹), 2) von der Gegenwart ausgehen, um in ihr das zu rekonstruieren, was sie mit anderen Epochen gemeinsam hat, und das, was darin spezifisch und problematisch ist (Theorem der Inversion der Zeitlichkeit), 3) die Ursachen der Gegenwart in jenen allgemeinen Kategorien ausmachen, die echte logische Präzedenzien (d. h. die von der Akzidentalität der Gegenwart befreiten Präzedenzien) sind, (Della Volpes Verständnis von Dialektik als Teilungsvorgang zwischen logischen und historischen Momenten, in denen nur die logischen in einem reinen Modell herausanalysiert werden), 4) der Gegenwart die Kraft zur Verwirklichung jener theoretischen Instanzen zuschreiben, die die vergangene Geschichte zusammenfaßten und entwickelten. Die Rückkehr zum reinen, von allen Zufälligkeiten entkleideten Modell wird zur Norm für den Übergang zu einer neuen Gesellschaftsformation, weil nur das

> reine Modell das historisch noch nicht eingelöste Versprechen bzw. die historisch noch nicht eingelöste Entwicklungsmöglichkeit aufzeigt und damit handlungsanleitend wirkt, da nur so die Widersprüchlichkeit der Gesellschaft gesehen werden kann.«[17]

Das, was Della Volpe als Einheit des Mannigfaltigen denkt, ist nicht weit entfernt von dem, was Gramsci einen Historischen Block bezeichnete: die konkrete Totalität, nicht mehr als abstrakte Einheit, sondern als ein widersprüchliches Ganzes, dessen Aufhebung immer ausstehend bleibt und also auf den praktischen Umgang mit und in dieser Totalität verweist. Insofern die Aufhebung jedoch immer ausstehend bleibt, wird für Della Volpe aus der wissenschaftlichen Methode ein zirkulärer Prozess; eben konkret-abstrakt-konkret. Und das Zugpferd der wissenschaftlichen Praxis bleibt für ihn das Experiment. Das Problem dabei ist jedoch, wie Della Volpe zwischen Marxismus als wissenschaftlicher Analyse und Marxismus als revolutionärer Praxis vermitteln will.

Hier spielt die Sonderstellung Italiens eine Rolle, denn mit einer breiten Unterstützung der Kommunistischen Partei seitens der Bevölkerung musste man in der Theoriebildung nicht mehr auf die politische Logik der oppositionellen Minderheiten und der Stadtguerrilla zurückgreifen. Man konnte sich wahrhaft auf eine Position staatlicher Kontrolle und Macht berufen. Dies tat auch Della Volpe, indem er für seine Theorie nicht die Erlangung der Staatsmacht zur Bedingung machte, sondern sich explizit die Frage stellte, wie denn der Übergang zum Sozialismus konkret zu bewerkstelligen sei, sofern man denn be-

17 Nicola *Badaloni*, Il marxismo italiano degli anni sessanta (1972) 34. Zit. in: Karin Priester, Gramsci und Della Volpe, 172.

reits die Staatsmacht erlangt habe. Damit wollte er sich natürlich auch indirekt die Fehler der Sowjetunion in diesem Bereich ansprechen. Um diese Frage zu beantworten, lässt er Marx in eine ungewöhnliche Beziehung zu Rousseau treten.

> »Della Volpes Erarbeitung einer Logik als positiver, historischer Wissenschaft entspricht die Erarbeitung einer wissenschaftlichen politischen Theorie des Übergangs zum Sozialismus. Sie sieht er bei Rousseau vorgezeichnet. […] Das Grundproblem nun, das der ›Contrat Social‹ lösen soll, liegt darin, eine Form der Vereinigung zu finden, die die Person und ihre Güter schützt und verteidigt. Gefordert ist daher ein sozialer Pakt, ein Vertrag, durch den die empirisch ungleichen, mit Kraft und Talent unterschiedlich begabten Individuen gleich werden durch Konvention und Recht.«[18]

Della Volpe sieht Rousseau in solcher Nähe zu Marx, weil er quasi die Grundkoordinaten einer sozialistischen Gesellschaft vorweggenommen habe. Während nämlich Rousseau in Bezug auf Demokratie von Volkssouveränität spricht und auch die Teilung zwischen Souverän und Regierung anerkennt, trennen andere Theoretiker des Liberalismus wie z. B. Locke nur Regierende von Regierten. Dieser kleine, aber immens wichtige Unterschied lässt Rousseau, der ursprünglich als Theoretiker der liberalen Staatsverfassung gesehen wird, zu einem der theoretischen Vorfahren der marxschen Theorie der Diktatur des Proletariats werden.

Dieser Punkt ist nicht ohne Wichtigkeit, denn Della Volpes Definition des Wegs zum Sozialismus kann nicht einfach nur darin gesehen werden, alles Bestehende niederzureißen und auf

18 *Priester*, Gramsci und Della Volpe, 174.

der Asche des Alten das Neue zu errichten. Wie bereits Marx in seiner *Kritik des Gothaer Programms* ausführt, wird in einer ersten Phase das bürgerliche Recht nicht einfach abgeschafft, sondern umgeformt. So meint auch Della Volpe, dass in einem sozialistischen Staat die juridischen (bürgerlichen) Normen in einem proletarischen Staat ihre Funktion nicht einbüßten, sondern nur umstrukturiert werden müssten, insofern auch eine erste sozialistische Gesellschaft immer noch nach dem Unterscheidungsmerkmal Regierende/Regierte funktioniere.[19]

Somit ist die sozialistische Legalität für Della Volpe klarerweise ein bürgerliches Erbe, aber ein Erbe, welches erst in einer sozialistischen Gesellschaft von seinem bürgerlichen Unrat befreit werden kann. Della Volpes Ziel der theoretischen Verknüpfung von Rousseau und Marx ist es, die radikalen spezifischen Unterschiede zwischen bürgerlicher Demokratie – mit ihrer nur formal universellen politisch-staatsbürgerlichen Freiheit – und einer etwaigen sozialistischen Demokratie – mit einem weitaus größeren egalitären Freiheitsbegriff – auszuweisen.[20]

In seinem strikt antihegelianischen Duktus geht es ihm nicht einfach um die dialektische Aufhebung der bürgerlichen Freiheiten, sondern um eine genaue Analyse derjenigen Teile, die in eine sozialistische Legalität aufgenommen werden sollen/dürfen/müssen, und die Trennung von denjenigen, die als

19 *Della Volpe*, Rousseau und Marx, 75.

20 Della Volpe spricht von den »zwei Seelen« der modernen Freiheit; einerseits die staatsbürgerliche, politische Freiheit – von Locke, Montesquieu, Kant, Humboldt verfochten; andererseits die »egalitäre (soziale) Freiheit«, dessen erster Theoretiker nach Della Volpe eben Rousseau war und der von Marx, Engels und Lenin beerbt wurde (vgl. *Della Volpe*, Rousseau und Marx, 106).

reine ideologische Kategorien des bürgerlichen Weltverständnisses entlarvt werden. Ansonsten müsse sich die sozialistische Legalität als völlige Neuschöpfung verstehen, was den Grundannahmen des historischen Materialismus zuwiderläuft. Die sozialistische Legalität kann nur ein Zusammenhang von Neuschöpfung und Kontinuität sein.

Während die juridisch-politischen Hilfsmittel der staatsbürgerlichen Freiheit in der Trennung der Staatsgewalten und in der Gliederung der gesetzgebenden Gewalt bestehen, sieht Della Volpe die zweite Form der Freiheit (egalitäre/sozialistische Freiheit) als Ausdruck eines weit allgemeineren, bedingungslosen (sogar metapolitischen) Anliegens. Sie drücke das Recht aus, das jedes menschliche Wesen auf die gesellschaftliche Anerkennung seiner persönlichen Fähigkeiten und Möglichkeiten beanspruchen kann.[21]

Jedoch stellt Della Volpe klar einen reformistischen Anspruch, was die kommunistische Doktrin betrifft. Obwohl er also den Historizismus, den er klar mit Hegel verbindet, ablehnt, bleibt die Frage, was von der Vergangenheit »aufgehoben«[22] werden darf und was nicht, in seinem Denken stets präsent. Man könnte somit die Kritik erheben, in Della Volpe verberge sich ein tiefsitzender, weitreichender verkappter Liberalismus, der sich in seiner Rechtsauffassung widerspiegle. Denn bis hierhin bleibt er den (zumindest ideologischen) Ansprüchen des politischen Liberalismus mehr als treu. Und auch die Sprache von der Dialektik von Kontinuität und Bruch innerhalb der sozialistischen Legalität lässt im Wesentlichen diese Deutung

21 Vgl. *Della Volpe*, Rousseau und Marx, 106.

22 Zumindest im ersten Sinn des Wortes, den Hegel der dreifachen Bedeutung des Wortes »Aufhebung« mitgibt.

zu. Man könnte ihm also denselben Vorwurf machen, den Lo Piparo Gramsci gemacht hatte, nämlich den, in seiner Theorie einen verkappten Liberalismus eingearbeitet zu haben. Interessanterweise findet sich hier, in diesem Vorwurf, eine der wenigen Gemeinsamkeiten Gramscis und Della Volpes.

Ich möchte verstärkt auf die Person Della Volpes eingehen, weil er einerseits als Vorreiter des häretischen Marxismus ab Mitte der 50er Jahre gilt und dabei viele Fragestellungen aufwarf, an denen später auch die Operaisten nicht vorbeikonnten. Er ignorierte nicht die Widersprüche des Sowjetmarxismus, die sich aus dem 20. Parteitag der KPdSU und dem Ungarnaufstand von 1956 zeigten. Und auch er sah den einzigen Zugang zu einer wissenschaftlichen Konzeption des Marxismus über eine kritische Soziologie, die auf den Prinzipien des historischen Materialismus fußt. Weiters kann seine Wichtigkeit für den theoretischen Werdegang Mario Trontis gar nicht unterschätzt werden. Viele theoretische Grundprämissen, die sich bei Tronti finden lassen, hatte er direkt von Della Volpe übernommen. So unter anderem Anti-Historizismus, Anti-Humanismus, auch einen Anti-Hegelianismus bzw. das Pochen auf die theoretische Neuheit Marxens und somit seine Unvergleichbarkeit mit der Philosophie Hegels; weiters eine modifizierte Auffassung dessen, was materialistische Dialektik bedeuten kann und soll. Hauptgrund für Della Volpes eigene anti-hegelianische Dialektik ist wohl, wie bereits erwähnt, die Notwendigkeit zwischen dem zu unterscheiden, was aus einer alten historischen Formation behalten werden kann und was »ausgemistet« werden darf. Während bei Hegel innerhalb der Entwicklungsbewegung von einer Formation (Idee) in eine andere, diese andere notwendig zum Vergehen verurteilt ist und sich ihre »essentiellen« Momente zwar in der nächsten wiederfinden, wenn auch mitunter in völlig anderer Form, unvergleichbar mit ihrer früheren Form.[23]

Zu Della Volpes wichtigsten Schülern zählt Lucio Colletti. Er folgte seinem Lehrer auf der Suche nach einer kritischen Soziologie als marxistische Wissenschaft von der Gesellschaft. Dabei blieb er vor allem den Vorgaben einer positiven Wissenschaft treu, die sich auf den logischen Widerspruch mit dem Prinzip des ausgeschlossenen Dritten beruft und somit einen dezidiert »enthegelianisierten« Marx in Szene setzt. In gleichem Maße hebt Coletti die Vorzüge der Philosophie Kants, mit seiner klaren konzeptuellen Trennung von Materie und Idee, hervor und stärkt diese gegenüber der dialektischen Methode Hegels, um eine antihegelianische Lesart der marxschen Texte zu erhalten. In diesem Sinne war sein Forschungsschwerpunkt vor allem bestimmt von der Frage nach einer nichtdialektischen Verknüpfung von Theorie und Praxis als der ultimativen Bewährungsprobe einer materialistischen Wissenschaft. Er versuchte dabei das Konzept seines Lehrers, das der »konkreten Abstraktion«, weiterzuentwickeln, vor allem um solche abstrakten Phänomene wie soziale Verhältnisse als etwas durch und durch Materielles auszuweisen.

In dem Versuch, seinem Lehrer Della Volpe treu zu bleiben und das marxsche Werk vor allem als wissenschaftliches Werk zu lesen, dabei aber seine politischen, historischen und ökonomischen Texte zu integrieren, konzipiert Colletti das materielle Subjekt-Objekt als einen Prozess, der nicht in seine sub-

23 Della Volpes Hegelrezeption ist jedoch unweigerlich von der Auslegung Croces, oder vielmehr in seinem Fall von Gentile, dem Schüler Croces, überformt; einer Rezeption Hegels, die sehr weitreichend innerhalb der italienischen Theorielandschaft – vor allem zum Zeitpunkt der nationalen Einheit – wirkte.

jektiven und objektiven Teile auflösbar ist. Dafür muss jedoch (um von einem objektiven Subjekt-Objekt reden zu können) das Subjekt als integraler Bestandteil der objektiven Realität verstanden werden. Um also *wahre* Objektivität zu erreichen, dürfe nicht von den subjektiven Anteilen des Prozesses abstrahiert werden. Dies bedeutet eine starke Bekräftigung der Objektivität subjektiver Interessen.

> »Wenn wir also isoliert (d. h. abstrakt) nur die ideelle oder nur die materielle Ebene betrachten, dann resultiert daraus (wie sich zeigen wird) eine dualistische Trennung zwischen Produktion der Dinge einerseits und der Produktion der Verhältnisse zwischen Menschen andererseits; bzw. einer Teilung von Produktion und Distribution. [...] Unmöglich also eine *konkrete* Gesellschaft zu verorten, wenn nicht unter der Bedingung, sie beide gemeinsam zu veranschaulichen: Produktion und Distribution, Produktionsverhältnisse und soziale Verhältnisse, ökonomische und ideologisch-politische Ebene, Basis und Überbau.«[24]

Platzhalter dieses objektiven Subjekt-Objekt-Prozesses ist für Colletti selbstverständlich die soziale Klasse, die einerseits den objektiven Rahmen für subjektives Handeln bereitstellt, andererseits durch subjektive Interessen eine neue objektive Realität

24 Lucio *Colletti*, Ideologia e società (Bari 1972), 8f. (Transl.: D. G.; Orig.: »Se prendiamo dunque isolatamente [cioè astrattamente] il solo livello ideale o solo quello materiale, ne risulta [come si vede] una separazione dualistica tra la produzione come produzione delle cose da una parte, e la produzione come produzione die rapporti umani dall'altra; ovvero una scissione di produzione e distribuzione. [...] Impossibile, dunque, avere una concreta società se non a condizione che si prendano insieme: produzione e distribuzione, rapporti di produzione e rapporti sociali, struttura economica e livello ideologico-politico, struttura e sovrastruttura.«)

schafft. Colletti sieht also ebenfalls das wissenschaftliche Werk Marxens vorwiegend in einer politischen Soziologie begründet, die objektive Vorgänge zu beschreiben versucht, aber auch ein konkretes Interesse zeigt, diese Vorgänge verändern zu wollen. Dabei teilt sich gleichzeitig das marxsche Werk selbst in zwei Teile, die von da an von Colletti bis zuletzt nicht mehr wieder nahtlos zusammengebracht werden können. Einerseits Marx, der Wissenschaftler mit seiner Theorie der politischen Ökonomie; andererseits Marx, der Philosoph der revolutionären Entwicklung der Gesellschaft hin zum Kommunismus.

Für Colletti stellte sich hingegen ebenfalls, wie bereits für Della Volpe, die Frage, ob sein Schaffen nicht vielmehr unter den Vorzeichen einer Philosophie des Liberalismus stehe als einer dezidiert marxistischen. Im Gegensatz zu Della Volpe lebte Colletti noch lange genug, um schlussendlich seiner marxistischen Herkunft abzuschwören und sich selbst als bekennenden Liberalen zu bezeichnen. Bereits zuvor – 1966 – war Colletti aus der PCI ausgetreten:

> »Meine Entscheidung zum Austritt war das Ergebnis der allgemeinen Evolution der Partei. In einem Sinne blieb der Prozess der Erneuerung, den ich nach dem 20. Parteikongress erhoffte, aus; in einem anderen Sinne aber fand dieser Wandel in einer offensichtlich rechtsgerichteten Neuausrichtung statt. Ich realisierte langsam in der Periode zwischen 1956 und 1964, dass sowohl das Sowjet-Regime als auch die westlichen kommunistischen Parteien unfähig waren, die notwendige Transformation hin zu einem revolutionären Marxismus und Leninismus in die Wege zu leiten.«[25]

25 Lucio *Colletti*, A Political and Philosophical Interview. In: New Left Review 1/86 (1974) 6. (Transl.: D. G.; Orig.: »My decision to leave was the

Versuchte Colletti von jeher der Philosophie Marxens eine Position dezidiert zwischen Kant und Hegel einzuräumen, so beschloss er, seine eigene Forschung eher mit dem Wissenschaftsanspruch Kants zu versöhnen, als der Wissenschaft eine eigene Kompetenz für politische und normative Fragen aufzuerlegen. In *Contraddizione dialettica e non-contraddizione*[26] spricht sich Colletti zu guter Letzt gegen die Einsicht Marxens aus, die konstitutiven Widersprüche, welche die Gesellschaft in ihrem Selbstbild definieren, in materialistischem Duktus als »reale« Widersprüche zu bestimmen. Hier wird ersichtlich, dass für Colletti am Prinzip des ausgeschlossenen Dritten als ele-
mentarem und notwendigem Prinzip eines jeden möglichen Ansatzes von Wissenschaftlichkeit unbedingt festzuhalten ist. Diesem wird noch vor marxschen Grundkategorien Priorität eingeräumt. Die Ablehnung des objektiven Widerspruchs bedeutet dabei eine gleichzeitige Anlehnung an Kants Unterscheidung zwischen logischem und realem Gegensatz, um hiermit logische Gesetzmäßigkeiten strikt von materiellen Gesetzmäßigkeiten trennen zu können.

Doch selbst für Colletti stand fest, dass Marx das Verhältnis von Kapital zu Arbeit als ein dialektisches Verhältnis ansah. Insofern also Colletti an der marxschen Einsicht der Wi-

result of the overall evolution of the Party. In one sense, the process of renovation for which I had hoped after the Twentieth Party Congress had failed to occur – but in another sense it had occurred, in a patently rightward direction. I slowly came to realize in the period from 1956 to 1964 that both the Soviet regime itself, and the Western Communist Parties, were incapable of accomplishing the profound transformation necessary for a return to revolutionary Marxism and Leninism.«)

26 Lucio *Colletti*, Contraddizione dialettica e non-contraddizione. In: ders., Tramonto dell'ideologia (Rom, Laterza 1980) 87–162.

dersprüchlichkeit der kapitalistischen Gesellschaft festhalten wollte, diese Widersprüchlichkeit jedoch nicht als Teil der objektiven Realität verstanden werden durfte, hielt das Konzept der *Entfremdung* Einzug in seine Beschreibung der kapitalistischen Trennung zwischen konkreter und abstrakter Arbeit. Insoweit dieser Prozess über den Köpfen der arbeitenden Massen hinweg stattfindet und die Bestimmung und Aneignung der abstrakten Arbeit durch das Kapital kein natürlicher evolutionärer Prozess, aber auch kein einfaches Hirngespinst ist, sondern von der Gesellschaft als Ganzes her erklärt werden muss, ist die Entfremdung in ihrer Beschreibung als eine »verkehrte Welt« genau das, was dem konstitutiven Widerspruch hegelscher Prägung den Rang abläuft. Somit wird die Widersprüchlichkeit, wie sie sich in der Praxis des Ausbeutungsverhältnisses zeigt, als subjektive ausgewiesen, auch wenn diese durch die Praxis eine konkrete Objektivität erhält. Ironischerweise nimmt Colletti damit Rekurs auf ein Konzept, das Marx direkt der hegelschen Religionsphilosophie entnommen hatte. Das Kapital wird dabei an die Stelle von Gott gerückt, insofern die eigene Stellung zum Kapital und das eigene Bild vom Kapital sehr wohl auch das eigene Selbstverständnis und das eigene Selbstbild grundlegend mitbestimmen. Der Wert der Arbeit wird selbst zu einer metaphysisch aufgeladenen Kategorie.

Damit ist die Richtung von Collettis weiterem theoretischen Werdegang bereits vorgegeben. Er wird sich in der Folge immer mehr von der marxschen Sozialanalyse entfernen, um noch so etwas wie eine marxsche Wissenschaft erarbeiten zu können. Bis er schließlich die marxsche Theorie als Ganzes verwerfen wird. Während das Postulat von der Wissenschaftlichkeit der marxschen Analyse noch in den 60er Jahren einiges an Stoßkraft vorzuweisen hatte, begann dieses Gedankengerüst im globalen Wandlungsprozess der 70er Jahre, mit der damals breit angelegten kapitalistischen Gegenoffensive und Restrukturierungswelle, stark zu bröckeln. Colletti selbst meinte, dass dieser Umschlag eher durch bestimmte historische Ereignisse als durch innertheoretische Erwägungen provoziert wurde. Vielleicht war aber auch der Tod seines Lehrers Della Volpe im Jahr 1968 die entscheidende Zäsur, die es ihm erstmals erlaubte, von den theoretischen Grundannahmen seines Meisters abzuweichen und eine eigene Lesart des marxschen Systems ins Feld zu führen.

Panzieri und die *Quaderni Rossi*

Die erste operaistische Phase tritt 1961 mit der ersten Ausgabe der *Quaderni Rossi* (Rote Hefte) unter der Leitung Raniero Panzieris in Kraft. Panzieris Vorgeschichte spielt sich jedoch nicht in der kommunistischen, sondern in der sozialistischen Partei (PSI) ab. Bereits während der gesamten 50er Jahre war er führendes Mitglied der PSI, vor allem in kulturellen Belangen. Von 1956 an war er Redakteur und ein Jahr später auch Leiter der Parteizeitschrift *Mondo Operaio*, in der er bereits für die Autonomie der Arbeiterschaft eintrat und auch eine Radikalisierung seiner Partei in diese Richtung forderte. Diese folgte jedoch einem anderen Weg, denn auch sie war durch Ereignisse wie Entstalinisierung und Ungarn-Aufstand unter politischen Druck geraten, fühlte sich dadurch jedoch eher dazu genötigt, von der Rhetorik der Diktatur des Proletariats Abstand zu nehmen. Aus diesen Gründen legte Panzieri Anfang 1959 die Leitung von *Mondo Operaio* nieder.

Zuvor hatte die Zeitschrift bereits eine wichtige Vorarbeit geleistet. Panzieri hatte 1956, zusammen mit Lucio Libertini, die »Sieben Thesen zur Arbeiterkontrolle« (*Sette tesi sulla questione del controllo operaio*) veröffentlicht. Für Panzieri war die symbolische Niederlage des Realsozialismus seit 1956 nur mit einer noch stärkeren Anlehnung an die Forderungen der Arbeiterbewegung zu begegnen.[27] Panzieri plädierte also für eine gewisse Flucht nach vorne.

27 Vgl. Sergio *Dalmasso*, La ricerca di un'altra via. Le 7 tesi sul controllo operaio di Panzieri e Libertini. In: »Per il '68« (Nr. 7/1995).

Für Panzieri und Libertini ist die Kontrollübergabe über die Produktion an die Arbeiter notwendig für einen friedlichen und demokratischen Weg zum Sozialismus.[28] In ihrem Manifest, für die Übergabe der Kontrolle über die Produktion an die Arbeiterschaft selbst, schwingt häufig eine Verblüffung über die nie zuvor dagewesene Produktivkraft-Entwicklung des Europas der Nachkriegszeit mit. Gleichzeitig sind sich die Autoren einig, dass dieser Weg zum Sozialismus nicht einem materiellen historischen Determinismus folge. Denn dies müsste heißen, dass der Weg zum Sozialismus nur über die bürgerliche Demokratie führen könne. Die klassische Interpretation verlief nämlich nach dem Duktus, dass jeder nur mögliche Weg zum Sozialismus zuvor die Phase der bürgerlichen Demokratie durchlaufen haben musste. Zwar stimmt es auch für sie, dass die Realität der politischen Verhältnisse in jeder Epoche der Realität der ökonomischen Verhältnisse entspricht, doch müsse dieser Prozess ganz und gar nicht geradlinig und kontinuierlich verlaufen.[29]

Panzieri und Libertini tragen damit einer gewissen Sonderstellung Italiens Rechnung. Die Sonderstellung des italienischen Kapitalismus liege darin, dass das Land niemals wirklich eine »nationale« bürgerliche Klasse hatte, sondern mit staatlicher Hilfe durch die Bildung von privaten Industriebereichen auf der Basis eines quasi-kolonialen Ausbeutungsverhältnisses (Süditalien) fußten und den Süden dabei in ihrem feudalen Abhängigkeitsverhältnis hielten.[30] Der Faschismus sei geradezu der

28 Lucio *Libertini*, Raniero *Panzieri*, Sieben Thesen zur Arbeiterkontrolle. In: Nicole Berger (Hg.), Thesen zur Arbeiterkontrolle (Verlag Karin Kramer, Berlin) 5.

29 Vgl. ebd. 6.

30 Vgl. Ebd. 7.

Ausdruck dieser widersprüchlichen Form der bürgerlichen Herrschaft gewesen. Durch ihre staatliche Förderung wurden Monopole (Fiat, Montecatini, Edison usw.) geschaffen, die auch nach dem Sturz des Faschismus weiterlebten und ein Kartell mit den großen internationalen – v. a. amerikanischen – Monopolen bildeten. Der Marshall-Plan sei demnach Ausdruck des amerikanischen Imperialismus, der von den italienischen Monopolen bereits akzeptiert wurde, noch bevor die politischen Parteien aus den Wirren der Nachkriegszeit herauskommen konnten. Jedoch sei es genau dieses Fehlen einer nationalen Bourgeoisie
 und die durch die Monopole provozierte steigende Ungleichverteilung, welche die italienische Arbeiterschaft zum Handeln gezwungen habe, wobei sie dabei nicht das Privileg besaß, sich an der ihr gegenüberstehenden Klasse zu orientieren.

> »Für die Politik bedeutet dies, daß die Arbeiterklasse die führende Kraft in der wirtschaftlichen Entwicklung ist und daß allein unter ihrer Führung sich eine Allianz von Intellektuellen und Bauern, von Gruppen der kleinen und mittleren bürgerlichen Unternehmer bilden kann.«[31]

Diese Anleihe an die gramscianische Hegemonie-Theorie verstärkt sich durch die Bekräftigung der Autoren, dass der friedliche Weg Italiens zum Sozialismus demokratischer Natur sei, allerdings müssten ihre parlamentarischen Institutionen durch Druck der Arbeiterschaft erst noch umgewandelt werden, damit aus dem reinen Repräsentationsorgan eine politische Institution zur aktiven Realisierung politischer und ökonomischer Rechte werde.[32]

31 Ebd. 10.

32 Diese Angaben sind natürlich denkbar diffus und allgemein, man könnte bemerken, dass auch Panzieri und Libertini noch nicht über dieses Problem hinaus waren.

Politik ist für Panzieri also nach wie vor auf das Schmieden von Allianzen konzentriert. Das heißt, Panzieri steht sehr wohl für eine gewisse Form von politischem Voluntarismus ein, insofern jede politische Kraft sich immer der spezifischen und komplexen Realität bewusst werden muss, um danach handeln zu können, und also nicht einfach irgendwelchen statisch-deterministischen Modellen folgen sollte. Anders gesagt: Wenn man erst auf den richtigen Moment wartet, so wird dieser niemals eintreten. Ein politischer Akt ist immer etwas »Erzwungenes« und folgt keinem Zeitplan. Einerseits hört man hier die Absage an ein einfaches Basis-Überbau-Modell heraus, vor allem in Bezug auf die Sozialdemokratie ist diese Kritik ziemlich zutreffend, da diese den revolutionären Linken immer intellektuellen Voluntarismus vorwarf, aber laut Panzieri genau deshalb, um ihren eigenen Opportunismus (das Arrangement der Funktionäre der Arbeiterschaft mit der kapitalistischen Elite) zu verschleiern bzw. ihn ideologisch zu rechtfertigen. Es ist also interessanterweise ein gewisser Mangel, der der Arbeiterschaft das Heft in die Hand gibt, mehr Autonomie für sich zu fordern. Italien sieht sich sozusagen nicht mehr auf dem Königsweg hin zum Sozialismus und muss von hier an – insofern das Ziel nach wie vor dasselbe ist – seinen eigenen Weg finden.

Aber auch wenn die bürgerliche Klasse nicht ihren nationalen Interessen folgt, so besitzt sie nach wie vor die Vormachtstellung im politischen System Italiens, Italien wird zum Vasallenstaat. Die Arbeiterschaft sei nach der damaligen Situation der bürgerlichen Klasse sowohl über die politische Herrschaft durch den Staat als auch über die Entwicklung des Fabriksystems in zweierlei Hinsicht unterworfen. Aus diesem Grund dürfe der Kampf für die Arbeiterkontrolle sich nicht allein auf die Fabrik beziehen, sondern die Autonomie des Proletariats müsse sowohl im wirtschaftlichen, als auch im politischen System gegeben sein.[33] Denn der sozialistische Charakter der Herrschaft müsse ja gerade auf Basis einer realen Arbeiterdemokratie aufbauen und könne diese nicht erst am Tage der Revolution improvisieren. Dabei ist anzumerken, dass der Parlamentarismus hiermit nicht als wichtigste Institution im politischen System und daher auch nicht als wichtigster Weg zur Durchsetzung der Arbeiterdemokratie angesehen wird.

Mit diesem Plädoyer für eine echte Arbeiterdemokratie verwerfen Panzieri und Libertini auch die Idee einer Vorherrschaft durch die Partei und ebnen damit den Weg für die außerparlamentarische Linke, die in den folgenden Jahren immer mehr erstarken wird. Die Einheit der Arbeiter müsse eine reale Einheit sein, bestimmt über ihre Funktion innerhalb des Produktionsprozesses und nicht über die vereinheitlichende Repräsentation durch eine Partei.

> »Das Ideal des Sozialismus ist selbstverständlich ein Ideal, das in tiefem Gegensatz zur kapitalistischen Gesellschaft steht, mit der es nicht die geringste Möglichkeit der Aussöhnung gibt; es muß jedoch Tag für Tag gelebt werden, Stunde um Stunde im Kampf errungen werden; es entsteht und entwickelt sich in dem Maße, in dem auch jeder Kampf dazu beiträgt, die an der Basis entstandenen Institutionen, die ja gerade die Bestätigung des Sozialismus sind, zu vervollkommnen und voranzutreiben.«[34]

Durch den Kampf für die Arbeiterkontrolle werde die Arbeiterklasse langsam, aber sicher zu einem aktiven Subjekt für eine neue Wirtschaftspolitik und übernehme Verantwortung für

33 Vgl. ebd., 14.

34 Ebd., 15.

ein ausgeglichenes wirtschaftliches Wachstum.[35] Erst in diesem Kampf könne die Arbeiterschaft sich ihre eigenen Institutionen bilden. Die Forderung der Arbeiter nach Kontrolle der Produktion entwickle sich in der konkreten Situation des Klassenkampfes. Diese Forderung stellt sich jedoch nicht als Antrag im Parlament oder durch eine legislative Reform. Sie kann nicht nach paternalistischer Manier von oben herab »bewilligt« werden, sondern wird letzten Endes akzeptiert werden müssen, aber nur unter der Voraussetzung, dass die Arbeiterschaft sich ihrer Rolle innerhalb des Produktionsprozesses bewusst wird. Das Problem der Kontrolle müsse allerdings in den Mittelpunkt des Kampfes der Arbeiter rücken und könne auch nur durch einen breiteren Zusammenschluss der verschiedenen Fabrikarbeiterschaften erzielt werden, damit sich innerhalb der Arbeiterorganisation bestimmte Eliten gar nicht erst bilden können.

Dieses Manifest, als Reaktion auf den 20. Parteitag der KPdSU veröffentlicht, sollte bereits 1956 die Eckpunkte festlegen, die Panzieri dann in den *Quaderni Rossi* konkretisieren wird. Es bezeichnet einen Schritt weg vom Ökonomismus und vom Partei-Zentralismus des Sowjetmarxismus und plädiert mit aller Kraft für eine demokratische Entwicklung hin zu einem Sozialismus unter ständiger Anbindung des einzig revolutionären Subjekts, der Arbeiterklasse.

Inzwischen hatte seine eigene Partei aufgrund derselben Ereignisse von 1956 anscheinend den Weg in die Gegenrichtung eingeschlagen. Hatte die PSI bis 1959 noch einen politi-

35 Auch Panzieri und Libertini sahen also in den frühen 60er Jahren das Wachstum immer noch als den Grundstock für eine gesunde Wirtschaft an. http://dellarepubblica.it/congressi-psi/xxxiii-congresso-napoli-15-18-gennaio-1959 (20. 3. 2017).

schen Kurs enger an denjenigen der PCI als Oppositionspartei gefahren, so wurde am 23. Parteikongress (15. bis 18. Jänner 1959) eine neue Parteiausrichtung, ironischerweise mit dem Namen »Autonomie«, gewählt. Diese besagte jedoch lediglich eine Ausrichtung, unabhängig von derjenigen der PCI und wollte im Wesentlichen einen Ruck hin zur Mitte andeuten. Der wiedergewählte Parteichef (*secretario nazionale*) Pietro Nenni wollte durch sein Programm zunächst zwar eine Kollaboration mit der DC (Democrazia Cristiana) offiziell ausschließen; es ging in erster Linie darum, sich mit der zuvor abgespaltenen Mitte-links-Fraktion, der PSDI (Sozialdemokraten) unter Giuseppe Saragat, wieder zu vereinen.[36] Tatsächlich war aber eine langsame Annäherung an die DC bereits seit dem Turiner Parteikongress von 1955 in Gang; 1963 wurde eine Koalition mit den Christdemokraten erstmals politische Wirklichkeit.

Aus Enttäuschung gegenüber dieser Entwicklung und in weiser Voraussicht dessen, was dieser neu eingeschlagene politische Kurs der PSI zu bedeuten hatte, verließ Panzieri seine Position innerhalb der PSI und ließ sich nach Turin transferieren. Dort – quasi in der symbolischen Metropole des Wirtschaftswunders Italiens – begann er, in Zusammenarbeit mit dem Editionshaus Einaudi, eine Themenreihe zur Sozialwissenschaft zu konzipieren. Er wählte ganz bewusst eine überparteiliche Ausrichtung, versuchte vor allem junge Sozialisten und Kommunisten aus allen Teilen des Landes für sein Projekt zu gewinnen, um zusammen an einer Studie über die sozialen Bedingungen der Arbeiterklasse zu arbeiten.

36 http://dellarepubblica.it/congressi-psi/xxxiii-congresso-napoli-15-18-gennaio-1959 (20.3.2017)

Die wirtschaftliche und vor allem technologische Entwicklung ab 1959 führte zu einem rasanten Anwachsen der Arbeiterschaft und auf Druck der Oppositionsparteien wurde der Staatsapparat in die Verantwortung genommen, im Sinne einer harmonischeren Wirtschaftsentwicklung weitere ökonomische Funktionen, vor allem der Umverteilung und der Planung, zu übernehmen. Der Landwirtschaftssektor wurde dezimiert und der industrielle sowie der tertiäre Sektor wurden ausgebaut. Der Einsatz immer effektiverer Maschinen in der Produktion führte zu einer Neuverteilung des Verhältnisses Arbeiter/Maschine. Zudem kam es zu einer internen Migration, von den südlichen Gebieten, die vormals von der Landwirtschaft dominiert waren, in den industriellen Norden. Außerdem konnte die Zeit der Einschulung der neuen Arbeiter verkürzt werden, weil die Maschinen nunmehr die Hauptarbeit zu erledigen schienen. Trotzdem also der industrielle Sektor an Bedeutung gewann, stagnierten die Löhne, weil der Arbeiter zunehmend austauschbar wurde. Er wurde somit zum regelrechten Accessoire der Maschine. Damit war der Massenarbeiter geboren und das, ohne dass Gewerkschaften und Parteien recht viel von den neuen Entwicklungen mitbekommen hätten. Die Art der Implementierung der neuen Planungsmechanismen zeigte eine gewisse Ignoranz gegenüber den sozialen Forderungen der Arbeiterschaft und gleichzeitig die zutiefst vergesellschaftete Dimension von Produktion und Akkumulation im italienischen Wirtschaftssystem, die andere Wirtschaftssektoren der industriellen Entwicklung unterordnete und nun auch in den Ausbildungsstätten, wie Schulen und Lehranstalten, Fuß fasste.

Da diese Entwicklungen von den Behörden nicht gebührend verzeichnet wurden, machte sich die allgemeine Stimmung auf andere Weise bemerkbar. Im März 1960 gab die Regierung unter Antonio Segni (DC) aufgrund interner Streitigkeiten um die Frage der Öffnung der eigenen Partei gegenüber der linken Opposition (PSDI und PSI), angestoßen durch den steigenden Druck vonseiten der Arbeiterschaft, ihren Rücktritt bekannt. Am 4. April erhielt Fernando Tambroni von den Christdemokraten zwar die Zustimmung des Repräsentantenhauses (Camera di deputati) und am 29. April diejenige des Senats für eine provisorische Regierungsbildung, dies jedoch nur knapp und nur mithilfe der Zustimmung der Abgeordneten des MSI (Movimento Sociale Italiana), das gemeinhin als Sammelbecken des

alten faschistischen Kaders gegolten hatte. Dies führte zu Wellen der Entrüstung und des Protests (auch innerhalb der DC, mit einigen Rücktritten).

Noch dazu wurde dem MSI, als Dank für ihre Unterstützung für die Tombroni-Regierung, das Abhalten eines Kongresses in Genua für den Juli gestattet. Daraufhin bildete sich erstmals eine Bewegung, nicht mehr von den altgedienten Aktivisten und Gewerkschaftern organisiert, sondern von einer neuen Generation junger Studenten und Arbeiter. Ad hoc wird ein Streik ausgerufen, dem sich die Gewerkschaften jedoch nicht anschließen, vielmehr versuchen sie, diesen Aufschrei spontaner Solidarität zu unterbinden. Erstmals zeigt sich hierbei auch eine Trennung der Ziele zwischen der offiziellen Linken und einer neuen Masse, Studenten im Schulterschluss mit den Arbeitern, vereint in der Tradition der antifaschistischen Partisanen des Zweiten Weltkriegs. Diese Bewegung scheint sich durch nichts beschwichtigen zu lassen und die Regierung gerät in Bedrängnis. Der Kongress wird untersagt.

Durch diesen Erfolg ermutigt, wollen die Oppositionsparteien Profit aus dem Moment schlagen und organisieren Demonstrationen im ganzen Land, um dabei Forderungen an das

Parlament herantragen zu können. Trotz ihrer Bemühungen um eine friedliche Abfolge kommt es zu unzähligen direkten Konfrontationen zwischen den Demonstranten und der Polizei. Am 7. Juli eröffnet in Reggio Emilia die Polizei das Feuer, fünf Arbeiter sterben; zwei Tage später vier weitere. Wieder wird ein Streik ausgerufen, diesmal landesweit. Die Tambroni-Regierung tritt zurück und macht Platz für eine Regierung des Mitte-links-Flügels der DC, Amintore Fanfani (als Premierminister) und Aldo Moro (als Parteisekretär). Diese Ereignisse läuten die Ära der Mitte-links-Regierungen in Italien ein, die sich mit Reformen profilieren wollen, um so die losgetretenen sozialen Bewegungen der Zeit wieder einzufangen, wodurch andererseits eine noch stärkere und selbstbewusstere Opposition auf den Plan gerufen wird – gegen den Reformismus und gegen die Überformung der sozialen Kämpfe durch Parteiorgane. Dies bewirkt wiederum einen allgemeinen Umschwung, weg von einer antikommunistischen, hin zu einer antifaschistischen Mobilmachung, auch in den Medien.[37] Die Arbeiterklasse fängt an, die kulturelle Hegemonie des Landes für sich zu beanspruchen, vor allem auch weil die Verbindung zwischen der Masse und ihrem Sprachrohr, der Partei, unterbrochen zu sein scheint. Dies wird im Weiteren, wie bereits erwähnt, zur ersten Mitte-links-Koalition im Jahr 1963 mit DC und PSI führen.

In diese Stimmung wurde die Gruppe der Quaderni Rossi quasi hineingeboren. Deren Mitarbeiter waren in mehreren Ballungszentren verteilt, die zwei größten in Turin (Alquati, Gasparotto, Gobbi, Rieser, Soave, Mottura) und in Rom (Tronti,

37 Roberto *Chiarini,* Destra italiana. Dall'Unità d'Italia a Alleanza Nazionale (Venezia, 1995) 109–110; Paul *Ginsborg*, Storia d'Italia dal dopoguerra ad oggi (Torino 2006) 348.

Di Leo, Asor Rosa, De Caro, Coldagelli). Die Turiner waren vorwiegend soziologisch geschulte Köpfe weberianischer Prägung, bereit, das Ausbeutungsverhältnis in der Fabrik mit soziologischen Mitteln zu untersuchen; die Römer hingegen vor allem junge Theoretiker und Intellektuelle im Fahrwasser der PCI, die in erster Linie nach einer Schnittstelle zwischen Theorie und Praxis für den revolutionären Kampf der Massen suchten. Auch bei dieser Gruppe begann eine Relektüre marxscher Texte. Vor allem von Texten, die zuvor von marxistischer Seite vernachlässigt wurden: Die italienische Ausgabe der marxschen *Grundrisse* zum Beispiel wurde erst 1957 veröffentlicht; allen voran das Maschinenfragment sollte die Speerspitze des neuen theoretischen Ansatzes werden; aber auch andere Teile, zum Beispiel der vierte Abschnitt des ersten Bandes des *Kapital*, erlangten dadurch neue Bedeutung. Auf dieser Basis verschoben sie den Marxismus in den Bereich einer politischen Soziologie, um mit dessen Hilfe diese neue Phase des Kapitalismus der 50er und 60er Jahre, den Fordismus, den Keynesianismus, die kapitalistische Planwirtschaft (die Operaisten bezogen sich auch häufig auf den Term »Neo-Kapitalismus«), vom Standpunkt des Arbeiters aus erforschen zu können. Einer der wichtigsten Punkte hierbei war die Veränderung des Verhältnisses zwischen Arbeiter und Maschine, welche eine noch nie dagewesene Produktivität ermöglichte, gleichzeitig aber die Bedeutung desjenigen, der diese Maschine bediente, unterminierte. Diese Entwicklung ermöglichte Panzieri, zu einigen der Grundeinsichten Marxens im Kapital zurückzukehren.

So schrieb er in der ersten Ausgabe der *Quaderni Rossi* seinen vielleicht einflussreichsten Text, der maßgebend für die weitere Ausrichtung der Gruppe werden sollte. In »Über die kapitalistische Anwendung der Maschinerie im Spätkapitalismus«

verknüpft er, in Rekurs auf Marx, die technologische Entwicklung, die damit einhergehende Steigerung der Produktion und die darauffolgende Verbesserung der materiellen Situation des Arbeiters mit der zunehmenden Knechtschaft der Arbeit unter das Kapital. Die Einführung von Maschinen im großen Maßstab kennzeichne, so Panzieri, den Übergang von Manufaktur zu Großindustrie. Was aber einerseits die Aufhebung der Notwendigkeit der lebenslangen Bindung des Arbeiters an eine Teilfunktion im Produktionsprozess bedeuten könnte, bedeute andererseits das gleichzeitige Fallen derselben physischen Schranke für die Herrschaft des Kapitals über eben diesen Produktionsprozess.

> »Der technische Fortschritt selbst erscheint also als Existenzweise des Kapitalismus, als seine Weiterentwicklung. ›Selbst die Erleichterung der Arbeit wird zum Mittel der Tortur, indem die Maschine nicht den Arbeiter von der Arbeit befreit, sondern seine Arbeit vom Inhalt. Aller kapitalistischen Produktion, soweit sie nicht nur Arbeitsprozeß, sondern zugleich Verwertungsprozeß des Kapitals ist, ist es gemeinsam, daß nicht der Arbeiter die Arbeitsbedingung, sondern umgekehrt die Arbeitsbedingung den Arbeiter anwendet, aber erst mit der Maschinerie erhält diese Verkehrung technisch handgreifliche Wirklichkeit. Durch seine Verwandlung in einen Automaten tritt das Arbeitsmittel während des Arbeitsprozesses selbst dem Arbeiter als Kapital gegenüber, als tote Arbeit, welche die lebendige Arbeitskraft beherrscht und aussaugt‹ […] Je höher das Niveau des technologischen Fortschritts des Industrialisierungsprozesses ist, desto mehr verstärkt sich die *Autorität* des Kapitalisten. Mit dem zunehmenden Umfang der dem Arbeiter gegenüberstehenden Produktionsmittel

wächst die Notwendigkeit einer absoluten Kontrolle von seiten des Kapitalisten. Der *Plan* des Kapitalisten wird den Lohnarbeitern ideell als ›Zusammenhang ihrer Arbeiten‹ gegenübergestellt [...].«[38]

Die Erhöhung des konstanten Kapitals, im Vergleich zum variablen, erhöhe paradoxerweise den Druck auf die – beziehungsweise den Widerstand der – Arbeiterschaft zur Integration unter den vom Verwertungsprinzip dominierten Produktionsprozess. Diese Beobachtung ist einer der wichtigen Gründe, wieso für den Operaismus die »lebendige Arbeit« den Anstoß für revolu-

tionäre Praxis geben wird und wieso diese sich ab einem gewissen Punkt gegen die kapitalistische Form der Arbeit (i. e. abstrakte Arbeit) richten wird.

Dieser Prozess der Integration des Arbeiters in den automatisierten Produktionsprozess wird noch dazu von den Gewerkschaften selbst gefordert. Die Sinnentleerung der Funktion des Arbeiters wird somit als schmerzliche, aber notwendige Phase des Übergangs zu einem vollautomatischen Produktionsprozess festgeschrieben. Diese technologisierte Form der Arbeitsteilung werde Panzieri zufolge fälschlicherweise als Teil der Organisationsfähigkeit der Arbeiterschaft angesehen und die konkrete historische Wirklichkeit der Arbeiterschaft mit ihren Forderungen und Kämpfen (inkl. ihrer Widerstände gegen diese Integrationsprozesse) somit »zugunsten einer idyllischen technologischen Konzeption völlig übersehen«.[39]

38 Raniero *Panzieri*, Über die kapitalistische Anwendung der Maschinerie im Spätkapitalismus (Quaderni Rossi Nr. 1, 1961) In: Thekla (Nr. 7/Juli 1985) 9f. (Auslassungen in runden Klammern von Panzieri, er zitiert hierbei aus dem ersten Band des Kapitals, 355–446; in eckigen Klammern: D. G.).

39 Ebd., 12.

Die technologische Rationalität offenbare vielmehr den Despotismus der kapitalistischen Planwirtschaft, indem sie nicht nur die Maschinen dem Kapital einverleibe, sondern auch Organisations- und Informationstechniken, die sich dann wiederum der Arbeit – als fremde Rationalität – gegenüberstellen. Arbeitsteilung und Kooperation innerhalb des kapitalistischen Betriebs sind somit nicht Teil der produktiven Tätigkeit des Arbeiters, sondern ein von außen an ihn herangetragenes Instrument seiner Kontrolle.

Was nun wie eine Entmachtung der Arbeiterklasse anmutet, ist aus operaistischer Sicht ihr genaues Gegenteil, denn die bloße Notwendigkeit der ständigen Integration der Arbeiter in einen sinnentleerten, entfremdeten Arbeitsprozess offenbart die internen Risse im kapitalistischen Produktionsregime.

> »Der Kampf der Arbeiterklasse erscheint deshalb als Notwendigkeit des globalen Antagonismus gegen den kapitalistischen Plan [...]. Die revolutionäre Aktion muß die technologische ›Rationalität‹ ›verstehen‹, aber nicht um sie zu akzeptieren und zu verherrlichen, sondern um sie einer neuen Verwendung zuzuführen, nämlich der sozialistischen Verwendung der Maschinerie.«[40]

Hier zeigt sich abermals Panzieris Plädoyer für die Arbeiterautonomie; eine Autonomie, die durch die gängige Form der Arbeitsteilung eher unterdrückt als begünstigt wird.

Auch der gewerkschaftliche Kampf um die Erhöhung des Lohns (bei steigender Produktivität) begünstige diese Autonomie nicht, denn auch wenn sich die materielle Lage des Arbeiters bessere, so verschlechtere sich seine gesellschaftliche Lage, denn das System der Lohnsklaverei, seine Unterordnung un-

40 Ebd., 16.

ter den Verwertungsprozess, bleibe aufrecht und werde sogar noch gefestigt.[41] »Allein der Angriff auf die Wurzeln der Entfremdungsprozesse, das Bewußtsein der zunehmenden ›politischen Abhängigkeit‹ vom Kapital ermöglicht eine wirklich allgemeine Klassenaktion.«[42] Angesichts dessen stuft Panzieri den Zyklus an gewerkschaftlich vermittelten Arbeiterkämpfen als nichtrevolutionär ein, da die Forderung nach Kontrolle der Arbeiter über den Produktionsprozess nicht oder nur unzureichend artikuliert wurde.

Panzieri stellt mit seinem Blick auf die Arbeiterkämpfe einige Thesen auf, die von seinen Nachfolgern übernommen werden und somit zum harten Kern operaistischen Gedankenguts avancieren. So teilt Panzieri mit seinen Mitstreitern die Überzeugung, dass der Kapitalismus im Wesentlichen eine Organisationsform der Arbeitsteilung zur Extraktion des Mehrwerts ist, dass der Widerstand der Arbeiter die einzige »natürliche« Grenze der kapitalistischen Entwicklung bedeuten kann, dass dieser Widerstand sich nicht als Fortschritt, sondern als Bruch im Produktionsprozess offenbart, indem dieser eine neue Form der Rationalität der Produktion entwickelt, die der des Kapitalismus fundamental entgegenläuft. Der Weg zum Sozialismus ist also nicht in der Distribution und Realisation, sondern in der Produktion des Mehrwerts zu suchen.

Entgegen der gängigen Ideologie des italienischen Sozialismus kritisiert gerade Panzieri die Konzeption der wirtschaftlichen Entwicklung als neutralen Prozess; Entwicklung der Produktivkräfte bedeutet für ihn immer Verstärkung der Mechanismen der Ausbeutung. Er bezieht sich dabei auf die marxsche These

41 Vgl. *Marx*, Kapital 1, 416.

42 *Panzieri*, Über die kapitalistische Anwendung der Maschinerie, 19.

der Appropriation der Technik und Wissenschaften durch den Kapitalismus. Insofern die Produktivkraft der Arbeit die Produktivkraft des Kapitals bedeutet, dient die Einflussnahme der Technologie der zunehmenden Parzellierung der Arbeitsteilung, der Anteil an konstantem Kapital erhöht sich, was eine zunehmende Kontrolle des Kapitals über die lebendige Arbeit und damit eine zunehmende Auspressung des Mehrwerts erlaubt.

Zusätzlich zu Marxens Fetischismus der Ware postuliert Panzieri einen Fetischismus in der Produktion. Innerhalb dieser erscheine die Organisation der Arbeitsteilung als von dem unmittelbaren Kontrollwillen des Kapitals unabhängig – oder vielmehr der Notwendigkeit des Maschineneinsatzes geschuldet. Somit breitet sich die Kontrolle des Kapitals unter dem scheinbaren Deckmantel des neutralen Sachzwangs über den gesamten Produktionsprozess aus. Mit diesen zwei Fetischen auf unterschiedlicher Ebene bekräftigt Panzieri eine weitere operaistische Grundeinsicht, nämlich dass die objektive Situation immer von verschiedenen Perspektiven aus gesehen werden kann und dementsprechend anderes zum Vorschein kommt. Aufgrund dieses Fetischs in der Produktion stellt sich der Mechanismus der Auspressung des Mehrwerts für die Kapitalisten anders dar als für die Arbeiter. Fortschritt aufseiten des Kapitals kann demgemäß keineswegs Fortschritt aufseiten der Arbeiter bedeuten, eher das Gegenteil ist der Fall: Der kapitalistische Fortschritt bedeutet immer eine zunehmende Kontrolle über den Produktionsprozess und damit auch über die Arbeitskraft.[43]

43 Dieser seltsame Blick auf den technologischen Fortschritt ist natürlich der spezifischen historischen Situation des Fordismus und des Wirtschaftswunders der Nachkriegszeit geschuldet, in der Panzieri es sich

Panzieri wird in weiterer Folge natürlich für die Einnahme des Standpunktes der Arbeiter plädieren. Erster Schritt aus Sicht des Arbeiterstandpunktes ist dabei der Perspektivwechsel auf die Eigentumsverhältnisse im Produktionsprozess. Damit ergibt sich eine kleine Formverschiebung in der marxschen Analyse, denn insofern Marx die formale Trennung der Produktionssphäre in Produktivkräfte und Produktionsmittel postuliert, nimmt er bereits die Trennung der Eigentumstitel vorweg. Was Panzieri als Produktionsverhältnisse (also die rechtlichen, sozialen, kulturellen Rahmenbedingungen der Produktion) bezeichnet, kann immer nur Teil der Produktivkräfte selbst sein. Und wenn diese Grenze einstürzt, dann fällt auch die konzeptionelle Trennung zwischen den Produktivkräften und ihren Produktionsmitteln.

> »Gegenüber dem kapitalistischen Geflecht von Technik und Macht kann sich die Aussicht auf einen alternativen (proletarischen) Gebrauch der Maschine offensichtlich nicht auf eine reine und einfache Umkehrung der Produktionsverhältnisse (des Eigentums) gründen, die wie eine Hülle ab einem gewissen Grad der Ausweitung der Produktivkräfte zwangsläufig zerreißen würde, einfach nur weil diese zu knapp geworden wäre: Die Produktionsverhältnisse befinden sich *innerhalb* der Produktivkräfte, diese sind durch das Kapital ›geformt‹.«[44]

zum Ziel machte, zu zeigen, dass Fortschritt der einen nicht Fortschritt aller bedeutete.

44 Raniero *Panzieri*, Plusvalore e pianificazione. Appunti di lettura del Capitale. (Orig.: Quaderni Rossi Nr. 4/1964) In: ders., Lotte operaie nello sviluppo capitalistico (Einaudi, Turin 1976) 54f. (Transl.: D. G.; Orig.: »Di fronte all'intreccio capitalistico di tecnica e potere, la prospettiva di un uso alternativo [operaio] delle macchine non può, evidentemente,

Für Panzieris Strategie ist diese Verschiebung des Verhältnisses zwischen Produktionsmitteln und Produktionsverhältnissen (einerseits die Produkte menschlicher Arbeit, andererseits das Eigentumsrecht auf diese Produkte) entscheidend im Hinblick auf eine Konzeption der Arbeiterautonomie im Sinne der Übernahme der Kontrolle der Produktionsmittel. Es geht ihm aber auch um die Aufhebung einer falschen Konzeption von Produktivkraftentwicklung. Für ihn gibt es keine interne Grenze der kapitalistischen Entwicklung, so wie Lenin es zum Beispiel gewollt hätte, als er den Imperialismus als letztes Stadium des Kapitalismus bezeichnete. Zudem besteht nach Marx in diesem Widerspruch zwischen Produktivkräften und Produktionsmitteln im Historischen Materialismus der eigentliche Motor der Geschichte – als der Zwang von einer Produktionsweise in eine andere (weiter fortgeschrittene) Produktionsweise zu wechseln. Panzieri entledigt sich dabei des historischen Determinismus und postuliert gleichzeitig, dass der einzige Motor der Geschichte der Kampf des Kapitals um die Kontrolle der Arbeitskraft beziehungsweise der Widerstand ebendieser gegen ihre Aneignung ist.

»Darin zeigt sich eine signifikante Sicht auf den Klassenkampf, insofern die spezifischen Kämpfe einer historischen Epoche vom jeweiligen Entwicklungsstand des Kapitals abhängen, nämlich: ›wenn die Arbeiterklasse sich bewegt und in ihrer Bewegung ein Klassenbewusstsein heranreift, dann

fondarsi sul rovesciamento puro e semplice dei rapporti di produzione [di proprietà], concepiti come un involucro che a un certo grado dell'espansione delle forze produttive sarebbe destinato a cadere semplicemente perché divenuto troppo ristretto: i rapporti di produzione sono *dentro* le forze produttive, queste sono state ›plasmate‹ dal capitale.«)

tendiert diese Maßnahme dazu, die eigenen Forderungen auf Basis des [aktuellen, D. G.] Stands des Kapitals [*a ciò che è il capitale*] zu ermessen, nicht auf Basis der empirischen Situation, in der sich die Arbeiterklasse befindet‹.«[45]

Es sei ein großer Fehler, die Manifestationen des Kapitals als seine Essenz zu betrachten, wenn sie doch nur Phänomene – Erscheinungen – seien. »Die empirische Realität der einzelnen Situationen ist wichtig, verbleibt aber in ihrer Eigenschaft Teil der umfassenden Realität des Kapitals; und dieses Verständnis ist das Einzige, das dann wiederum das wirkliche Erfassen der

einzelnen Situationen möglich macht.«[46] Natürlich bezieht sich Panzieri hier auf die spezifische Epistemologie einer politischen Soziologie, deren Konturen er nachzeichnen möchte und die er deutlich von der Methodologie der bürgerlichen Ökonomie abzugrenzen versucht. Das Kapital darf nicht als das wahrgenommen werden, als das es sich präsentiert. Sei es als Finanzkapital, als Handelskapital, als konstantes oder variables Kapital, all diese Kapitalsorten sind ein und dasselbe Kapital, produziert durch lebendige Arbeit. Und einzige Möglichkeit, das Kapital von seinen leeren Erscheinungen zu befreien, ist für Panzieri eine akribische Analyse der »reellen« Situation der Arbeiterklasse.

45 Raniero *Panzieri*, Spontaneità e organizzazione (Pisa 1994) 76. (Transl.: D. G.; Orig.: »quando la classe operaia si muove e nel suo muoversi matura una coscienza di classe, essa misura, tende a misurare le proprie richieste in base a ciò che è il capitale, non in base alla situazione empirica in cui la classe operaia si trova«).

46 Ebd., 76. (Transl.: D. G.; Orig.: »La realtà empirica delle singole situazioni è importante in quanto però rimanda alla realtà complessiva del capitale; e questa comprensione è la sola che permette di ritornare poi a comprendere veramente le singole situazioni.«)

Panzieri fokussiert hierbei vor allem auf die Forderungen der Arbeiterklasse im Produktionsprozess, das heißt dort, wo die reale Ausbeutung stattfindet. Natürlich kann Panzieri nicht meinen, dass die Arbeiterklasse nicht von solchen verdeckenden und überformenden Erscheinungen heimgesucht würde und als Einzige die »wahre« Sicht auf die Dinge offenbare. Dennoch entstehen die Forderungen, Proteste, Demonstrationen und Verweigerungen der Arbeiterklasse nicht unabhängig von der jeweiligen historisch-politischen Situation, sie sind Ausdruck eines spezifischen Ausbeutungsverhältnisses. Innerhalb des Klassenkampfes kann sich der Wille der Arbeiterklasse niemals unabhängig vom Willen der Kapitalistenklasse entwickeln, Panzieri zeigt in seiner spezifischen Definition von Arbeiterautonomie hingegen ein mögliches Ende der Abhängigkeit der Arbeiterklasse vom Kapital auf. Sie, die Arbeiterautonomie, sei der einzige Moment, in dem die Arbeiterklasse aufhöre, sich selbst durch ihre Abhängigkeit vom Kapital her zu definieren. Einzige Konstante in der kapitalistischen Entwicklung sei die zunehmende Ausbeutung der Arbeitskraft durch das Kapital und die einzige Grenze könne dem Kapitalismus nur von außen aufgezwungen werden, durch die Verweigerung dieser Arbeitskraft. Der Klassenkampf ist für Panzieri das Resultat der gewaltvollen Entwicklung des Kapitals und der Widerstände gegen diese.

Somit verbleibt in der Arbeitskraft ein gewisser vom Kapital unangetasteter autonomer Kern, während der Motor der kapitalistischen Entwicklung der ständige Versuch des Kapitals ist, sich die Arbeitskraft als Ganzes einzuverleiben. In dieser Geschichtskonzeption befindet sich das Kapital in einem Rückzugsgefecht, nicht mehr die Arbeiterklasse, die Rollen werden zu einem gewissen Grad vertauscht. Panzieri vertritt eine politische Lesart des Kapitals, keineswegs eine ökonomische, insofern er zwischen der »objektiven« (empirischen) und der »reellen« Situation unterscheidet. Die objektive Situation entpuppt sich dabei selbst nur als Schein, als Produkt eines verklärten Blicks auf die Produktionsverhältnisse; und die Ökonomie dient nur mehr der Schaffung und Beschreibung dieser »objektiven« Situation.

Exkurs 1: Alquati – Klassenzusammensetzung und der Versuch einer Mit-Untersuchung

Die geheime Gallionsfigur der soziologischen Arbeit der Operaisten im Hintergrund ist ohne Zweifel Romano Alquati. Durch seine Untersuchungen bei Fiat und Olivetti prägten sich die Konzepte der Klassenzusammensetzung (*composizione di classe*) und des Massenarbeiters (*operaio massa*) tief ins operaistische Denken ein und sollten form- und schulbildend für künftige Generationen des autonomen Marxismus – bis heute – wirken. Das Konzept der Klassenzusammensetzung beschreibt den Nexus zwischen subjektivem und objektivem Anteil der Arbeitskraft in einem bestimmten Produktionszweig, also das Verhältnis von Menschen (Arbeitern) und Maschinen, die im Einsatz sind. Das betrifft auch den Massenarbeiter, der durch steigenden technologischen Einsatz eine fortschreitend disqualifizierte und monotone Arbeit verrichten muss; den klassischen Fließbandarbeiter also. Er ist die Inkarnation der abstrakten Arbeit in Reinform und damit auch die Inkarnation des antagonistischen Potentials dieser Kategorie der Entmenschlichung der Arbeitskraft.

Der Aufsatz »Organische Zusammensetzung des Kapitals und Arbeitskraft bei OLIVETTI« wurde bereits 1961 verfasst, jedoch erst in den beiden Ausgaben von 1962 und 1963 der *Quaderni Rossi* veröffentlicht. Dieser Text sollte eigentlich nur eine Voruntersuchung darstellen, bei der das Verhältnis zwischen der Fabrikstruktur, ihrer Leitung, den Arbeitern und ihren Repräsentanten erforscht werden sollte. Ziel war es, geeignete Begriffe zu finden, mit denen eine allgemeine Untersuchung der Situation der Arbeiter hätte durchgeführt werden können. Vor allem der Begriff der Klasse bedurfte einer Neuorientierung, da Gewerkschaften und linke Parteien vorgaben, für die Arbeiterklasse zu arbeiten, dabei aber eher die Interessen des Klein- und Großbürgertums vertraten. Erster Schritt dieser etwas anderen soziologischen Untersuchung war es, die Arbeiterklasse nicht mehr als einen einheitlichen Block zu betrachten, sondern gerade ihre je spezifische Zusammensetzung zu untersuchen. Die »technische Zusammensetzung der Arbeiterklasse« (*composizione tecnica di classe*) bezeichnete eine bestimmte, einem spezifischen historischen Kapitalverhältnis zugehörige Zusammensetzung der Arbeitskraft. Vor allem das Verhältnis von konstantem zu variablem Kapital, also die spezifische Intensität des Maschineneinsatzes innerhalb der Produktionsweise, wird mit diesem Begriff eingefangen. Komplementär dazu gibt es auch die politische Zusammensetzung der Arbeiterklasse. Sie lässt sich an den spezifischen Kämpfen der Arbeiterklasse ablesen, abhängig von einer bestimmten technischen Zusammensetzung, der relativen Autonomie und Selbstorganisation, aber auch dem entsprechenden Klassenbewusstsein der Arbeiter innerhalb einer spezifischen Produktionsweise. Dies ist gemeint, wenn im weiteren Kontext des Operaismus von der politischen Subjektivität oder dem Subjekt der Arbeiterklasse gesprochen wird.

Dieses Kategorium erlaubte die genauere Beschreibung einer neuen Form von Arbeiter, der erst mit erhöhtem Maschineneinsatz auftrat, größtenteils aus anderen Teilen Italiens, vor allem aus dem Süden, zugewandert war und dadurch auch außerhalb der großen Gewerkschaftsorganisationen auftrat: des Massenarbeiters (*operaio massa*). Er war meist ohne spezielle Ausbildung, ohne besonderes Klassenbewusstsein und häufig austauschbar; und doch war er die Hauptfigur des neu entwickelten Ausbeutungsprozesses in der Fabrik, des despotischen *Plans des Kapitals*.

Ziel der Voruntersuchungen war die Einführung der von Panzieri sogenannten *conricerca* (Mit-Untersuchung). Im Gegensatz zur klassischen Soziologie sollte der Arbeiter hierbei nicht einfaches Untersuchungsobjekt sein, sondern selbst aktiv an der Analyse seiner Integration in den Produktionsprozess mitwirken. Genauso wenig sollte der Analyst sich als außerhalb des zu untersuchenden Verhältnisses begreifen, einige Mitglieder der *Quaderni Rossi* haben sich somit selbst als Arbeiter in den großen Fabriken angemeldet. In weiterer Folge hätte ein weites Kontaktnetz geknüpft werden sollen, in dem sich selbstständige Arbeitsgruppen bilden, die eigenständig Fragestellungen entwerfen, Forschungsergebnisse politisch auswerten und hinterfragen, sowie eigene Taktiken und Strategien dazu entwickeln. Damit hätte die Trennung zwischen Analyse und politischer Aktion (zwischen Theorie und Praxis) überwunden werden sollen. Trotz dieser vermeintlichen Dezentralisierung des Forschungsprozesses konnte auch bei der *conricerca* nicht auf die Vorstellung einer minimalen Hierarchisierung der Arbeiterschaft verzichtet werden; es bedurfte zumindest eines kleinen bereits politisierten Teils der Arbeiter, welche die Analyse als Ausgangspunkt für politische Aktion befürworteten. So schreibt Alquati:

> »Wir erarbeiten unsere Hypothesen für Avantgarden, die den Kämpfen eine Richtung zu geben vermögen; nicht also für neue geschlossene und in ihrer ideologischen Reinheit

> isolierte ›Gruppen‹, sondern gerade für diejenigen, die – mit oder ohne Titel und Mitgliedsausweis – innerhalb oder außerhalb der Fabrik (auch das ist ein falsches Problem: die Fabrik existiert heute nicht mehr als abgetrenntes Moment …) tatsächlich im Zentrum des Klassenkampfes stehen: dort also, wo die neue politische Zusammensetzung der Arbeiterklasse, der Austausch der Erfahrungen, die Kritik, die Diskussion und die Erarbeitung neuer Formen und Inhalten des Kampfes ihren höchsten Punkt erreichen, wo also die ganzen Probleme mit der Entfaltung des Kampfes selbst eine immer grundlegendere und allgemeinere Bedeutung gewinnen.«[47]

Die *conricerca* hätte somit zum Selbstläufer werden sollen, die sich, einmal angestoßen, von selbst im gegenseitigen Austausch weiterentwickle. Sie hätte damit zum Teil eines erweiterten Klassenbewusstseins avancieren und so eine wahre proletarische Wissenschaft ins Leben rufen sollen, in der erstmals die Trennung von Subjekt und Objekt in der Forschung aufgehoben wäre.

> »Die theoretische Aufgabe jener politischen Basisarbeit bestand also darin, ein bestimmtes Verhältnis, eine bestimmte Arbeitsmethode für die Diskussion und die *conricerca* mit den Arbeitern selbst zu erarbeiten, die die Protagonisten der entscheidenden Ereignisse im Rahmen einer Situation waren, welche die Möglichkeit bot, jene Politisierung und Verallgemeinerung radikal voranzutreiben, die in diesen Jahren die wesentlichsten objektiven Merkmale des Druckes der Arbeiter gewesen waren.«[48]

47 Romano *Alquati*, Klassenanalyse als Klassenkampf. Arbeiteruntersuchungen bei FIAT und OLIVETTI (Athenäum Fischer 1974) 94.

48 Ebd., 99.

Die wirkliche Untersuchung wurde jedoch nie umgesetzt, zu früh kam es zum Bruch der einzelnen Splittergruppen mit dem Grundprojekt der militanten Untersuchungen.

Bevor die Mitglieder selbst in die Fabrik gingen, hatten sie die Vorstellung von einer bis ins letzte Detail geplanten Organisationsstruktur mit einigermaßen integrierten und ideologisierten Mitarbeitern. Stattdessen fanden sie heraus, dass die Organisation weit weniger rational war als erwartet. Dass vielmehr der Betrieb allein aufgrund der aktiven und spontanen informellen Kollaboration[49] (in Abgrenzung zur Kooperation) der einzelnen Mitarbeiter am Laufen gehalten wurde, indem sie den Ablauf der Produktion nötigenfalls veränderten, Fehler von anderen ausbügelten, eigenen Kontakt mit den unteren Ebenen der Kommandohierarchie herstellten etc. Hier war also ein erster Anhaltspunkt geschaffen, wie sich durch Bildung eines gemeinsamen Klassenbewusstseins das Machtverhältnis im Produktionsprozess umkehren ließe. Denn Punkte für den Antagonismus ergeben sich erst dort, wo der Plan des Kapitals nicht erfüllt wird, wo die vielen Mikrokonflikte, die normalerweise von den Arbeitern ausgebügelt werden, zu einem großen Ganzen zusammenwachsen und das Kommando des Kapitals aus sich selbst heraus verunmöglichen. Die Betriebsleitung setzt das Kommando des Kapitals zwar durch, aber sie haben keinen direkten Einfluss mehr darauf, wie dieser verwirklicht wird. Die Führungsfunktionen beschränken sich nur mehr auf Planung, Organisation und Kontrolle.[50] In einer Gesellschaft also, in der die Fabrik bereits über ihren Gebäude-

49 Alquati trennt den Begriff Kollaboration von dem der Kooperation. Diese Begriffe werden weiter unten erläutert.

50 Vgl. ebd., 124.

Komplex hinausgewachsen ist und die letzten Enden der Gesellschaft erreicht hat, wird der Staatsapparat auch nur mehr als erweiterter Fangarm der Akkumulation und Kontrolle betrachtet werden müssen.

> »Der Staat verteidigt heute den Profit, indem er für die Unternehmen nationale und internationale Koordinierung der Ausbeutung der Arbeiterklasse und die indizierende oder konzertierte Planung übernimmt, oder indem er die Führer der Arbeiterbewegung am Staat teilhaben läßt […].«[51]

Denn selbst der vermeintliche Apparat, der zum Schutz der Arbeiterschaft entwickelt wurde, dient heute nur mehr als Teil seiner Kontrolle und Berechenbarkeit. Der Plan macht die Vorgaben, die Arbeiter versuchen, sich in ihrer informellen Organisation kleine Zeitfenster gegenüber der vorgegebenen Arbeitszeit zu »erwirtschaften«. Diese werden dem Arbeiter durch Zeitmessungen wieder weggenommen. Das Spiel beginnt von vorne. So wird die Organisation gegen den Willen der Arbeiter, aber durch ihr Handeln immer effektiver.

> »Die Arbeit wird und muß immer wieder neu ›geregelt‹ werden. Und kaum hat […] der Arbeiter seine ›Poren‹ etwas geöffnet und ein bisschen Luft zu schnappen versucht […], kommt auch schon der Zeitnehmer an, der ihm zur Beruhigung seines Gewissens sofort wieder eine kürzere Zeit vorgibt und so seine Poren wieder zustopft, ohne auch nur zu wissen, auf welche Weise der Arbeiter sie sich geöffnet hatte.«[52]

Abermals bekräftigt Alquati, dass die Arbeiter allein die produktive Tätigkeit leisten, während die Kontrolleure bloß reak-

51 Ebd., 126.

52 Ebd., 155.

tiv zur Seite stehen. Es sind somit die Arbeiter selbst, die nicht nur das Kapital *pro*duzieren, sondern gleichzeitig das Kapitalverhältnis *re*produzieren. Nicht nur das, auch die Maschine als Kapital und als Produkt vergesellschafteter Arbeit ist dabei Resultat der Macht der Arbeiterschaft, die sich in weiterer Folge gegen diese wendet.

> »Das Kapital ist immer akkumulierte gesellschaftliche Arbeit, die Maschine ist immer inkorporierte gesellschaftliche Arbeit – das ist klar. Jede ›neue‹ Maschine, jede Erneuerung bringt so das allgemeine Niveau und die Qualität der Kräfteverhältnisse zwischen den Klassen in diesem Moment zum Ausdruck. Wenn wir also sagen, daß es in der Montage sehr viel mehr und sehr viel weniger als die Funktion des Montierens gibt, dann berufen wir uns auf die spezifische Art und Weise, auf die diese Funktionen das historische Produkt von revolutionären Kämpfen geworden sind, die durch den inneren Charakter der Klassenausbeutung bestimmt werden, die der kapitalistischen Arbeitsteilung den Weg weist. Auf diese Weise ist jede weitere Multiplikation der Unterfunktionen und Mikrofunktionen [der Arbeitsteilung, D. G.] der Ausdruck der historischen Frustration der proletarischen Revolution; und sie ist gleichzeitig Ausdruck der Unterstützung des Prozesses durch jede Art von Reformismus, wodurch dieser Prozeß ein Prozeß der Atomisierung der Arbeit als Klasse geworden ist. [...] Der Prozeß der Teilung der Arbeit beleuchtet daneben auch andere grundlegende Aspekte wie etwa die Tendenz, auf der gesellschaftlichen und politischen Ebene eine ganze Tonleiter von koordinierten und sich ergänzenden Systemen zu konstruieren, wie etwa die des Status und des Prestiges etc., die dann einem Prozeß der Teilung der Funktionen

> aufgepfropft werden, um zu verschleiern, daß es nur zwei Ebenen gibt, die in gesellschaftlicher und ökonomischer Hinsicht für das System unausweichlich entscheidenden Charakter haben, die Existenz nämlich der beiden einander gegenüberstehenden Klassen.«[53]

Insofern also der gesamte Staatsapparat als Teil der Sicherung und Kontrolle der Mehrwert-Abschöpfung angesehen werden muss, der auch nur mehr ein Hindernis für die latent bereits vorhandene Arbeiterautonomie fungiert, bleibt für Alquati im Grunde nur mehr eine Lösung:

> »Wenn also heute die Zerschlagung der Staatsmaschinerie (und nicht bloß ihre Eroberung) tatsächlich mehr denn je die grundlegende Voraussetzung für die Verwirklichung des Sozialismus ist, dann gerade deshalb, weil die Entwicklung der organischen Zusammensetzung des Kapitals der Arbeiterklasse objektiv eine immer entscheidendere Rolle überträgt, denn gerade sie produziert im gesamten System und ganz besonders im Großunternehmen den Mehrwert.«[54]

Auch wenn sich also die Analyse auf die Fabrik konzentriert, so wird doch auf diese Weise beinahe jedes gesellschaftliche Organisationsprinzip als Teil des Klassenkampfes erfahrbar, denn sie bekräftigt einmal mehr den Klassenkampf als den wahren Motor der Geschichte, die Arbeiterklasse als das produktive Element und die Kapitalistenklasse als das reaktive Element, welches sich in ständiger Kontrolle den Bewegungen und Autonomiebestrebungen der Produzenten anpasst, um so den Plan des Kapitals durch seine je spezifische Teilung des Arbeitsprozesses durchzusetzen. Hauptaufgabe einer revolutionären Ana-

53 Ebd., 120.

54 Ebd., 127.

lyse kann hierbei also auch nur mehr das Schaffen eines Klassenbewusstseins sein, mit der Voraussetzung, dass damit bereits der Weg freigelegt sein werde, um der Arbeiterautonomie den ausreichenden Impetus zu verleihen, damit dieser dann zum Selbstläufer avancieren könne. Diese Klasse ist jedoch für Alquati nicht mehr gleichzusetzen mit dem Proletariat des Marxismus-Leninismus, denn sie dürfe nicht mehr auf ihre Arbeitsrollen reduziert werden.

Alquati unterscheidet zwischen Kooperation und Kollaboration: Die Kooperation ist die (nicht bezahlte) Art und Weise, wie durch die vorgegebene Arbeitsteilung aus den atomisierten Arbeitern der Mehrwert ausgepresst wird, während Alquati unter Kollaboration die Unterstützung der Arbeiter untereinander gegen diese Vorgaben, das heißt die informelle Zusammenarbeit, versteht. Die Kooperation ist also die von der Geschäftsleitung vorgesehene Form der Zusammenarbeit der Arbeiterschaft, um zu einem gewünschten Ergebnis zu kommen, so zum Beispiel die Ausführung des Plans des Kapitals. Während die Kollaboration die informelle Zusammenarbeit der Arbeiter untereinander beschreibt, das Ausbügeln von Fehlern anderer, das Decken von Arbeitern, die von der Arbeit ferngeblieben sind, etc. Dazu zählt weiters eine Unmenge an koordinierenden Tätigkeiten um die Maschinen herum, beispielsweise das Knowhow im Umgang mit den Maschinen etc. So wird der Begriff Kollaboration mit teilweise positivem Inhalt befüllt, weil dieser die informelle Organisationsfähigkeit der Arbeiter untereinander beschreibt, während Kooperation lediglich die Unterwerfung unter die Vorgaben des Produktionsprozesses beschreibt.

Für Alquati nun tritt mit steigender Entwicklung der maschinengeförderten Produktion die Kooperation immer stärker hervor, weil in industriellen Produktionsschritten die Zusammenarbeit vieler Menschen und Maschinen bei gleichzeitig zentralisierter Planung eine immer wichtigere Rolle spielt. Die Kooperation ist damit inhärenter Bestandteil bei der Anwendung der Produktionsmittel, der Verwertung des konstanten Kapitals. Während die koordinierende Tätigkeit, die Maschinen beziehungsweise den Produktionsplan betreffend, gesellschaftliche Arbeit sei. Mit dem Anstieg der Kooperation erhöhe sich auch die Notwendigkeit der informellen Koordinierung und der Kollaboration der Arbeiter untereinander, die Kollaboration werde somit zur zunehmend produktiven Tätigkeit. Diese dürfe aber nicht mit den bürokratischen Funktionen der Vermittlung und Organisation verwechselt werden.

Der bürokratische Apparat ist vertikal, weil er nicht »produktiv« ist: Er ist ein Bündel hierarchischer Linien, die sich als vertikale Achsen darstellen lassen oder als Sonden, die in die strukturellen Knotenpunkte der Verwertung eingebaut sind, um der produktiven Arbeit die »Kontrollinformationen« »auszusaugen«, mit deren Hilfe der Kapitalist feststellen kann, ob der Fluss in den vorgesehenen Kanälen verläuft.[55]

Die Koordinierung hingegen entsteht auf horizontaler Ebene in der Produktion zwischen den Arbeitern selbst und wird damit innerhalb einer hoch technologisierten Produktion zur Kollaborationsmöglichkeit zwischen den Arbeitern. Alquati spricht dabei von einer »Dialektik der *Dezentralisierung* der Entscheidungen zur Verwirklichung des Plans einerseits und der *Zentralisierung* der Entscheidungen mit großer räumlicher und zeitlicher Tragweite andererseits, die der ökonomischen und gesellschaftlichen Entwicklung ihre umfassende Richtung

55 Ebd., 136.

geben«.[56] Insofern also diese Art der Koordinierung eigentlich die Arbeit für das Kapital ist, da sie für den reibungslosen Ablauf der Produktion unumgänglich ist, ist sie einerseits zwar negativ konnotiert; insofern sie sich jedoch im Sinne der Zusammenarbeit der Arbeiter untereinander organisiert und auch gegen die Geschäftsleitung gerichtet sein kann, kann Alquati hierin auch Akte der Sabotage und des Widerstandes gegen das Kommando des Kapitals erkennen. Darin ist für Alquati die eigentliche schöpferische Kraft der Arbeiterschaft ersichtlich, die auch einen beachtlichen Anteil an Spontaneität aufweisen kann. Das Motiv hier ist klar: Dieser Schwachpunkt – die negative Konnotation der Arbeit für das Kapital –, der abermals in eine versteckte Stärke umschlägt, wird gut veranschaulicht durch Alquatis Blick auf den Taylorismus, der durch Vereinfachung der Arbeitsschritte und die Verkürzung der Arbeitszeiten bei gleichzeitiger Zunahme der repetitiven Bewegungen den Anschein erweckte, als wolle man den Menschen zu einem Affen degradieren.

> »Gerade die Arbeiterbewegung betrachtete den Taylorismus als Tendenz, die Arbeiter als konstantes Kapital auf Affen zu reduzieren […]. Taylor wollte die Rationalisierung der politischen Zergliederung der Einheit und der alternativen Kraft der Arbeiterklasse wissenschaftlich organisieren; inzwischen aber schuf er gerade die Bedingungen, unter denen die äffischen Aspekte der Arbeit durch die Maschine absorbiert werden konnten.«[57]

Mit der fortschreitenden Mechanisierung und Tertiärisierung der Arbeit werde der Arbeiter also nicht aus der Produktion ver-

56 Ebd., 138.

57 Ebd., 169.

drängt, sondern seine Bedeutung vielmehr noch gesteigert. Ziel der Kapitalistenklasse sei auch niemals die Beseitigung, sondern vielmehr die Entwicklung des Proletariats. Nicht Beseitigung der Arbeit also, sondern Entwicklung der Arbeit als produktive Tätigkeit. Was nun, wie bereits bei Panzieri, als Teil eines Dominanzverhältnisses angelegt ist, wird in weiterer Folge zur Bedingung der Befreiung vom Kommando des Kapitals. Es ist für Alquati genau diese konzeptionelle Trennung von Kooperation und Kollaboration, die ein Konzept der Arbeiterautonomie ins Leben rufen kann.

Diese spezifische Lesart des Klassenkampfes macht jedoch ein strukturelles Problem dieser Analyse bereits deutlich: Die Reduktion der Gesellschaft auf zwei Klassen und die Konstruktion eines einheitlichen kapitalistischen Plans. Was als eine Analyse der Fabrik beginnt und im Weiteren auf die gesamte Gesellschaft übertragen wird, indem die Fabrik als Ganzes vergesellschaftet wird, birgt also eine gewisse reduktive Lesart der gesellschaftlichen Entwicklung, um der Analyse des Klassenkampfes ausreichend Autorität zu verleihen. Dies sollte bei Tronti noch einmal auf die Spitze getrieben werden.

Von *Quaderni Rossi* zu *Classe Operaia*

> »Über die Idee und die Praxis der Politik ergab sich der Dissens mit Panzieri und mit den Soziologen der *Quaderni Rossi*. Über nichts anderes. Das Primat der Politik ist bereits ab der ersten Ausgabe präsent in der Initiative, *Classe Operaia* ins Leben zu rufen: ›Politisches Journal der kämpfenden Arbeiter‹. Der Schrei aus *Lenin in England* – zuerst die Arbeiter, dann das Kapital, d. h. zuerst die Arbeiterkämpfe, dann die kapitalistische Entwicklung – nun, das ist Politik. Und was kann es anderes sein, wenn es Wille, Entscheidung, Organisation und Konflikt ist? Von der Analyse der Verhältnisse der Arbeiter zur Intervention für die Forderungen im Sinne der Interessen der Arbeiterklasse war der Übergang, der Sprung von der Zeitschrift [Quaderni Rossi] zum Journal [Classe Operaia].«[58]

Nach Jahren des stillen Protests in den Fabriken kam es 1962 zu einer Welle von Streiks, die sich um die Neuaushandlung der

58 Tronti, Noi operaisti, 27f. (Transl.: D. G.; Orig.: »Sull'ideo e sulla pratica della politica avvenne il dissenso con Panzieri e con i sociologi die ›Quaderni rossi‹. Non su altro. Il primato della politica è già presente, fin dal primo numero, nell'iniziativa di fare ›classe operaia‹, ›giornale politico degli operai in lotta‹. Il grido di *Lenin in Inghilterra* – prima gli operai poi il capitale, cioè prima le lotte operaie poi lo sviluppo capitalistico – ebbene, questo è politica. E che cos'altro può essere, visto che è volontà, decisione, organizzazione, conflitto? Passare dall'analisi della condizione operaia all'intervento nella rivendicazione dei suoi interessi, di classe, fu il senso del passagio, del salto, dalla rivista al giornale.«)

Arbeitsverträge herum entwickelten, beginnend mit den Verträgen der Arbeiter in der Metallurgie bei Mailand im März; es folgte das »Jahr der Verträge«. In Turin begannen die Fabriken Lancia und Michelin ihre Streiks im April. Im Juni kamen die Arbeiter der Fiat-Werke hinzu. Bis zum Juli stieg die Anzahl der Streikenden in Turin auf 250.000 an.[59] Die Demonstrationen wurden in das Zentrum der Stadt getragen. Für den 7. bis 9. Juli wird ein Generalstreik ausgerufen. Noch am Vorabend erzwang Valleta[60] einen Akkord mit UIL und SIDA (der Fiat-internen Gewerkschaft), der zwar einen leichten Anstieg der Löhne gewährte, jedoch nichts bezüglich der Intensivierung der Arbeitszeiten zu sagen hatte. Valleta hoffte, damit der Bewegung den Wind aus den Segeln zu nehmen. Doch am nächsten Tag war der Aufstand perfekt. Massen von Streikenden formten sich am Morgen um den Piazza Statuto, wo die UIL, die den Akkord unterzeichnet hatte, ihre Position bezog und von der Polizei beschützt wurde.

Die Konfrontation mit der Polizei begann und sollte drei Tage durchgehend andauern. Die nächsten drei Tage (vom 7. bis zum 9. Juli) gehen als die bis dato größte Revolte im Italien der Nachkriegszeit in die Geschichte ein, bekannt als die Revolte des *Piazza Statuto*. Immer mehr Protestierende stürmten auf den Platz, die Polizei musste Verstärkung anfordern, der Kampf wurde zunehmend härter und unerbittlicher, doch die Protes-

59 Vgl. Piazza Statuto, l'inizio dello scontro. In: Nanni *Balestrini*, Primo *Moroni*, L'orda d'oro: 1968–1977. La grande ondata rivoluzionaria e creativa, politica ed esistenziale.255–232; http://ordadoro.info/?q=content/piazza-statuto-le-d%C3%A9but-de-l%E2%80%99affrontement#footnoteref8_jd6a3i8.

60 Fiat-Chef Vittorio Valletta.

tanten wollten nicht nachgeben. Am Morgen des vierten Tages schließlich erzwang die Polizei sich den Platz, die Revolte war beendet, jedoch markierte sie gleichzeitig einen neuen Anfang, einen neuen Zyklus von Arbeiterkämpfen, der von nun an bis zum Heißen Herbst 1969 andauern wird.

Die *Quaderni Rossi* hatte das Erscheinen dieses neuen politischen Subjekts vorhergesehen, doch mit seinem Herannahen stürzte die Zeitschrift gleichzeitig in die Krise. Das Jahr der Verträge endete mit einer Niederlage, insofern sich die Gewerkschaften als Teil des Problems entpuppten und sich durch (nicht mit ihrer Basis abgesprochene) Abmachungen an die Führungsebenen der Unternehmen anbiederten. So auch die außerordentliche Unterzeichnung des Arbeitsvertrages der Metallurgie 1963, welche der Bewegung einen Schlag versetzte und sie ins Stocken brachte. Parallel zum Aufscheinen der Mitte-links-Regierung und ihrem beschwichtigenden Reformkurs markierte dies eine taktische Niederlage für Gewerkschaften und Bewegung.[61]

Die Interpretation dieser Ereignisse ist es, welche die *Quaderni Rossi* spalten wird. Die Gruppe um Panzieri sah diese Niederlage als Symptom der Schwäche und des noch mangelnden Klassenbewusstseins der Arbeiterklasse, vor allem der neu hinzugekommenen Schichten der Massenarbeiter, die ihr Organisationsniveau noch nicht auf der Höhe einer voll entwickelten Arbeiterautonomie erreicht hatten. Eine zweite Gruppe hatte sich um Mario Tronti gebildet, einen Anhänger der *Quaderni Rossi* aus Rom, der zwar nicht mit soziologischen Analysen, da-

61 *Vgl. Sandro Mancini,* La scissione dei »Quaderni Rossi« e le ragioni teoriche della rottura tra Panzieri e Tronti. In: Nanni *Balestrini,* Primo *Moroni,* L'orda d'oro: 1968–1977; La grande ondata rivoluzionaria e creativa, politica ed esistenziale. (SugarCo Edizione, Mailand 1988) 239–247.

für jedoch mit einem immensen theoretischen Feingefühl die alten marxschen Texte für die aktuelle Situation neu zu interpretieren verstand.

Diese Gruppe verortete die Niederlage vielmehr als eine Niederlage der alten Organisationsform der Arbeiterklasse, die sich vollkommen im Reformkurs verloren hatte und damit im Begriff war, den Kontakt zu ihrer Basis aufzugeben. Für Trontis Anhänger war dies der Moment zu handeln, neue Organisationsmöglichkeiten anzudenken, um eine gängige Alternative zum aktuellen Reformkurs theoretisch zu behandeln und der Arbeiterklasse die Möglichkeit zur Selbstorganisation bereitzustellen. Panzieri wiederum warf den Dissidenten vor, einer mythischen Vorstellung des Arbeiterbewusstseins nachzulaufen, bekräftigend, dass die Frage der Arbeiterautonomie und die Schaffung einer echten Arbeiterpartei nur ein langfristiges Projekt sein konnte.

Der Zwist zwischen Panzieri und Tronti geht jedoch noch tiefer. Für Panzieri bildet das Verhältnis zwischen Kapital und Arbeit eine dialektische Beziehung, in denen beide Teile nicht auf den jeweils anderen reduzierbar sind. Und dennoch: Selbst wenn diese beiden nicht aufeinander reduzierbar sind, so scheint es für Panzieri doch so, dass das Kapital die Art und Weise des Antagonismus zwischen diesen zwei Kräften bestimmt; insofern die Modalitäten des Klassenkampfes vom Entwicklungsniveau des Kapitals abhängen und nicht umgekehrt. In einem Vortrag vom März 1962, also noch direkt vor Beginn des Jahres der Verträge, schreibt Panzieri bezüglich des Verhältnisses von Kapital und Arbeit innerhalb der Arbeiterkämpfe:

> »Wir müssen lernen zu sehen, wer/was der Gegner ist, ob diese Kämpfe charakteristische, objektive Merkmale des Kapitals enthüllen, oder nicht; d. h. wir müssen lernen zu

sehen, wie das Kapital beschaffen ist, um dann über die politische Bedeutung dieser Kämpfe zu entscheiden. Wir benötigen diese Überprüfung [*verifica*], diese Kontrolle [*verifica*] liegt immer auf Ebene des Kapitals und kann niemals nur allein auf der Ebene der Arbeiterschaft passieren. Vielmehr entsteht das wirkliche Niveau der Arbeiter, wenn dieses sich auf das Niveau des Kapitals begibt, wenn es ihnen gelingt, das Kapital zu dominieren, zu verstehen und zu umfassen. Wenn wir eine Anstrengung in diese Richtung unternehmen (und es ist diese Anstrengung, die wir mit den ›Quaderni Rossi‹ zu tun gedenken […]), dann merken und glauben wir, bekräftigen zu können, was genau der fortgeschrittene Charakter [*carattere avancati*] der Arbeiterkämpfe enthüllt; so meinen wir gleichfalls, dass die fortschrittlichen Merkmale [*tratti avancati*] des Kapitalismus auch die Realität des heutigen Kapitalismus enthüllen. Die Arbeiterkämpfe tendieren zum Fortschritt – um diese hässliche und ambivalente Wortwahl zu benutzen –, sie tendieren dazu, um es besser auszudrücken, eine solche Vielfalt der politischen Inhalte in absoluter Übereinstimmung mit dem erreichten Niveau des Kapitals zu erlangen: sie sind immer so fortgeschritten, wie das Kapital […].«[62]

62 Raniero *Panzieri*, Lotte Operaie nello sviluppo capitalistico (Einaudi 1976) 33. (Transl.: D. G.; Orig.: »Bisogna andare a vedere che cos'è l'avversario, se queste lotte rivelano die tratti caratteristici, oggettivi del capitale, oppure no, cioè bisogna andare a vedere come è fatto il capitale per decidere poi del significato politico di queste lotte. Bisogna avere questa verifica, la verifica è sempre al livello del capitale, non può mai essere soltanto all'interno del livello operaio. Anzi il livello operaio si construisce seriamente soltanto se esso si è portato al livello de capitale ed è riuscito a dominare, a comprendere, a inglobare il capitale. Se facciamo

Das Niveau der Arbeiterkämpfe ist also für Panzieri vom Niveau der kapitalistischen Entwicklung abhängig. Hier hakt Tronti ein, wenn er zusammen mit Alquati bekräftigt, einer der größten operaistischen Funde sei es, dass das Niveau der kapitalistischen Entwicklung selbst vom Niveau des Widerstandes der Arbeiterschaft gegen seine Integration in den Arbeitsprozess abhänge. Möchte Panzieri die kapitalistische Entwicklung von der organischen Zusammensetzung des Kapitals (konstantes versus variables Kapital) abhängig machen, so besteht für Tronti wie für Alquati das konstante Kapital selbst wiederum nur aus vergangener lebendiger Arbeit. Während also Panzieri in klassischer Manier von einem dialektischen Verhältnis zwischen Kapital und Arbeit ausgeht, besteht für Tronti die Kraft geschichtlichen Fortschritts – der Motor der Geschichte – allein in der lebendigen Arbeit. Hier kommt Trontis Nähe zu Della Volpe und seinem Anti-Hegelianismus zum Tragen, der sich eigentlich eher gegen Croce und Gramsci richtet und sich in einer tiefen Skepsis dem dialektischen Denken gegenüber äußert.

Tronti wird in weiterer Folge seine sogenannte »kopernikanische Wende« in Gedanken fassen – die Abhängigkeit der kapitalistischen Entwicklung von der einzigen produktiven Tätigkeit: der lebendigen Arbeit; zuerst die Arbeiterklasse, dann

uno sforzo in questa direzione [e questo è lo sforzo che tentiamo di fare con i ›Quaderni Rossi‹ (…)], noi ci accorgiamo e pensiamo di poter affermare che proprio il carattere avanzato delle lotte operaie rivela, diciamo pure, i tratti avanzati del capitalismo, rivela effettivamente la realtà del capitalismo di oggi. Le lotte tendono ad essere avanzate – usiamo questa brutta e anche ambigua parola – tendono, diciamo meglio, ad avere una tale ricchezza di contenuti politici in assoluta corrispondenza al livello raggiunto dal capitale: sono avanzate quanto è avanzato il capitale […].«)

das Kapital. Die theoretische Abspaltung von Panzieris Operaismus ist damit bereits eingeleitet. Tronti – in Anlehnung an Della Volpe – wird in weiterer Folge die Texte von Marx als wissenschaftliche Texte verstehen, jedoch nicht mehr als Hilfsmittel zur Analyse der versteckten Kriterien für die Arbeiterautonomie. Trontis Blick auf die Wissenschaft ist dabei nicht vom Ideal eines systematisierenden Wissens- und Lernprozesses, sondern von der Suche nach seinem eigenen Fundament getrieben; nicht durch eine einheitliche Methodologie, sondern durch die Wahl des Standpunktes bestimmt. Trontis Wissenschaftsverständnis ist dabei voll und ganz im 20. Jahrhundert verankert, mit Einstein, Gödel und Cantor. Die Autonomie wird von ihm als etwas verstanden, das sich in der Praxis durchsetzt, sie ist kein objektiver Zustand, sondern erfordert eine subjektive Entscheidung. Trontis theoretischer Ansatz ist in weiterer Folge der Versuch, den Schritt von Marx zu Lenin zu wiederholen und zu aktualisieren, den Sprung also von der Analyse des zeitgenössischen Kapitalismus hin zur Theorie der Arbeiter-Revolution.

Diese zwei unterschiedlichen Sichtweisen des Verhältnisses Kapital/Arbeit werden auch die Rolle und Funktion von Theorie zur Praxis sowie das Bild von einer proletarischen Wissenschaft entscheidend beeinflussen. Während beide einen wissenschaftlichen Anspruch der Analyse besitzen und ebenso zwischen bürgerlicher und proletarischer Wissenschaft unterscheiden, sieht Panzieri für beide Seiten das Problem von Fetischisierungen und blinden Flecken als virulent an, wohingegen Tronti den Begriff der proletarischen Wissenschaft mit dem der demystifizierenden Praxis gleichsetzt; dort, wo die bürgerliche Analyse bei der Objektivität der gegebenen Verhältnisse stehen bleibe und damit den vorherrschenden Ist-Zustand als

Normalzustand akzeptiere, versuche die proletarische Wissenschaft, diese Objektivität noch einmal der sie fundierenden Subjektivität zu überführen.

Panzieri wiederum hat mit einer Dialektik zweier irreduzibler Teile zu kämpfen und damit auch mit zwei unterschiedlichen Forschungsbereichen für eine soziologische Untersuchung: Analyse des Kapitals einerseits und Analyse der Autonomie der Arbeiter andererseits. Der Klassenkampf ist dabei für Panzieri auf der Ebene des Kapitals zu verorten und nicht bereits auf der Ebene der Arbeiterautonomie. Somit könne die Analyse des Klassenkampfes das Entwicklungsniveau des Kapitals aufzeigen, woraufhin dann auf die Möglichkeit der Befreiung der Arbeiterklasse vom Kapitalverhältnis geschlossen werden könne. Die Analyse des Bewusstseins der Arbeiter, unabhängig von der Analyse des Kapitals, sei nach Panzieri das, was eine proletarische Soziologie von einer bürgerlichen abhebe. Andernfalls müsse der Begriff der Arbeiterautonomie notwendigerweise ausgehöhlt werden, da dieser wieder nur von seinem Verhältnis zum Kapital her bestimmt würde.[63]

Die Analyse müsse der politischen Intervention vorausgehen, um der wahren Subjektivität des politischen Akteurs Rechnung zu tragen. Dies wiederum scheint für Tronti problematisch, weil es bedeutet, dass ein Klassenbewusstsein sich unabhängig vom Klassenkampf entwickeln könne. Um die Bedeutung des Klassenkampfes für das Klassenbewusstsein zu erhalten und gleichzeitig den Begriff der Arbeiterautonomie nicht zu entleeren, muss das Kapitalverhältnis aus dem Begriff der Arbeiterklasse heraus erklärt werden und darf keinesfalls um-

63 Vgl. Raniero *Panzieri*, Uso socialista dell'inchiesta operaia. In: ders., Lotte Operaie nello sviluppo capitalistico (Einaudi 1976) 92.

gekehrt erfolgen, andernfalls hätte der Begriff der Autonomie seine Glaubwürdigkeit verloren; und mit ihr die Notwendigkeit des operaistischen Projekts.

Was also mit einer Revision des Kapitalverhältnisses begonnen hatte – nämlich mit der Feststellung, dass die kapitalistische Entwicklung sich immer gegen die Widerstände der Arbeiterklasse durchsetzen muss –, führte schließlich zu einer Revision des Klassenkampfes selbst, insofern das Kapital selbst nur mehr als versteinerte lebendige Arbeit der Arbeitskraft gegenüberstehe und die Arbeiterklasse nun als einziger politischer Akteur im Raum stehe. Der Widerstand gegen das Kapitalverhältnis sei bereits inhärentes Zeichen eines Drangs zur eigenen Autonomie. Ziel einer revolutionären Theorie sei es demnach vor allem, den am Widerstand beteiligten Gruppen zu einem gemeinsamen Bewusstsein ihrer eigenen Rolle in der Geschichte zu verhelfen und ihnen praktische Hilfsmittel zur Sprengung ihrer Ketten an die Hand zu geben. Es ist dieser inhärente *Telos*, gegen den sich Panzieri sträubte, denn er verführe dazu, die Praxis vor die Analyse zu stellen und das langfristige Ziel (die Arbeiterautonomie) im Interesse der kurzfristigen Auseinandersetzungen zu opfern (mit der Begründung, dass doch die Praxis des Widerstandes ja bereits selbst den Keim zur Autonomie in sich trage).

Der Dissens tritt 1963 in der dritten Ausgabe der *Quaderni Rossi* offen zutage. In der vierten Ausgabe dann wird die Gruppe um Tronti in den *Roten Heften* keine Rolle mehr spielen. 1964 gründet Tronti mit Alberto Asor Rosa, Romano Alquati und anderen eine neue Zeitschrift namens *Classe Operaia*, die monatlich herausgegeben werden sollte. Während die noch übrig gebliebene Gruppe der *Quaderni Rossi* ihre soziologischen Untersuchungen zum aktuellen Klassenbewusstsein fortsetzen wird, werden die Mitarbeiter der *Classe Operaia* einen verstärkt interventionistischen Kurs fahren und mit strategischen und taktischen Analysen sowie Vorschlägen versuchen, direkt in den aktuellen Zyklus des Klassenkampfes einzugreifen.

So zum Beispiel die Taktik des *Gatto Selvaggio* (Wildkatze), eine Methode der koordinierten, aber unvorhergesehenen Arbeitsunterbrechung. Dies funktionierte, indem ein bestimmtes Signal, meist ein Pfiff, der als Auslöser für den Spontanstreik diente, durch seine Unvorhersagbarkeit einen gewissen Druck auf die Fabrikleitung ausübte, wenn die Arbeiter mit gewissen

Reformen nicht einverstanden waren oder selbst Forderungen artikuliert hatten, die von der Führung ignoriert wurden. Diese Methode fand Einzug in den Fabriken des Nordens (vor allem nach dem Ereignis auf der Piazza Statuto) und war Zeichen eines neu gewonnenen Klassenbewusstseins, sie baute zwar auf Spontaneität, setzte aber dennoch einen gewissen Grad an Organisationsfähigkeit der einzelnen Knotenpunkte innerhalb der Produktionssphäre voraus. Vor allem zeigt sich darin auch die Möglichkeit des Kampfes ohne vermittelnden Part, das heißt, diese Organisationsform des Klassenkampfes kam notwendigerweise auch ohne Zutun der Gewerkschaftsorganisationen aus, was den Zyklus der Arbeiterkämpfe, zumindest bis zum Heißen Herbst 1969, aber auch noch bis Anfang der 70er Jahre, entscheidend mitprägen sollte.

Dennoch: Beide Theoriestränge werden in dieser Form mit dem Jahr 1967 an ihrem Ende angelangt sein. »Nicht abonnieren«, wird auf der letzten Ausgabe von *Classe Operaia* zu lesen sein: »Wir gehen.« Da das Projekt nicht den erhofften Erfolg brachte und die Verantwortlichen nicht zu einer minoritären Randerscheinung verkommen wollten, beschlossen sie die Einstellung der Zeitschrift. Mit dem unerwarteten Tod Panzieris

1964 war damit auch das Ende der *Quaderni Rossi* einige Jahre zuvor besiegelt, die vierte und letzte Ausgabe erscheint im selben Jahr 1964.

Jahre später wird Tronti über seinen Mentor, trotz der viel geäußerten Hochachtung, dennoch auch kritische Worte finden:

> »Sein [Panzieris] Marx war ein luxemburgischer Marx, nicht leninistisch. Wie Rosa las er *Das Kapital* und stellte sich die Revolution vor. Nicht wie Lenin, der *Das Kapital* las, um die Revolution zu organisieren. Er war kein Kommunist und konnte auch nie einer sein. Seine Tradition war die des revolutionären Syndikalismus, die in einen anarchistischen Sozialismus mündete, welche in der alten PSI noch geschichtlich inkorporiert war.«[64]

Damit scheint eines der interessantesten und fruchtbarsten Experimente der marxistischen Theoriebildung in Italien besiegelt. Die einzelnen Mitglieder werden sich anderen Aufgaben und Projekten widmen, nur um zu merken, dass deren Erbschaft nur wenige Jahre später bereits ihre Nachfolger gefunden hatte.

Eine Sammlung von Aufsätzen Mario Trontis wird als Buch *Operaio e Capitale* im Jahr 1966 veröffentlicht. Es enthält Aufsätze aus den Jahren von 1962 bis 1965 und wird später als das Hauptwerk (wenn nicht sogar die Bibel) des Operaismus gefeiert werden. Es besiegelt das Ende der Erfahrungen des Zyklus

64 Tronti, Noi operaisti, 26. (Transl.: D. G.; Orig.: »Il suo [Panzieri] Marx era un Marx luxemburghiano, non leniniano. Come Rosa, leggeva *Il Capitale* e immaginava la rivoluzione. Non come Lenin, che leggeva *Il Capitale* per organizzare la rivoluzione. Non era, non avrebbe mai potuto essere, un communista. La sua tradizione era quella del sindacalismo rivoluzionario, con uno sbocco da socialismo anarchico, che il vecchio PSI si portava storicamente in corpo.«)

des Klassenkampfes, der mit dem Erscheinen des Massenarbeiters begonnen hatte, sollte darüber hinaus jedoch noch einige Früchte tragen und bereits 1968 wieder zahlreiche neue Interpretationen zum Verhältnis Kapital/Arbeit ins Leben rufen.

Mario Tronti: Operaio e Capitale

Tronti bekennt sich gleich zu Beginn des Buches – der Aufsatz stammt von 1962 – zum Dellavolpismus, wenn er schreibt:

> »Eine grundlegende These von Marx lautet: Auf der gesellschaftlichen Basis des Kapitalismus bewirkt der historische Prozeß selbst immer eine fortschreitende logische Abstraktion, die den Gegenstand aller bloß zufälligen, unmittelbar unter ihre kontingente Präsenz subsumierten Elemente zerstört, um dann dessen bleibende, notwendige Seiten zu entdecken und zu bewerten; jene Seiten nämlich, die dieses Objekt als besonderes Produkt einer bestimmten historischen Realität bezeichnen und es damit für die gesamte Breite dieser bestehenden Realität gültig machen. Der Prozeß der kapitalistischen Entwicklung selbst betreibt die *Vereinfachung* seiner eigenen Geschichte, macht die eigene Natur immer *reiner*, befreit sich von allen unwesentlichen Widersprüchen, um jenen *Grundwiderspruch* zu ermitteln, der ihn zugleich enthüllt und verdammt. [...] Wenn es also zutrifft, daß hier – auf der gesellschaftlichen Grundlage des hochentwickelten Kapitalismus – die entscheidende Auseinandersetzung zwischen Arbeiterklasse und Kapital stattfinden muß, dann gilt ebenso, daß sich auf dem gleichen Terrain heute der Klassenkampf zwischen Arbeiter-*Theorie* und bürgerlichen Ideologien abzuspielen hat.«[65]

65 Mario *Tronti*, Arbeiter und Kapital, 9f.

Allerdings wird dieser Prozess der Freilegung der versteckten kausalen Zusammenhänge nicht mehr, wie bei Della Volpe, durch den bemühten Wissenschaftler und seiner Analysearbeit in Gang gebracht, sondern es ist ein historischer Prozess, der darauf hinausläuft, sich am Ende seiner Entwicklung von allen unnötigen Elementen befreit zu haben und sich somit in Reinform zu präsentieren. Diese Entwicklung scheint mit der Phase des »Spätkapitalismus« der 60er Jahre an ihr Ende angelangt. Interessanterweise spricht Tronti auch dort vom Spätkapitalismus, wo Panzieri und Alquati noch vom Neokapitalismus

sprachen. Zunächst scheint sich hier ein starker Determinismus aufzudrängen; doch es bleibt für Tronti Aufgabe des Klassenkampfes, diese Phase zu überwinden, dessen Ausgang alles andere als vorherbestimmt ist.

Auch die Theorie müsse hierfür Partei ergreifen, es gebe keinen neutralen Standpunkt, und wenn, so sei dieser bereits durch die bürgerliche Ideologie überformt und besetzt. Somit ist für Tronti Ideologie »immer bürgerlich, denn sie ist immer ein mystifizierter Reflex des Klassenkampfes, genährt auf dem Boden des Kapitalismus«.[66] Somit versteht Tronti den Marxismus nicht als Ideologie der Arbeiterbewegung, vielmehr bedinge deren antagonistisches Moment und Organisation als revolutionäre Klasse, dass sie niemals Teil des kapitalistischen Systems sein werde und sein könne. Der Marxismus sei also insofern Wissenschaft, als er Mittel zur Entmystifizierung des kapitalistischen Systems liefere. Auch bedient sich Tronti der Einteilung des marxschen Werkes, wie wir sie bereits von Della Volpe kennen. Marx als Wissenschaftler soll sich von Marx als Kritiker der bürgerlichen Ideologie etwa seit der *Kritik der He-*

66 Ebd., 12.

gelschen Rechtsphilosophie emanzipiert haben.[67] Und mit einem kleinen Seitenhieb auf den Sowjetmarxismus und auf die PCI Togliattis schreibt er:

> »Doch wenn das marxsche Denken die revolutionäre Theorie der Arbeiterklasse ist, die *Wissenschaft des Proletariats*, auf welcher Grundlage und auf welche Weise konnte dann zumindest ein Teil des *Marxismus* zu einer populistischen Ideologie, zu einem Arsenal banaler Gemeinplätze, zur Rechtfertigung aller möglichen Kompromisse im Zuge des Klassenkampfes werden?«[68]

Auch der Reformismus innerhalb des Marxismus ist Ideologie: eine Mystifizierung der eigenen Position innerhalb des kapitalistischen Systems. Der Klassenkampf schlägt sich also für Tronti auf zwei Fronten: außen gegen das kapitalistische System und innen gegen die Mystifikation der eigenen Position innerhalb dieses Systems. Beide Fronten zu analysieren und Gegenstrategien zu entwickeln, ist Aufgabe der Theorie, Theorie ist also Teil des Klassenkampfes.

Nach Lenin gibt es keine revolutionäre Bewegung ohne revolutionäre Theorie, Tronti jedoch dreht diese Phrase um und meint, »heute wie nie zuvor gilt auch das Gegenteil: daß die revolutionäre Theorie nicht ohne revolutionäre Bewegung möglich ist«[69]. Tronti möchte also von Neuem, wie bereits weiter oben erwähnt, den Sprung von Marx zu Lenin wagen, diesmal in der theoretischen Entwicklung: Die Theorie muss sich ihre Seite und ihren Standpunkt wählen, wenn sie handlungsleitend sein möchte. Es gibt keinen praktischen Ansatz außer-

67 Ebd., 11.

68 Ebd., 13.

69 Ebd., 15.

halb der konkreten Situation, denn auch die Wahl des neutralen Standpunktes bedeutet, dass man sich indirekt bereits für eine der zwei Seiten entschieden hat.

Tronti zufolge trenne bereits Marx Arbeits- und Verwertungsprozess und zeige, wie ein und derselbe Moment – die Warenproduktion – von zwei verschiedenen Seiten aus betrachtet werden könne. Einerseits konsumiere der Arbeiter die Produktionsmittel als Arbeitsmaterial für seine produktive Tätigkeit, andererseits »ist es nicht mehr ›der Arbeiter, der die Produktionsmittel anwendet, sondern die Produktionsmittel wenden den Arbeiter an‹; das Kapital konsumiert also die Arbeitskraft«.[70] Das Kapital könne sein Kommando über den Arbeitsprozess deshalb ausüben, weil dieser zu einem Teil des Verwertungsprozesses gemacht werde. Mit steigender Entwicklung breite sich der Verwertungsprozess in immer tiefgreifendere Bereiche der Gesellschaft aus. Das Kapital verkenne die Arbeitskraft als Teil des Verwertungsprozesses und übersehe dadurch den wertschöpfenden Teil der Produktion.

Für den Kapitalismus ist nur mehr das Produkt selbst wertbildend und dementsprechend wird der Lohn des Arbeiters nur mehr als Preis der Arbeit definiert. Dabei geht es jedoch nicht um die konkrete Tätigkeit, sondern vielmehr um die abstrakte Funktion der Arbeit im Verwertungsprozess, der hierbei entlohnt wird. »Der *Wert der Arbeitskraft* drückt im *Lohn* gleichzeitig die kapitalistische Form der Ausbeutung der Arbeit und ihre bürgerliche Mystifikation aus: er zeigt uns das Wesen des kapitalistischen Produktionsverhältnisses, *auf dem Kopf gestellt.*«[71] Der Lohn verdecke nach Tronti auch die Teilung des Arbeits-

70 Ebd., 17.
71 Ebd., 19.

tages in notwendige Arbeit und Mehrarbeit. Gerade im Lohn sei die gesamte Entwicklung der kapitalistischen Produktion, die immer komplexer werdende Einheit zwischen Arbeits- und Verwertungsprozess, verborgen. Dabei verdecke dieser auch die Teilung zwischen Produktion und Distribution, denn der Lohn erscheint bereits als fairer Tausch, als sein Anteil vom Profit. Allerdings stellt Tronti mit Marx fest, dass die Frage nach der Art der Beziehung zwischen Distribution und Produktion sowie zwischen Konsumtion und Produktion innerhalb der Produktionssphäre selbst gestellt wird. Zwar ist die Produktion durch die anderen Sphären bedingt, da sie alle gegenseitig aufeinander einwirken, jedoch ist die Produktionssphäre übergreifend, insofern bereits eine bestimmte Produktionsweise vorausgesetzt werden muss, um von einer bestimmten Art von Konsumtion, Distribution oder Austausch reden zu können.

Das Kapital hat nun zwei Aufgaben innerhalb des Produktionsprozesses, die Abschöpfung von absolutem und von relativem Mehrwert. Der relative Mehrwert kommt hinzu und wird zur spezifisch kapitalistischen Produktionsweise, wenn man auch den Prozess der Warenzirkulation als Teil der Produktion mitbedenkt. Somit ist neben der Arbeitszeit für die Gewinnung des Mehrwerts auch die Zirkulationszeit von Belang. »An diesem Punkt erscheinen alle Bestandteile des Kapitals gleichzeitig als Quellen des überschüssigen Werts und damit alle zugleich als Quellen des Profits.«[72] Der wirkliche Produktionsprozess entpuppt sich als Einheit von unmittelbarem Produktions- und Zirkulationsprozess.

Die Entwicklung der gesellschaftlichen Produktivkräfte sei Tronti zufolge bedingt durch die Ausrichtung der Produktion

72 Ebd., 22.

auf den Mehrwert und suche ständig die notwendige Arbeitszeit zu verringern. Das Kapital bediene sich dabei des gesellschaftlichen Charakters der Arbeit und verkenne die Aneignung des Mehrwerts als ihre inhärente Kraft. Doch auch der Arbeiter verkenne den Produktionsprozess als Ansammlung einfacher Arbeitsprozesse. Durch seine Integration als Arbeitskraft in das Kapitalverhältnis sei der Blick auf den Produktionsprozess durch das Kapital vermittelt. »Nicht zufällig fügt Marx das Kapitel über den Arbeitstag beim Übergang vom absoluten zum relativen Mehrwert ein, vom Kapital, das sich des Arbeitsprozesses bemächtigt, […] zum Kapital, das diesen Arbeitsprozess selbst revolutioniert […].«[73]

Doch genau hier ist für Tronti die Möglichkeit der Arbeiterklasse gegeben, sich gegen das Gebot des Kapitalisten aufzulehnen. Der Druck der Arbeitskraft kann das Kapital dazu zwingen, seine eigene Zusammensetzung zu ändern, und dies nur deshalb, weil sie (die Arbeitskraft) selbst wesentliche Komponente der kapitalistischen Entwicklung ist. Je mehr sich also die Herrschaft des Kapitals zunehmend in weiteren Bereichen der Gesellschaft durchsetzt, desto mehr verallgemeinert sie auch den direkten Kampf gegen diese Herrschaft.

> »Auf dem höchsten Stand der kapitalistischen Entwicklung wird das gesellschaftliche Verhältnis ein Moment des Produktionsverhältnisses, die ganze Gesellschaft Ursache und Äußerung der Produktion, d. h. die gesamte Gesellschaft lebt als Funktion der Fabrik und die Fabrik dehnt ihre ausschließliche Herrschaft auf die ganze Gesellschaft aus.«[74]

73 Ebd., 26.

74 Ebd., 31.

Mit steigender Konzentration des Kapitals dezentralisiere sich gleichzeitig das Regime des Fabriksystems, gehe immer mehr in der Gesellschaft auf. Tronti sieht das Fabriksystem als die Reinform der kapitalistischen Ausbeutung, als Paradigma, das sich in immer neuen Bereichen der Gesellschaft realisiert. Während nun die Gesellschaft mehr und mehr vom Standpunkt der Fabrik aus gesehen werden muss, müsse die Fabrik für Tronti vom Standpunkt des Arbeiters aus gesehen werden.

> »Die richtige Antwort auf den Kapitalisten, der versucht, Arbeit und Arbeitskraft innerhalb des Gesamtarbeiters in Widerspruch zu bringen, besteht darin, Arbeitskraft und Kapital innerhalb des Kapitals selbst einander entgegenzusetzen.«[75]

Dafür sei es jedoch nötig, die Arbeiterklasse als Teil des Kapitals zu sehen, nicht mehr nur als externe Antagonistin. Dafür müsse die Arbeit ihren inneren Widerspruch erkennen, die Arbeitskraft als *Ware* als ihren eigenen Feind anerkennen. Die Arbeiterklasse muss sich als Teil des Kapitals betrachten, aber als der entscheidende Teil, der es vermag, das gesamte Konstrukt von innen heraus zu verändern. Die Arbeiterklasse ist somit für Tronti in Bezug auf das Kapital »darin und dagegen« (*Dentro e Contro*).

Somit lässt sich eine immer größere Abhängigkeit des Kapitals von der Arbeitskraft ausweisen, wobei die kapitalistische Entwicklung der Produktivkräfte die unaufhörliche Entwicklung der revolutionären Klasse der Arbeiterschaft begründet. So schreibt Tronti rekapitulierend über das zentrale Paradigma »seines« Spätkapitalismus: »Die Maschinerie des bürgerlichen

75 Vgl. ebd., 35.

Staates muß heute innerhalb der kapitalistischen Fabrik zerstört werden.«[76]

Der gesellschaftliche Arbeitstag funktioniert für Tronti nun direkt innerhalb des Produktionsprozesses des gesellschaftlichen Kapitals, in dem er neue Arbeitskraft produziert, reproduziert und akkumuliert.[77] Aber auch auf Ebene des gesellschaftlichen Kapitals geht für Tronti die Trennung zwischen notwendiger und Mehrarbeit nicht verloren. Es gibt also auch eine gesellschaftliche Mehrarbeit, die sich jedoch bereits nur mehr als Profit äußert. Somit folgt auf die Vergesellschaftung der Arbeitskraft gleichzeitig auch die Vergesellschaftung des Kapitals. »Der Profit ist die mystifizierte Form, in der der Mehrwert *erscheint*, wie der Lohn die mystifizierte Form des Werts der Arbeitskraft ist.«[78] Jedoch erscheint, so Tronti, der Profit als Profit des Einzelkapitals und der Mehrwert als Profit des Gesamtkapitals. Sie erscheinen als unterschiedliche Größen und verdecken das Ausbeutungsverhältnis.

Dieses Ausbeutungsverhältnis benötigt allerdings einen immer größeren Organisationsgrad des gesellschaftlichen Kapitals, um die Arbeiterklasse unter sich zu zwingen. Insofern also die Arbeiterklasse der Logik des Gesamtkapitals folgt, die Bourgeoisie aber der Logik des individuellen Kapitals, so erscheint der Organisationsgrad der Arbeiterklasse höher als derjenige der Bourgeoisie. »So kann der ›Start‹ der kapitalistischen Gesellschaft die historische Möglichkeit für eine Revolution sozialistischen Inhalts eröffnen, wenn die Arbeiterbewegung näm-

76 Ebd., 39.
77 Vgl. ebd., 45.
78 Ebd., 46.

lich stärker *organisiert* sein sollte als ihre Bourgeoisie.«[79] Hier komme, so Tronti, einstweilen der Staat zu Hilfe und berichtige das System durch seine Eingriffe von außen. Insofern seien die Klagen des Bourgeois über die Eingriffe des Staates in die Wirtschaft auch nicht ernst zu nehmen. Sie spiegelten nur die Position des sich in Konkurrenz befindenden individuellen Kapitalisten wieder, nicht die des Gesamtkapitals. Die Integration der Arbeiterklasse in den parlamentarischen Prozess diene dabei nur der Selbstregulierung des gesellschaftlichen Kapitals.

> »Hier beginnt die gesamte Neustrukturierung, die der allgemeinen Form der Macht innewohnt, auf der Suche nach einem anderen schwierigen Gleichgewicht zwischen der wachsenden Notwendigkeit einer Zentralisation der Entscheidungen und der Notwendigkeit einer faktischen Dezentralisierung der Funktion von Kooperation und Kontrolle: die tendenzielle Einheit von Autorität und Pluralismus, zentraler Leitung und lokaler Autonomie, mit einer politischen Diktatur und einer demokratischen Wirtschaft, ein *autoritärer* Staat und eine *demokratische* Gesellschaft. An diesem Punkt gibt es allerdings keine kapitalistische Entwicklung mehr ohne einen Plan des Kapitals. Einen solchen Plan gibt es jedoch nicht ohne *gesellschaftliches Kapital.* Die kapitalistische Gesellschaft programmiert von selbst ihre eigene Entwicklung. Das aber ist genau die *demokratische Planung.*«[80]

Für Tronti ist die Planwirtschaft somit nicht allein ein Charakteristikum des Realsozialismus, in anderer Form ermöglicht gerade sie es, die Arbeitskraft in den gesellschaftlichen Produkti-

79 Ebd., 49.
80 Ebd., 55.

onsprozess zu integrieren. In beiden Formen der Planwirtschaft (der realsozialistischen und der fordistischen) werde jedoch die relative Autonomie und damit das revolutionäre Potential der Arbeiterklasse übersehen. Denn nur das absolute Wachstum der Masse der Mehrarbeit ermöglicht die Erhöhung der absoluten Profitmasse, es bedarf eines Akkumulationsprozesses der Arbeitskraft. An einem bestimmten Punkt – so Tronti – muss der Grundwiderspruch zwischen gesellschaftlichem Charakter der Produktion und privater Aneignung des Produkts jedoch so offen zutage treten, dass der Arbeiter über seine partiellen Klasseninteressen hinwegzusehen lernt und realisiert, dass er selbst die Bedingung der Reproduktion des Kapitals ist. Nach Tronti sind »die Arbeiter in der kapitalistischen Produktionsweise immer *ausgebeutet*, aber niemals ihr *unterworfen*«.[81] Sie müssen auf gesellschaftlichem Weg integriert werden, weil sie sich im Produktionsprozess selbst niemals vollständig integrieren lassen. Tronti spricht hier von der »objektiven Anarchie der Arbeiterklasse im Kapitalismus«.[82]

Auch das Pochen auf die Rechte der Arbeiter ergibt nur innerhalb des Kapitalverhältnisses Sinn, das Arbeitsrecht ist das Recht des Kapitals auf Arbeit. Selbst die Gewerkschaften seien demnach Teil dieses Mechanismus und könnten nicht von selbst aus diesem ausbrechen. Die Arbeiterklasse stehe hierbei auch außerhalb der Gesellschaft, ja ihr Kampf sei geradezu gegen die Gesellschaft gerichtet, insofern die Gesellschaft bereits durch das Kapitalverhältnis »vergesellschaftet« sei. Während das Volk also *nur* seine Rechte zu verteidigen habe, müsse die Arbeiterklasse den Kampf um die Macht selbst organisie-

81 Ebd., 63.

82 Ebd., 68.

ren, weil nur sie, als Teil des Kapitals, die Macht habe, dieses zu Fall zu bringen.

> »Heute muß man sehen, was Lohnarbeit auf dem höchsten Stand des Kapitals *konkret* ist, wie die Arbeiterklasse auf dem höchsten Entwicklungsstand des Kapitalismus beschaffen ist, welche ihre innere stoffliche Organisation ist und warum und welche Bedingungen sie erreichen kann, um einen revolutionären Prozeß zu materialisieren, der direkt von den Arbeitern selbst aus vollzogen wird und *daher* sozialistisch ist.«[83]

Sieht man vom Gebrauchswert der Waren ab, so bleibt ihnen nur mehr eine gemeinsame Eigenschaft, sie sind Arbeitsprodukte. Dabei ist die Verausgabung von Arbeitskraft wichtiger als die Form ihrer Verausgabung. Nur als »verausgabte Arbeitskraft« ist demnach auf sie Wert übertragen worden. Die Arbeit habe sich *verdinglicht* und *entäußert*. Der Arbeiter sei für seine Arbeitskraft (bar jeden Inhalts i. e. abstrakte Arbeit) entlohnt worden, nicht für seine konkrete Arbeit. Das Produkt ist nun Eigentum des Kapitalisten geworden. Und genau diese Trennung zwischen Arbeit und Ware Arbeitskraft sei Grund für die Bildung einer Arbeiterklasse.

> »Die Arbeit als abstrakte Arbeit und damit als *Arbeitskraft* gab es schon bei Hegel. Die Arbeitskraft – und nicht nur die Arbeit – als *Ware* schon bei Ricardo. Die Ware Arbeitskraft als *Arbeiterklasse:* das ist die Entdeckung von Marx.«[84]

Für Tronti hingegen hat der Klassenkampf keinen Ausblick auf Versöhnung, die Identifikation der eigenen Klasseninte-

83 Ebd., 69

84 Ebd., 82.

ressen mit den allgemeinen Interessen der Gesellschaft ist immer gewaltvoll:

> »Die Kontrolle über die Gesellschaft im allgemeinen muß im Kampf *erreicht* werden, indem die erklärte Herrschaft einer besonderen Klasse durchgesetzt wird. Zwei Standpunkte von nahezu gleicher Kraft und Potenz treffen auf diesem Feld aufeinander.«[85]

 Oft werde die sogenannte »ursprüngliche Akkumulation« mit dem allgemeinen Prozess der kapitalistischen Akkumulation verwechselt. Die ursprüngliche Akkumulation ist für Tronti jedoch der Prozess, der der kapitalistischen vorausgeht. Jener Prozess, an dessen Ende Arbeit von Knechtschaft befreit und Wert von Reichtum getrennt wird. Sodass auf der einen Seite der freie Arbeiter, auf der anderen Seite der Reichtum stehe und aus der Arbeitskraft mithilfe des Reichtums Wert entstehen könne. Der Übergang von ursprünglicher zu kapitalistischer Akkumulation beschreibt also für Tronti den geschichtlichen Übergang von Arbeit zu Arbeitskraft.[86] Die Akkumulation von Wert sei nicht möglich ohne die Schaffung von abstrakter Arbeit. Nur so könne der Wert auf der Seite des Reichtums verbleiben und müsse nicht auf die Seite der Arbeit übergehen. Die Produktionsmittel treten also dem Besitzer der Arbeitskraft als fremdes Eigentum gegenüber. Andererseits stehe der Verkäufer der Arbeit ihrem Käufer als fremde Arbeitskraft gegenüber. Das Klassenverhältnis zwischen Kapitalisten und Lohnarbeiter ist somit bereits vorausgesetzt, also bereits Bedingung für die kapitalistische Produktion.[87] Insofern jedoch der Wert der Arbeitskraft

85 Ebd., 83.

86 Vgl. ebd., 92f.

87 Vgl. ebd., 99.

mit der getätigten Arbeit endet, wird die Frage nach der Reproduktion der Arbeitskraft zu einer Hauptaufgabe der kapitalistischen Produktion. Die Vergesellschaftung der Arbeitskraft, das heißt die Vergesellschaftung des Produktionsverhältnisses durch das Kapital, entspringe laut Tronti aus dieser Notwendigkeit. Doch diese Vergesellschaftung ermögliche nicht die Arbeiterklasse (diese ist bereits vor dieser Vergesellschaftung vorhanden und die Bedingung der Möglichkeit dieser Vergesellschaftung), sondern vielmehr ihre Kontrahenten, die Klasse der Kapitalisten. Somit ist die Bildung der Klasse der Arbeiter die Bedingung der Möglichkeit der Bildung der Klasse der Kapitalisten.

Der Kauf der Ware Arbeitskraft (Tauschwert) und der Verbrauch der Ware Arbeitskraft (Gebrauchswert) sind zeitlich verschieden. Und genau über diese Verschiebung – so Tronti – ist es möglich, Geld in Kapital zu »verwandeln«. Geld sei nicht von Haus aus Kapital, es könne auch nicht von allein zu diesem werden. Es bedürfe der Umwandlung beziehungsweise der Vermittlung. Diese Vermittlung geschehe nur über den Gebrauch von Arbeitskraft. Denn beim Verbrauch der Ware Arbeitskraft werde gleichzeitig ein produktiver Prozess in Gang gesetzt.

> »Dieser Prozeß der Konsumtion ist zur gleichen Zeit Prozeß der Produktion von Ware und von Mehrwert. Gerade innerhalb dieses Prozesses wird der Verkäufer der Arbeitskraft aktuell zu dem, was er vorher nur potentiell war, er wird Arbeitskraft in Aktion, verwandelt sich in einen *Arbeiter*. […] In der Ware Arbeitskraft fallen Wert und Verwertung nicht zusammen. Mehr noch: die Arbeitskraft ist die einzige Ware, die im Prozeß ihrer Konsumtion *einen größeren Wert als ihren eigenen Wert* produziert.«[88]

88 Ebd., 122.

Der Gebrauch der Arbeitskraft ist somit nicht nur Arbeit, sondern selbst bereits Kapital, dabei jedoch niemals zu trennen von der gesamten Gestalt des Arbeiters. Dies bezeichnet für Tronti den Prozess der Produktion von Kapital vom Arbeiterstandpunkt aus. Der kapitalistische Produktionsprozess erweist sich demnach als Prozess der kapitalistischen Appropriation der Arbeitskraft des Arbeiters.

> »[E]r ist nun nicht mehr einfacher Kauf jener Ware, sondern Reduktion ihrer besonderen Natur unter die eigene Herrschaft; nicht mehr Akt des individuellen Tausches, sondern Prozeß gesellschaftlicher Gewalt; nicht nur Ausbeutung, sondern Kontrolle über die Ausbeutung.«[89]

Und genau hierbei entstehe, laut Tronti, die Klasse der Kapitalisten. Der kapitalistische Gebrauch der Arbeiter (deren Gebrauchswert i. e. Arbeitskraft) sei nicht möglich, solange sich die Kapitalisten nicht als Klasse zusammengeschlossen haben. Geld erzeuge keinen Reichtum, es könne diesen nur umverteilen. »Nicht im Wert, sondern im Gebrauchswert der Arbeitskraft liegt also das Geheimnis des Kapitals.«[90] Produktive Arbeit sei also Kapital produzierende Arbeit und ermögliche somit die Entwicklung des Kapitals und die der Kapitalisten. Insofern die Arbeiterklasse also eine vernichtende Kritik des Kapitals einleiten möchte, müsse sie zuerst zu einer Selbstkritik finden.

> »Die Arbeiter sind die Produzenten des Kapitals, die Kapitalisten nur seine Organisatoren. Die produktive Arbeit erscheint vom Standpunkt des Kapitalisten aus als Arbeit, die sich gegen Kapital austauscht; vom Standpunkt des Arbeiters aus dagegen als Arbeit, die Kapital produziert.

89 Ebd., 123.
90 Ebd., 126.

> Beide Bestimmungen sind korrekt. Nur, daß die eine von der Seite der Zirkulation, die andere von der Seite der Produktion aus betrachtet wird […].«[91]

Wichtig sei jedoch vielmehr, zu begreifen, dass das Klassenverhältnis dem Kapitalverhältnis vorausgehe, mehr noch: dass die Klasse der Arbeiter auch derjenigen der Kapitalisten vorausgehe, da diese die einzige subjektive Kraft innerhalb des Kapitalverhältnisses sei. Die Bildung der Klasse der Kapitalisten sei nur ein Reflex auf die Bildung des Kapitals, das versucht, Kontrolle über die Arbeitskraft zu erlangen. Und dennoch: Ein Kommando über die Produktion als Ganzes dehnt sich langsam über die gesamte Gesellschaft aus.

> »[D]ie zu Anfang für sich autonome Ware Arbeitskraft […] ist jetzt innerer Teil, nur variables Moment des Kapitals geworden. Und jetzt handelt es sich nicht mehr um Kapital an sich, sondern um ganz und gar entfaltetes Kapital, das vom Austausch mit der Arbeitskraft bis zur Produktion des Mehrwerts, bis zu Distribution der Revenue, bis zum – wenn man so will – Konsum des Produkts den Prozeß in Formen der Ausschließlichkeit *kommandiert*, die sich ihrerseits alle zusammenfassen, nicht in den Vermittlermächten der einzelnen Arten öffentlicher Regierung, sondern in der einzigartigen Kontinuität jener immer einseitig unterdrückenden Maschine, die die politische Staatsmacht ist.«[92]

Da das Kommando des Kapitals bereits die gesamte Staatsmacht erobert hat, scheint selbst für Tronti die Arbeiterautonomie nicht mehr auszureichen. Insofern der Kampf der Arbeiterklasse gegen sich selbst gerichtet ist, benötigt sie scheinbar eine

91 Ebd., 129.

92 Ebd., 170.

Art Vermittlung von außen. Einerseits ist Tronti für eine außerparlamentarische Organisation der Arbeiterklasse, die sich nicht von den Gewerkschaften vertreten lässt. Andererseits hält er an der Vermittlung des Arbeiterstandpunktes durch die Partei fest. Der revolutionäre Prozess sei nur möglich, wenn Klasse und Partei zusammenwirkten.

Für Tronti ist der Wert der Ware Arbeitskraft, so wie er in der marxschen Arbeitswertlehre verfestigt wurde, keine ökonomische Größe mehr, denn dies würde den Klassenkampf wieder unter einen ökonomistischen Determinismus zwingen. Der Arbeitswert ist vielmehr eine politische These und besagt: »*zuerst die Arbeitskraft, dann das Kapital*; heißt: das von der Arbeitskraft bedingte, von der Arbeitskraft bewegte Kapital, und in diesem Sinne: von der Arbeit *gemessener* Wert. *Die Arbeit ist das Maß des Werts, weil die Arbeiterklasse Bedingung des Kapitals ist.*«[93] Gerade die Tatsache, dass der Arbeitswert nicht einfach aus dem kapitalistischen Produktionsverhältnis extrapoliert und zu einer wissenschaftlichen Kategorie oder einem Gesetz gemacht werden kann, will in letzter Konsequenz sagen, dass nach wie vor der Klassenkampf im Produktionsverhältnis Einzug hält. Die einzige Sache, die laut Tronti »in diesem ganzen Prozeß nicht vonseiten des Arbeiters kommt, ist tatsächlich die Arbeit. Die *Arbeitsbedingungen* sind von Anfang an in den Händen des Kapitalisten. In der Hand des Arbeiters aber sind von Anfang an nur die *Bedingungen des Kapitals*. […] Der Arbeiter kann nicht *Arbeit* sein, ohne gegen sich den Kapitalisten zu haben. Der Kapitalist kann nicht *Kapital* sein, ohne gegen sich den Arbeiter zu haben.«[94] Dass die eine Klasse die

93 Ebd., 193.

94 Ebd., 208.

herrschende sei, gestatte nicht anzunehmen, dass die andere die Untergeordnete sei. Vielmehr finde aufgrund ihrer gegenseitigen Abhängigkeit ein Kampf auf gleicher Stufe statt. Dies ist tatsächlich die deutlichste Beschreibung dessen, was Tronti unter Klassenkampf versteht. Der Klassenkampf für Tronti bedeutet jedoch nicht nur: Der Arbeiter kämpft gegen den Kapitalisten; er kämpft auch gegen die institutionalisierte politische Macht des Kapitals, i. e. der Staat und sein Apparat. Der Keynesianismus sei nur ein Zeichen dafür, dass das Kapital sein Kommando nicht mehr nur in rein ökonomischen Mechanismen ausspielen kann. Es braucht zu seiner Festigung mittlerweile eine politische Instanz. Dies ist für Tronti auch ein Zeichen der ständigen Bedrohung durch die Arbeiterschaft, die an sich keine politische Institution nötig hat, sondern »unmittelbares *politisches Interesse* am Sturz von allem, was existiert«, ist.[95] Hier liegt vielleicht auch ein großer Teil der Popularität des Operaismus, weil er einen starken Anreiz liefert, kommunistische und anarchistische Tendenzen zusammenzudenken. *Revolution* meine Tronti zufolge mithin die Zerstörung des Bestehenden und einen Neuaufbau durch die spontanen produktiven Kräfte der einzig wahren Klasse, der Arbeiterschaft. Aufgrund dieser angenommenen Spontaneität kann Tronti auch die Strategie der Verweigerung formulieren, insofern nur dieser Spontaneität vertraut werden muss, wenn man sich schlussendlich erfolgreich dem Kapitalverhältnis verweigert hat und es um die Frage geht, was als Nächstes zu tun sei. Die Arbeiterklasse sei politische Ablehnung des Kapitals und gleichzeitig seine Produktion als ökonomische Kraft. Alle Macht liege somit in den Händen der Arbeiter. So formuliert Tronti eine These, die

95 Ebd., 211.

heute mehr denn je einer kritischen Aufarbeitung bedarf: »das Kapital *kann* die Arbeiterklasse nicht zerstören, die Arbeiterklasse dagegen *kann* sehr wohl das Kapital zerstören.«[96] Diese Verweigerung ist jedoch nur allgemeine Strategie, hier trennt Tronti zwischen Strategie und Taktik, und meiner Meinung nach ist dies auch die Trennung, die Tronti zwischen Arbeiterklasse und Arbeiterpartei sieht. Strategie meint hierbei langfristige Ziele, Taktik hingegen die kurzfristigen Mittel, mit denen diese Ziele Schritt für Schritt erreicht werden können. Lenin gilt für Tronti als der große Theoretiker des Arbeiterstandpunk-

tes, aber er ist für ihn eben ein Taktiker. Seine Strategie habe er bereits von der Arbeiterklasse selbst erhalten: die Umkehrung des Verhältnisses von Arbeiterklasse und Kapital.[97] Tronti stellt die Differenz zwischen Strategie und Taktik in Analogie zur Differenz von Theorie und Politik (Praxis): Theorie ist Antizipation, Politik ist Eingreifen. Dieses Eingreifen wiederum nicht auf der eigenen Antizipation fußen zu lassen, sondern auf dem, was dieser Antizipation vorausgeht, darin liegt die Notwendigkeit der Wendungen der Taktik.[98] Denn die einfache Antizipation kann sich nur auf den derzeitigen Stand der Gesellschaft richten, welche jedoch immer bereits vom Kapitalverhältnis überformt wird. Nur bei der Suche dessen, was der Antizipation, also der aktuellen Situation, vorausgeht, könne man auf Determinanten außerhalb des Kapitalverhältnisses stoßen. In diesem Sinne, so Tronti, stehen Theorie und Politik immer im Widerspruch zueinander; die Annahme ihrer Identität hingegen führe geradewegs zum Reformismus und Opportunismus,

96 Ebd., 220.
97 Vgl. ebd., 229.
98 Vgl. ebd., 230.

i. e. zum passiven Gehorsam gegenüber den objektiven ökonomischen Tendenzen. Diese gerade gelte es umzukehren. Es genüge also nicht, die Weigerung der Arbeiterklasse zu studieren, sondern man müsse darüber hinaus zum Moment der Organisation des Kampfes übergehen. »*Taktik der Organisation also, um zur Strategie der Verweigerung zu kommen.*«[99]

99 Ebd., 237.

Exkurs 2: Italien – Frankreich: Tronti – Althusser

Italien und Frankreich nahmen in der Nachkriegszeit eine gewisse Sonderstellung ein, was linke politische Theoriebildung betrifft. Sie hatten die größte kommunistische Wählerschaft sämtlicher westeuropäischer Länder, deren Parteien durch eine straffe Organisation und starke Sympathie seitens der Bevölkerung gestärkt aus dem antifaschistischen Widerstand hervorgegangen waren und auch bei den Regierungsbildungen eine ernstzunehmende Größe darzustellen begannen. Diese Sonderstellung verhieß einige Übereinstimmungen bezüglich der damaligen theoretischen und strategischen Fragestellungen, welche die marxistischen (kommunistischen und sozialistischen) Intellektuellen beider Länder beschäftigten. Der sogenannte »Westliche Marxismus« – zumindest derjenige der Nachkriegszeit – ist ein Theorie-Korpus, der sich beinahe ausschließlich aus Theoretikern dieser beiden Länder speist (auch wenn man Deutschland in dem Kontext nicht vergessen darf).

Die Theoretiker Tronti und Althusser erlebten den Fall ihrer jeweiligen kommunistischen Parteien direkt mit. Ereignisse wie der Ungarn-Aufstand, der Prager Frühling und der Mai 1968 hatten auf beide Parteien einen starken, mitunter delegitimierenden Einfluss. So gab es auch einige prägnante Ähnlichkeiten, wenn auch gepaart mit schwerwiegenden Unterschieden, zwischen dem französischen Marxisten Louis Althusser und Mario Tronti. Beide waren Mitglieder der kommunistischen Partei, beide vertraten einen Marxismus mit einer starken leninistischen Ausrichtung, gleichzeitig nahmen beide eine etwas kritische Haltung gegenüber der Parteilinie ein, auch wenn dies nichts an ihrer Loyalität zur Partei als politischem Akteur änderte. So zeigten sich zum Beispiel beide Theoretiker skeptisch, wenn nicht gar kritisch, gegenüber der aufflammenden Jugendrevolte 1968. Beide blieben in diesem Punkt eher auf Parteilinie, beide sahen sie nur minderes revolutionäres Potential, das von den Studenten ausging.

Vielmehr beabsichtigten sie gerade über ihre Theoriebildung auf den Diskurs ihrer jeweiligen Parteien einzuwirken und eine Diskussion über strategische und taktische Fragen auszulösen. Dementsprechend veränderte sich auch ihr Zugang zum marxschen Werk. Beide versuchten über ihren jeweils eigenen Weg »zu Marx zurückzukehren«, waren sich dabei der Verstellungen und Verschiebungen bewusst, welche die Lektüre von Marx durch die kurz- oder langfristigen strategischen Ausrichtungen der Tages- und Parteipolitik erfahren hatte; sie wollten Marxens Problemstellung auf eine feste Basis stellen, von der aus von Neuem revolutionäre Politik möglich werden sollte. Sie gehörten somit zur letzten Generation von linken Partei-Intellektuellen, deren theoretische Bemühungen auch außerhalb des eigenen Partei-Apparates für Resonanz sorgten.

In ihrer Suche nach einem festen Fundament für die Theoriebildung sahen sie die größte Gefahr in der Tendenz der Lektüre des marxschen Werkes, welche man mit Popper »historizistisch« nennen könnte. Beiden war insofern die Aufgabe gegeben, Marxens theoretischen Ansatz formal von dem Hegels zu trennen.[100]

100 Im Falle Lukàcs wird die Situation etwas komplizierter: Althusser blieb Zeit seines Lebens regelrechter Anti-Lukàcseaner, Tronti hingegen behielt einige der Motive Lukàcs' in seiner Theoriebildung bei.

Althusser tat dies allerdings viel expliziter als Tronti, dessen impliziter Anti-Hegelianismus durch seine Anlehnung an Della Volpe immanent gegeben war. Während Althussers Suche, ausgerüstet mit einer strukturalistischen Brille und dem Wissenschaftsverständnis Gaston Bachelards, ihn zu einer Autonomisierung von Theorie gegenüber den Machtkalkülen und Erfordernissen der Tagespolitik führte, führte Trontis Weg über die theoretische Bekräftigung der Autonomie der Arbeiterschaft als wichtigste Kraft im kapitalistischen Verwertungsprozess zur Autonomisierung des Politischen selbst, autonom sogar gegenüber

der eigenen fundierenden ökonomischen Sphäre. Beide suchten sie dabei einen bestimmenden Grad an Autonomie, nicht nur in Bezug auf das Kapital, sondern auch auf Vereinnahmungen durch die eigene Partei. Auch hier müsse, so ihr Ansatz, der Arbeiterklasse und den Arbeiterkämpfen Priorität eingeräumt werden. Die beiden haben nie aufeinander verwiesen und doch ähneln sich ihre Fragestellungen so sehr, dass es schwerfällt zu glauben, sie hätten voneinander keine Notiz genommen – obgleich Althusser sehr wohl gute Beziehungen zu Della Volpe und dessen Schüler, Lucio Coletti, pflegte, die Tronti ebenfalls sehr nahe standen. Tronti und Althusser sahen beide die Lohnfrage als den Punkt des Ausdrucks der Widersprüchlichkeit kapitalistischer Verhältnisse und gleichzeitig als den Punkt des Einstiegs in die Analyse dieser Widersprüchlichkeit. Denn genau über die Willkür des Lohnverhältnisses beziehungsweise über den Widerspruch zwischen Kapital und Arbeit dringt das Ausbeutungsverhältnis bis in die kleinsten Ecken der Gesellschaft und reproduziert sich. Während das Lohnverhältnis offiziell als rein vertraglich geregeltes Verhältnis zwischen dem Verkauf von Arbeitskraft einerseits und seiner »adäquaten« Vergütung andererseits bestimmt wird, gelangt die marxistische Analyse dieses

Verhältnisses zu der Erkenntnis, dass zum Zeitpunkt des Aufsetzens dieses Vertrages unter Gleichen alle klassenbezogenen Ungleichheiten bereits vorweggenommen wurden. Dieser Widerspruch zwischen dem objektiven kapitalistischen Verhältnis und der mystifizierten »fetischisierten« Wahrnehmung der Akteure innerhalb dieses Verhältnisses bildet den Ausgangspunkt einer kritischen Neubewertung der marxistischen Doktrin für die damals aktuelle politische Lage. Er bildet somit quasi das paradigmatische Exempel und den Anhaltspunkt für eine wissenschaftliche Auseinandersetzung mit dem Phänomen der kapitalistischen Ausbeutung als solcher. Der Widerspruch zwischen konkreter und abstrakter Arbeit wurde zum konstitutiven Widerspruch der kapitalistischen Akkumulation erklärt.

Angesprochen wird hier beiderseits der grundsätzliche Widerspruch, der diese (keynesianistische) Phase der kapitalistischen Akkumulation zweifellos bestimmt hat. Es handelt sich um eine Phase, in der die Gewerkschaften durch ihre reine Mitgliederzahl den größten Druck auf die Unternehmensleitungen ausüben konnten und somit die kapitalistische Klasse teilweise in Bedrängnis brachten. Durch die zentrale Stellung der Fabrik als Schaltstelle der ökonomischen Ausbeutung wurde sie gleichzeitig Hauptorganisator einer gemeinsamen Arbeiteridentität, bedingt durch die erfahrene Unterdrückungs- und Ausbeutungsmaschinerie des Fabriksystems mit seinen weitreichenden Verästelungen bis tief in die Gesellschaft hinein.

Doch nicht nur in der Ausgangslage, auch in ihren Zielvorstellungen wiesen die Theoretiker Gemeinsamkeiten auf. Eines ihrer geteilten Ziele war die Überbrückung gewisser theoretischer und politischer Sackgassen der traditionellen Arbeiterbewegung, indem sie sich einer Bereinigung der marxistischen Theorie von jeglichen Elementen einer evolutionären Geschichtsphilosophie verschrieben. Theorie sollte an die Analyse der aktuellen Situation gebunden bleiben und sich der Intervention und Veränderung der aktuellen sozialen Mechanismen verpflichten, ohne dabei die aktuelle Lage immer nur als Durchgangsstadium anzusehen, an deren Ende notwendigerweise die Diktatur des Proletariats rücke, was bedeutet, die Geschichte von ihrem Telos zu befreien und die Revolution dabei als wünschenswert, aber nicht mehr als historisch notwendig zu konzipieren.

Auch in ihrem Bezug auf die jeweilige Parteilinie (PCI im Falle Trontis, PCF im Falle Althussers) lassen sich gewisse Ähnlichkeiten ausmachen. Trontis Bezug auf die Autonomie der Arbeiterklasse gegenüber der Parteilinie kann auch als eine Strategie gelesen werden, um Druck auf die PCI auszuüben, die sich zum damaligen Zeitpunkt eher der zeitweiligen Aufhebung des Klassenwiderspruchs verschrieben hatte, mit der Begründung, die kapitalistische Entwicklung in Italien sei noch auf zu niedrigem Niveau, um bereits auf eine Revolution hin drängen zu können. Für Althusser wiederum war das Postulat der Autonomie der Theorie gegenüber den Interpretationen der Parteiinstanzen ebenfalls eine Methode, um Druck auf die PCF auszuüben und um andere Koordinaten bei der theoretischen Auseinandersetzung mit dem marxschen Werk zur Verfügung zu stellen. In beiden Fällen ging es um die Neubewertung des Verhältnisses von Partei und Intellektuellen im jeweiligen Land.

Doch auch in der jeweiligen Kritik gegen die Parteilinie lässt sich für beiderlei Bestreben um Autonomie ein Primat des Klassenkampfes gegenüber der Arbeiterbewegung beziehungsweise der Vereinnahmung dieser durch die Partei festmachen, insofern sich die wahren Mechanismen des sozialen Gefüges unabhängig von den jeweiligen sozialen Gebilden (i. e. Klassen und Parteien) entfalten. Beide versuchen hierbei den Primat des

Politischen gegenüber einer ökonomistischen Lesart des Marxismus starkzumachen. Für beide Theoretiker scheint diese Konzeption des Grundantagonismus in der Gesellschaft stark mit deren Konzeptionen von Autonomie verbunden. Insofern Althusser von der Autonomie der Theorie gegenüber den jeweiligen Interpretationen für die Formulierung politischer Interventionen und Strategien der Tagespolitik ausgeht, kann seine Konzeption des Antagonismus auf einer epistemologischen Ebene als Kluft zwischen der (mitunter falschen) Wahrnehmung der Subjekte und der politischen Realität gesehen werden, weil nach seiner strukturalistischen Grundkonzeption die empirischen Elemente der sozialen Struktur nicht direkt auf deren latente Macht- und Dominanzstrukturen verweisen, sondern als Symptome gelesen werden müssen, deren Mechanismen im Hintergrund bleiben und nur durch eine besondere ›symptomale Lesart‹ der Dinge, so zum Beispiel die Klassenanalyse, zum Vorschein kommen können. Für Tronti hingegen, der die Autonomie aufseiten der Arbeiter dem Kapitalverhältnis gegenüber verortet, wird der Antagonismus als Ausgangspunkt jeglicher geschichtlicher Entwicklung hochstilisiert. Insofern der Klassenkampf schon vor der Bildung der Klasse der Kapitalisten einsetzt, fungiert er als Prämisse wie auch als Telos, da die Diktatur des Proletariats zu einem Ende der Geschichte führen müsse und für den Klassenkampf in letzter Konsequenz kein Platz mehr sein könne. Hierbei erreicht Tronti ungewollt eine metaphysische Aufladung des Konzeptes, die in weiterer Folge den gesamten post-operaistischen Theoriezweig ab Negri betreffen wird.

Als gute Schüler von Gramsci wissen beide sich des Konzepts der Ideologie zu bedienen, gehen dabei aber vor allem von der epistemologischen Trennung von Ideologie und Wissenschaft aus, wenn sie konstatieren, dass es immer eine Kluft zwischen Wahrnehmung und Realität zu verzeichnen gibt. Allerdings gehen die beiden darin etwas unterschiedliche Wege. Während Althusser hier eher Gramsci folgt und auch in seiner späteren Schaffensperiode zunehmend auf die Unumgänglichkeit der Ideologie als Kategorie der Subjektwerdung drängen wird, bildet eine antihumanistische Wissenschaftskonzeption für ihn den einzigen Ausweg durch die Analyse der übersubjektiven Strukturen des gesellschaftlichen Ganzen. Bei Tronti hingegen sind die Gründung von Wissenschaft und die Wahl des Standpunktes auf das Engste miteinander verknüpft, was zwar die Absage eines objektivistischen Wissenschaftsverständnisses bedeutet, nicht aber die Absage und oder Verflachung des Begriffs der Ideologie. Tronti scheint sich des Problems der Ideologie, vor allem in klassenspezifischen Zusammenhängen wie Lohnfragen, Verteilungsfragen oder in Fragen zur Arbeiterautonomie, vollends bewusst, aber auch die von Panzieri erbrachte und von sämtlichen Operaisten mitgetragene These der Nicht-Neutralität der Technologie offenbart einen Bereich der Ideologie, der nicht direkt von den Subjekten eingesehen werden kann, die sich in ihrem Bann befinden. Kurz gesagt scheint Tronti die ideologische Anrufung wohl eher in der direkten Praxis der Arbeiterschaft mit der kapitalistischen Ausbeutungsmaschinerie zu sehen, ohne dass in Bezug auf das Subjekt bereits von einem falschen Bewusstsein, im Sinne eines falschen Selbstbildes, die Rede sein könnte; während Althusser von Ideologie spricht, wenn das Subjekt beginnt, sich mit den externen Strukturen, die auf es einwirken, zu identifizieren. Jedoch bleibt Trontis Rekurs auf so etwas wie eine »machiavellistische« (realistische) politische Praxis in ihrer Autonomie dem Gedanken verbunden, es gäbe einen Weg um die Ideologie herum, hin zum wahren Kern des gesellschaftlichen Antagonismus (den er natürlich vor allem im Produktionssystem, allem voran in der Fabrik, verortet). Für Althusser hingegen bleibt die Ideologie schlichtweg unumgänglich, ja sogar ein notwendiger Teil des Identifikationsprozesses und der Subjektwerdung.

Damit soll nicht gemeint sein, dass Althusser sich in der alten Opposition von Theorie und Praxis auf die Seite der Theorie stellt. Vielmehr versucht er mit seinem Begriff der theoretischen Praxis eine Neubewertung dieser traditionellen Unterscheidung zu erreichen. Im Falle Trontis allerdings könnte man behaupten, dass dieser sich dezidiert auf die Seite der Praxis stellt, insofern er die Wahl des Standpunktes sowie den Antagonismus zwischen Arbeiterklasse und Kapitalverhältnis, also den Klassenkampf, als Voraussetzung für eine wissenschaftliche Analyse des soziale Gefüges und auch als Voraussetzung für die Formulierung effektiver Strategien für eine mehr oder weniger revolutionäre Veränderung dieser Verhältnisse annimmt.

Abschließend möchte ich noch anmerken, dass Althusser zumindest Negri gekannt hat, da er ihn 1978 zu einem Seminar auf der École Normale Supérieur (ENS) eingeladen hat, welches später als *Marx oltre Marx* (»Marx jenseits von Marx«) in Buchform veröffentlicht wurde. Umso mehr überrascht es, dass er niemals auf Tronti selbst verwiesen hat. Doch vielleicht könnte auch hier die verlegerische Praxis gegriffen haben, dass man diejenigen, die einem zu nahe sind, nicht zitiert, insofern dies die Abgrenzung des eigenen Standpunktes erschwert. Alles in allem wirkt es zunehmend unwahrscheinlich, dass Althusser von Tronti keine Notiz genommen hatte, wenn er doch sowohl seine Vorgänger – wie Della Volpe und Coletti – als auch seine Nachfolger – vor allem Negri – als ernstzunehmende Theoretiker vernommen hatte.

Ein neuer politischer Akteur?

Zuerst die Arbeiterklasse, dann das Kapital – das ist Trontis kopernikanische Wende. Mit seinem Fokus auf den Produktionsprozess als Hauptbestandteil der kapitalistischen Akkumulation – und damit verbunden der Unterordnung von Zirkulation, Distribution und Konsumtion unter den Produktionsprozess – beginnt die Gesellschaft als Ganzes bloßer Ausdruck des Produktionsprozesses zu werden. Die Analyse des Plans des Kapitals, die den Staatsapparat unter den Bann der Kapitallogik zwingt, ermöglicht in weiterer Folge die Ausbreitung der Logik der Fabrik auf die gesamte Gesellschaft. Die kopernikanische Wende des Operaismus bezieht sich auf die Abhängigkeit des Kapitals von der lebendigen Arbeit, die ihr unterworfen wird, womit die Arbeiterklasse als einziger politischer Akteur zurückbleibt. Was Tronti als leninistische Korrektur des marxschen Werks ansieht, wird in der Folge die intellektuelle Landschaft Italiens in den nächsten zwei Dekaden verändern. Sie wird die politische Praxis vor die wissenschaftliche Analyse stellen, die Theorie der Revolution vor die Kritik der Politischen Ökonomie, die Arbeiterschaft als Klasse vor die ökonomische Kategorie des Kapitals. Indem Tronti das Konzept der produktiven Arbeit vom Prinzip des Mehrwerts löst und diesem als Basis gegenüberstellt, wird die Theorie der Ausbeutung zu einer Theorie der Abhängigkeit des Kapitals von der produktiven Arbeit, und die Entfremdung (Alienation) des Arbeiters im Arbeitsprozess wird zum Zeichen seiner Befreiung. Es ist diese enorme rhetorische Kraft des Operaismus (zu konstatieren, dass das schwächste Glied der Kette dennoch – oder vor allem – die Macht besitze, das gesamte Konstrukt zu Fall zu bringen), die ihre Attraktivität und Wirkmächtigkeit mit verursachte. Insofern also die Abhängigkeit umgedreht wird und das Kapital nun von der Arbeitskraft abhängt, werden die Eigenschaften des Kapitals zu versteckten Eigenschaften der Arbeitskraft und die Arbeiterklasse wird zum Motor für die Entwicklung des Kapitals. Die marxsche Arbeitswertlehre wird damit von einer ökonomischen Kategorie zu einer politischen umgemünzt, insofern die Verweigerung der Arbeit und der Verwertung der Arbeitskraft zu einer zutiefst politischen Praxis wird, welche den Keim des revolutionären Umsturzes bereits in sich trägt.

Panzieris Fokus auf die Arbeitsteilung im kapitalistischen Produktionsprozess tritt in den Hintergrund, insofern allein das geteilte Los der Lohnsklaverei ausreiche, um sich seines Klassenstandpunktes bewusst zu werden, da die Lohnarbeit dem Kapitalverhältnis immer vorausgehe. Nach Tronti sieht sich das Kapital also erst aufgrund der politischen Macht der Arbeiterklasse gezwungen, sein ökonomisches Interesse durch politische Einflussnahme zu sichern. Hierbei ist der Staat nur mehr ausführendes Organ für den Plan des Kapitals und die Fabrik wird zum Paradigma der Gesellschaft schlechthin. Statt auf ein dialektisches Verhältnis zwischen Kapital und Arbeit pocht Tronti auf die Arbeiterklasse als alleinigen (wenn auch negativen) Motor der Geschichte. Die kapitalistische Entwicklung findet auf ihrem Rücken, aber gegen ihren Willen statt. Das Leitmotiv für das Proletariat muss also die Verweigerung sein. Es bildet den irrationalen, aber konstitutiven Ausgangspunkt für die Logik des Kapitals. Die Arbeitskraft bildet somit den Ort der Anarchie im *Topos* der kapitalistisch strukturierten Gesellschaft.

Sie ist der nicht zu beherrschende Kern der Produktivität, und deshalb muss die Gesellschaft um sie herum strukturiert und kontrolliert werden. Die enge Verknüpfung zwischen kapitalistischen Eliten und dem Staatsapparat wird dabei implizit immer bereits vorweggenommen. Somit bezieht sich die Strategie der Verweigerung sowohl auf ökonomische als auch auf politische Repräsentanten.

Diese Verweigerung, die sich nun auch gegen den Staat als Vollstrecker des kapitalistischen Plans richtet, wird die Annäherung zwischen marxistischen und anarchistischen Tendenzen im Operaismus weiter zuspitzen. Denn mit dem Begriff der Verweigerung geht im operaistischen Denken der Begriff der Selbstverwertung einher, der die Verweigerung als politische Aktionsform legitimiert.

Der Begriff der *Selbstverwertung* war bei Marx immer nur dem Kapital vorbehalten. Das Kapital unterlag so dem Zwang der Selbstverwertung. Insofern jedoch bei Tronti das Kapital aus der Arbeiterklasse heraus erklärt werden muss, wird der Begriff der Selbstverwertung einerseits auf die Arbeiterklasse beziehungsweise auf die Arbeit selbst übertragen, andererseits auch – im Sinne einer Arbeiterautonomie – mit positivem Inhalt befüllt. Diese Bedeutungsverschiebung konnte dann von der Studentenbewegung und in der Folge von der Autonomiebewegung ausgenützt werden.

Insofern die Bestimmung des politischen Subjekts des Proletariats offen bleibt und nur durch seine Position im Klassenkampf gekennzeichnet ist, waren die Studentenschaften die erste politische Stimme, die sich des Vokabulars des Operaismus zu bedienen wusste. Zu diesem Zeitpunkt waren die Gruppierungen aufgelöst, aber das operaistische Denken war lebendiger denn je, da es dynamisch in verschiedenen sozialen Kämpfen als Modell dienen konnte, zum Beispiel für die Frauenbewegung oder eben für die Studentenbewegung 1968.

Italien kann sich rühmen, die Bewegung von 1968 quasi vor ihrer Geburt miterlebt zu haben. Die Studentenproteste in Italien begannen bereits 1967, obwohl auch dort die Angelegenheit erst nach Berkeley und Paris eine breitere mediale Rezeption erfuhr und damit an Fahrtwind gewann. Die Serie an Besetzungen, die im Vorjahr der 68er-Bewegung stattfand, ermöglichte jedoch das Knüpfen erster Kontakte in der italienischen Studentenschaft über Fakultäten und Universitäten hinweg und begründete so eine breitere, landesweite Basis des Protests.[101] China, Algerien, Kuba und vor allem Vietnam waren die großen Beispiele für die Bekräftigung eines gemeinsamen antikapitalistischen Kampfes. Die StudentInnen wurden zum Sprachrohr der Dritten Welt innerhalb der Hochburgen des Kapitalismus.[102] Paternalismus und Autoritarismus waren die Feindbilder der studentischen Kritik, jedoch wandelte sich diese Kritik zusehends zu einer generellen Ablehnung der tradierten Kultur, der Kultur des Bürgertums. Zuvor hatte die Stu-

101 Dieser wurde bereits durch den Aufschrei 1966 vorweggenommen, den die Schülerzeitung *Zanzara* des Gymnasiums Parini in Mailand ausgelöst hatte. Mit einer Ausgabe ganz im Zeichen von »Schule und Gesellschaft« zeigten die Redakteure anhand von Interviews mit Schülern, wie sehr die tradierten öffentlichen Meinungen des Feuilletons mit den Ansichten der kommenden Generation auseinanderklafften. Hauptaugenmerk lag dabei noch vor allem auf dem Spannungsfeld zwischen Kirche, Religion und Sexualität, aber auch die blinden Flecken der politischen Repräsentation wurden besprochen (siehe dazu: Luca *Mori*, La sinistra extraparlamentare in Italia [1968–72] 22.).

102 Vgl. Alberto *Asor Rosa*, Perché tutto il mondo insieme (*l'Espresso*, Nr. 3/1988) 198.

dentenschaft einen radikalen Wandel erfahren: Zwischen 1961 und 1968 stieg die Anzahl der Inskribierten um 117 Prozent an, also um mehr als das Doppelte.[103] Dies hatte eine enorme Verschiebung der Klassenzusammensetzung innerhalb der Universität zur Folge, denn es betraf vor allem jene Kinder, deren Eltern vom Wirtschaftswunder profitierten, die sich den Studienplatz ihrer Kinder erarbeitet hatten und an eine bessere Zukunft für die nächsten Generationen glaubten. Als Kaderschmiede der Elite wurde die Universität somit schnell zum Hauptaustragungsort des Klassenkampfes, der sich jedoch sehr vom traditionellen Klassenkampf in den Fabriken unterschied, weil die Fronten weit weniger klar waren und eine genaue Analyse des Klassenkampfes in höheren Bildungseinrichtungen noch ausständig blieb. Dieser rasante Wandel der Bildungsinstitutionen innerhalb weniger Jahre konnte nicht ohne größere Spannungen bleiben. So kam es am 7. Februar 1967 in Pisa zu einer Besetzung des *Palazzo della Sapienza*, der zur Fakultät der Rechtswissenschaften gehörte. Es folgten Solidaritätsbekundungen und weitere Besetzungen in einigen Städten Italiens, vor allem in Turin und Trento. Die Thesen (*Tesi della Sapienzia*), die von der dort abgehaltenen Versammlung während der Besetzung in Pisa verfasst wurden, zeugten bereits von einem starken Bewusstsein der Verflochtenheit der kapitalistischen Ausbeutung der Arbeitskraft und der kapitalistischen Zurichtung der StudentInnen als die Arbeitskraft von morgen. Vor allem die enge ökonomische Verbindung zwischen Industrie und Universität wurde deutlich herausgearbeitet. Der Text enthält hauptsächlich Forderungen für eine autonome Gestaltung des Bildungs- und

103 Vgl. Luca Mori, La sinistra extraparlamentare in Italia (1968–72): origini, sviluppi e rapporti col pci (Firenze 2002) 22.

Lehrapparates. Nur hin und wieder wird auf die Verbindung zwischen Universität und dem Rest der Gesellschaft eingegangen. Demnach solle die Universität eine Lehranstalt für die Massen sein und nicht allein für die Eliten. Die Funktion der Repräsentation der Studentenvertretung wurde bestritten, stattdessen wurde Wert auf direkte Beteiligung in den Versammlungen gelegt, die ausschließlich sich selbst vertrat und nicht für die gesamte Studentenschaft sprechen wollte. Die eigene Position wurde wie folgt beschrieben:

> »Die Bewegung ist in den letzten zwei Jahren so positiv gewachsen, da es zu einer zunehmenden Bildung des Bewusstseins der studentischen Versammlung kam, welche gegenwärtig im Moment des Kampfes gipfelt.«[104]

Durch diesen Text wurde versucht, nicht nur Brücken zur Arbeitswelt, sondern auch zum Pflichtschulsystem zu schlagen:

> »Tatsächlich absorbiert die kapitalistische Entwicklung immer mehr qualifizierte Arbeitskraft, nicht nur aus der Universität, sondern auch aus der Mittelschule. Diese Situation verunmöglicht eine Unterscheidung zwischen politischen Bewegungen von studentisch-universitärer oder von mittelschulischer Seite aus.«[105]

104 Tesi della *Sapienza* (Pisa 1967) 10. In: https://issuu.com/#_13460/docs/interno_le_tesi_della_sapienza_pisa. (Transl.: D. G.; Orig.: »Il movimento è maturato positivamente negli ultimi due anni, che hanno visto una progressiva presa die coscienza delle assemblee, culminata per ora nel presente momento di lotte.«)

105 Ebd. (Transl.: D. G.; Orig.: »Infatti lo sviluppo capitalistico assorbe sempre piú forza lavoro qualificata non solo dall'universita, ma anche dalla scuola media. Questa situazione rende vana una distinzione in prospettiva tra movimento studentesco universitario e medio, e propone nuove forme die unità.«)

Natürlich wird vor allem das theoretische Netz zwischen den Bildungseinrichtungen und dem kapitalistischen Produktionssektor gesponnen, indem die Auszubildenden in einem weiteren Begriff als Auszubeutende bestimmt werden:

> »Die Studentengewerkschaft, die die Bildung der Arbeitskraft analysiert und verhandelt, tritt in Beziehung zu den Arbeitergewerkschaften, gerade weil der Prozess der Ausbildung, durch die Studentengewerkschaft gesteuert, nur ein erster Moment im kapitalistischen Gebrauch der Arbeitskraft ist.«[106]

124 Somit sind die Studentengewerkschaften ein integriertes Organ innerhalb der kapitalistischen Verwertungsmaschinerie:

> »Die Studentengewerkschaft, die auf der Basis dieser Analyse die kapitalistische Entwicklung und die konsequente Organisation der Arbeit vollführt, bekennt sich damit zu ihrer Eingliederung in die Arbeitergewerkschaft.«[107]

Daher werde die Repräsentationsfunktion vernachlässigt, weil die Studentengewerkschaft als Teil des ökonomischen Verwertungsmechanismus nicht mehr die Studentenschaft mit ihrem Interesse an Bildung, sondern vielmehr die Unternehmerschaft mit ihrem Interesse an ausgebildeten, verwertbaren Arbeitskräften vertritt:

106 Ebd., 23 (Transl.: D. G.; Orig.: »Il sindacato studentesco analizzando e contrattando il momento di formazione della forza-lavoro entra in rapporto con il sindacato operaio proprio perché il processo di formazione che il sindacato studentesco analizza e contratta latro non è che un primo momento dell'uso capitalistico della forza-lavoro.«)

107 Ebd. (Transl.: D. G.; Orig.: »Il sindacato studentesco sulla base delle analisi che compie dello sviluppo capitalistico e della conseguente organizzazione del lavoro rivendica il suo inquadramento [assunzione] all'interno del sindacato operaio.«)

»Die Studentengewerkschaft hat auf keiner Ebene ein Problem mit der traditionellen Struktur der Repräsentation. Tatsächlich führt ihre Konstitution zur Aufhebung derselben. […] [Die Studentengewerkschaft] lehnt in diesem Sinne bewusst und programmatisch die Aufgabe der Repräsentation der Studenten als solche ab.«[108]

Ihr Fazit ist somit ein Appell an eine andere Form von Modernismus, welche die bestehenden Zustände als rückständig deklariert und auf eine Funktion der Universität als Bildungsstätte pocht, die als autonom verstanden werden sollte und zumindest von den Entscheidungsmechanismen der kapitalistischen Verwertungsmaschinerie unabhängig strukturiert werden müsste, um zu einem Begriff freien Denkens zu gelangen:

»[D]ie Definition der Aufgaben der Universität mit den Begriffen einer ›Bildung der führenden Klasse von morgen‹ ist vollkommen irreführend und bestätigt, dass die Rektoren – oder besser die reaktionären akademischen Komponenten, deren Ausdruck sie sind – eine archaische Vision der Funktion von Universitäten innerhalb der ökonomischen Struktur Italiens beibehalten.«[109]

108 Ebd., 24. (Transl.: D. G.; Orig.: »Il sindacato studentesco non ha a nessun livello il problema del rapporto con la struttura tradizionale della representanza. Infatti la sua constituzione porta alla vanificazione di quella. [Il sindacato studentesco] in questo senso rifiuta coscientemente e programmaticamente il compito di rappresentare tutti gli studenti in quanto tali.«)

109 Ebd., 29. (Transl.: D. G.; Orig.: »[L]a definizione dei compiti dell'università nei termini della ›formazione della classe dirigente di domani‹ è del tutto erroneo e conferma che i rettori o meglio le componenti accademiche piu retrive di cui essi sono espressione, mantengono una visione arcaica della funzione dell'università nella struttura economica italiana.«)

Die *Tesi della Sapienza* stellen eine erste programmatische Schrift für eine linke Ausrichtung der Studentenschaft dar und zeugen deutlich von einer Annäherung an operaistisches Gedankengut, vor allem durch die Verknüpfung zwischen StudentInnen und ArbeiterInnen, insofern StudentInnen die zukünftig auszubeutenden ArbeiterInnen sein werden. Es wird jedoch hierbei auch erstmals nicht mehr von einem unerwünschten Zustand gesprochen, sondern deutlich gemacht, dass erst dieses Ausbeutungsverhältnis die StudentInnen zu revolutionären politischen Akteuren transformieren werde. Zum ersten Mal wird die Studentenschaft in das Spannungsverhältnis zwischen Kapital und Arbeit integriert und der/die StudentIn als Teil der Arbeiterklasse angesehen.

Dies soll auch die Geburtsstunde der Zeitschrift *Il Potere Operaio* (nicht zu verwechseln mit der späteren politischen Gruppierung *Potere Operaio*, trotz vieler Ähnlichkeiten) werden, die ihre Publikation im Mai desselben Jahres beginnen wird und deren Mitglieder auch für die *Tesi della Sapienza* bestimmend waren.[110] Diese blieb sich ihres operaistischen Erbes vollends bewusst. Ein großer Punkt der Unterscheidung zu marxistisch-leninistischen Spielarten der damaligen Zeit war das Pochen auf die Herausbildung interner Eliten innerhalb der Fabriken und der Studentenschaft im Gegensatz zu rein externen Sprachrohren und Interpreten des Willens der revolutionären Kräfte. Jeder politische Kampf schafft sich sozusagen seine eigenen Eliten, welche nicht auf die Eliten anderer Kämpfe rückführbar sind. Der Repräsentationsgedanke und ein gewisses Verständnis von Hierarchie blieben zwar so noch erhalten, jedoch begriff man dies nicht mehr als konträr zum Ideal der Selbstbestimmung.

110 https://it.wikipedia.org/wiki/Il_potere_operaio_pisano (1. 2. 2018).

Es war vielmehr ein Absagen an die Kaste der Berufsrevolutionäre und ein Plädoyer für die Zusammenführung der vormals künstlich getrennten Bereiche Ökonomie und Politik.[III] Neben der Sapienza kam es 1967 noch zu weiteren Besetzungen in anderen Teilen Italiens, so zum Beispiel in Turin zur Besetzung des Palazzo Campana. Begannen diese vorerst mithilfe der traditionellen Studentenvertretungen, beanspruchten die Protestierenden bald eine autonome Kontrolle in Abgrenzung zu den klassischen Körperschaften. Es handelte sich ja auch um eine studentische Besetzung im Herzen des italienischen Kapitalismus, nicht unweit der Kolosse Fiat und Mirafiori. So suchten die StudentInnen rasch Anschluss an die ArbeiterInnen, prangerten aber gleichzeitig die vorgefertigten Bahnen an, mithilfe derer die heutigen Studierenden zu Lohnsklaven von morgen umfunktioniert werden sollten. Die Universität diente somit der ideologischen und politischen Erziehung der Subjekte zur Unterwerfung unter ihre von der Gesellschaft zugedachte Rolle. In ihrer Betonung der Wichtigkeit aller politischen Auseinandersetzungen im Sinne der Selbstbestimmung war die politisierte Studentenschaft eine der ersten Gruppierungen, die die Verknüpfung von Interessen der Arbeiter und der Studenten für einen gemeinsamen Kampf auf mehreren Fronten propa-

III Unter den prinzipiellen Mitgliedern zählen Gian Mario Cazzaniga, Luciano Della Mea, Romano Luperini und Adriano Sofri. Diese sollten sich jedoch auch entlang der Frage des Verhältnisses zwischen Masse und Elite, welche sie über das gesamte Bestehen von *Il Potere Operaio* (bis zum 7. Juni 1969) hinweg begleiten wird, spalten und in mehrere Splittergruppen aufteilen. Della Mea wird die *Lege dei Communisti* mitbegründen, Cazzaniga das *Centro Karl Marx* und Sofri die *Lotta Continua*.

gierte.[112] In ähnlichem Duktus wurde in Trento der Versuch der Bildung einer alternativen Universität (Università Negativa) gesehen, der sich zunächst sogar die Lehrenden anschlossen. Auch dort wurde die Unterordnung der Universität unter die wirtschaftliche und politische Führung des Landes angeprangert. Vor allem Renato Curcio, als einer der führenden Köpfe der Università Negativa aufseiten der Studierenden, sei hier zu erwähnen, weil er später als eine der Leitfiguren im bewaffneten Kampf der *Brigate Rosse* (BR) auftreten wird. Ähnlich wie die führenden Mitglieder der RAF, die zunächst auch am Studen-

tenprotest mitgewirkt hatten, schien auch Curcio erst nach der großen Enttäuschung über den Ausgang des friedlichen Widerstandes nach den Waffen gegriffen zu haben. All dies geschah noch vor 1968, und bereits zum damaligen Zeitpunkt wurde von einer vor-revolutionären Phase gesprochen, in der es zunächst darauf ankam, eine straffe politische Organisation für den kommenden Ernstfall aufzubauen. So bildeten sich zahlreiche informelle Netzwerke zwischen den verschiedenen Universitäten des Landes, in denen Erfahrungen ausgetauscht und neue Konzepte und Herangehensweisen für den Ernstfall besprochen wurden. Doch sollte dieser Ernstfall nie wirklich eintreten …

112 Vgl. Guido *Viale*, Contro l'università. In: Quaderni Piacentini (Nr. 33/1968) 2–28.

1968 und Autunno Caldo

Die außerordentlichen Jugendlichen von 68 wussten nichts – ebenso wenig wie wir, waren wir doch keine so scharfsichtigen Propheten, aber wir haben es schnell begriffen, bereits in den ersten Jahren der 70er – und zwar diese Wahrheit: dass Autorität niederreißen nicht automatisch eine andere humane Freiheit zwischen Männern und Frauen bedeuten will, es kann jedoch – und dies wurde kurz darauf wahr – spezifische Freiheit für die animalischen Geister des Kapitalismus bedeuten, die im Stahlkäfig [*gabbia d'acciaio*] des Anschlusses Politik-Gesellschaft stampften, da – zwischen Revolution, Krise und Krieg der 20er bis in die 50er Jahre – das System der ökonomischen Macht sich als das unausweichliche Gegenmittel präsentieren konnte. 68 war das klassische Beispiel der totalen Heterogenität der Ziele.[113]

Ein wenig überraschend behielt die Bewegung jedoch auch im neuen Jahr ihre Dynamik bei, und das obwohl bis dahin selbst

113 Tronti, Noi operaisti, 51. (Transl.: D. G.; Orig.: »Gli starordinari giovani del '68 non sapevano – non la sapevano nemmeno noi, non eravamo cosi perspicaci profeti, ma l'abbiamo capita presto, già nei primi anni Settanta – questa verità: che abbattere l'autorità non voleva dire automaticamente liberazione differentemente umana, maschile e femminile, poteva voler dire, e questo poi è stato, specifica libertà per gli spiriti animali capitalistici, che scalpitavano dentro la gabbia d'acciaio del raccordo politica-società che, tra rivoluzione, crisi e guerre, dagli anni venti agli anni Cinquanta, il sistema di potere economico si era dato come inevitabile rimedio. Il '68 è stato un esempio classico di totale eterogenesi dei fini.«)

die sozialistischen Parteien nicht wirklich auf ihre Thematik eingegangen waren. Dennoch half das Aufkommen von Protesten in unzähligen anderen Ländern Europas und sogar den USA, neue Kraft für den Widerstand zu schöpfen – Oreste Scalzone erinnert sich:

> »1968, das war für uns das Ende des Minoritarismus, der Ausstieg aus den Katakomben. Die Freiheit, eine Quasi-Revolution zu führen. Davor waren wir die marginalisierten Subalternen, gebunden daran, die Konfrontation mit dem Staat über Mittelsmänner [*per interposta persona*] zu führen: entweder über die PCI oder über die Gewerkschaften etc., ohne jemals einen unabhängigen, autonomen Kampf selbst zu organisieren.
>
> Die Freiheit, das waren die Massen-Plena auf der Universität. Die Freiheit, das war, zu einer Demonstration aufzurufen und sich mit Tausenden auf der Straße wiederzufinden. Die Freiheit, das war, ohne ein Hauptquartier [*quartier generale*] zu agieren, dem es zu gehorchen oder sich zu widersetzen galt.«[114]

114 Oreste Scalzone. Zit. in: »Non siam scappati più«: la battaglia di Valle Giulia. In: Nanni Balestrini, Primo Moroni, L'orda d'oro (Milano 1988) 406f. (Transl.: D. G.; Orig.: »Il '68 per noi è stata la fine del minoritarismo, l'uscita dalle catacombe. La libertà della recita di una quasi-rivoluzione. Prima eravamo marginali, subalterni, costretti a ricercare lo scontro con lo Stato per interposta persona, trovandoci sempre di fronte lo Stato-Pci, lo Stato-Sindacato, senza mai poter arrivare ad autogestire delle lotte indipendenti, autonome.
Libertà erano le assemblee di massa all'università. Libertà era decidere di fare una manifestazione e ritrovarsi in piazza a migliaia. Libertà era non avere un quartier generale a cui obbedire, o disobbedire.«)

Dabei sprachen sich die StudentInnen einhellig gegen die vertikale Struktur der Repräsentation durch externe Gruppen aus und verweigerten zum größten Teil die Zusammenarbeit mit den marxistisch-leninistischen Gruppierungen. Man fürchtete, dass eine Intervention von außen durch präexistente Ideologien die Bewegung spalten und eine Institutionalisierung der Bewegung nur einen weiteren Reformismus mit sich bringen würde.

In Rom zum Beispiel verloren die großen Plena mehr und mehr an Bedeutung und man begann, sich in kleineren Arbeitsgruppen zu organisieren. Das Prinzip der Selbstverwaltung nahm bald einen großen Stellenwert ein. Die Besetzung der Universität in Rom ging von der Fakultät für Literatur aus. Am 28. Februar konnte die Fakultätsleitung mit den Besetzern eine Einigung erzielen, um die Prüfungen im besetzten Gebäude durchzuführen. Die Bedingungen der StudentInnen waren, die Prüfungen öffentlich abzuhalten und dass man die Note verweigern durfte. Unabhängig von der Fakultätsleitung erklärte der Rektor diese Einigung jedoch für ungültig und rief die Polizei, um das Gebäude zu räumen. Am 1. März sammelte sich daraufhin eine Gruppe von Studierenden, um die Universität erneut zu besetzen, diesmal die Fakultät für Architektur. Es folgte das epochemachende Ereignis des Kampfes von Valle Giulia. Noch bevor die Unruhen in Frankreich und Deutschland einsetzten, kam es in Italien bereits zu gewaltigen Zusammenstößen zwischen AktivistInnen und Polizei. Da man vermutete, dass die Studierenden die Universität neu besetzen wollten, wurde ein unglaubliches Aufgebot an Sicherheitskräften vor dem Gebäude stationiert. Hier zeigt sich ein neues Gesicht des Protests, denn als die Polizisten ihre Front aufbauten, wichen die StudentInnen nicht zurück, sondern wehrten sich mit Eiern, Steinen und allem anderen, das verfügbar war. Die

Bilanz der Gewalt war enorm: 148 verletzte Polizisten, 478 aufseiten der Studierenden; über 200 wurden festgenommen, 4 von ihnen eingesperrt.[115] Nichtsdestotrotz provozierte das Ereignis eine Welle des Enthusiasmus in Bezug auf die Studentenbewegung. Auch von politischer Seite wurde nun der Druck auf die Rektorate größer, die Universitäten wieder zu öffnen und in Verhandlungen mit den StudentInnen zu treten. Auch die Schülervertretungen nahmen Notiz von diesem Teilerfolg. Ein frischer Wind kam auf und beflügelte diese Bewegung, die sich doch nur teilweise aus der aktivistischen Geschichte der

Arbeitertradition speiste. Man suchte neue Formen der Zusammenarbeit und der Debatte, um das Verhältnis von Spontaneität und Organisation neu zu entfachen. Sogar die katholischen Universitäten beteiligten sich an den Studentenprotesten. Auch hier begann der Konflikt bereits vor 1968. Als am 17. November 1967 an der katholischen Universität in Mailand (la Cattolica) die Studiengebühren um 54 Prozent erhöht wurden, kam es zu spontanen Besetzungen. Sogar die Studenten aus höhergestellten Familien solidarisierten sich mit dem Kampf. Die an den Protesten beteiligten Studenten taten dies aus zutiefst religiösen, zutiefst christlichen Überlegungen. So gab es zwischen Dezember 1967 und Mai 1968 drei größere Besetzungen. Auch wenn die örtlichen Autoritäten den Besetzungen der Gebäude strikt mit Räumung begegneten, so entstand dennoch eine Kultur der Zeltstätte direkt vor den Universitäten.

Im Mai publizierten die Protestierenden einen Text gegen die politische Einstellung des Rektors von Mailand.[116] Ihre

115 Vgl. Marco *Iacona*, 1968. Le origini della contestazione globale (Solfanelli, 2008) 86f.

116 Vgl. Universitá cattolica (Sapere edizioni 1968).

Hauptkritik galt dem kulturellen Fundamentalismus der Universitätsleitung; damit verbunden war die Kritik an der kirchlichen Hierarchie, deren Unzulänglichkeiten sich in der Hierarchie der katholischen Universitäten widerspiegle. Der Fundamentalismus werde somit zum Mittel der Repression, indem der Dissens ausgeschlossen werde, bei gleichzeitiger Wahrung der Orthodoxie. So wurden die Besetzungen als Gewaltmittel und damit als nicht vereinbar mit dem christlichen Glauben deklariert. Die Forderungen der Studierenden lauteten: Öffnung der Universität für alle, auch für Nichtgläubige; Autonomie der Universität gegenüber der Kirchenhierarchie und der Zensur. Die erste Phase der Studentenproteste (Ende 1967 bis zum Frühjahr 1968) war charakterisiert durch die Forderung nach mehr Autonomie und die Problematisierung des Autoritarismus. Gleichzeitig begann im Fahrwasser der operaistischen Texte eine Identifizierung zwischen Studenten und Proletariat. Das Schreckensbild der Fabrik hielt auch die Studentenschaft in Atem, denn für die meisten Techniker und Wissenschaftler mit Universitätsabschluss wurde die Fabrik zur Andockstelle für eine triste Karriere ohne Aussicht auf Selbstverwirklichung. Diese Vorstellung gewann im weiteren Verlauf zunehmend an Bedeutung.

Vor allem der Mai 68 in Frankreich veränderte das Bild des Protests. In Frankreich stand die Solidarisierung der Studierenden mit den Arbeitenden an oberster Stelle. Nach Sergio Bologna war deren politische Einheit jedoch überschattet von einem Begriff der Arbeit, der nach wie vor von der kommunistischen Partei (PCF) definiert wurde. Für Bologna lag das Problem, sowohl in Frankreich als auch in Italien, woanders. Das Problem war nicht, die StudentInnen vor die Fabriken, sondern die ArbeiterInnen zur Strategie der Verweigerung der Arbeit zu bringen. Die Solidarisierung der StudentInnen mit den ArbeiterInnen fand an allen Ecken und Enden statt, nach Sergio Bologna gab es davon sogar zu viel, während das operaistische Projekt der Verweigerung der Arbeit vernachlässigt wurde. Während Alquati bereits an einer Synthese des politischen Subjekts zwischen Arbeitenden und Studierenden zu feilen begann, hätte Bologna die beiden Akteure lieber in ihrer jeweiligen Autonomie gesehen, wobei sie dennoch in der Frage der Organisation notwendig gewisse Ähnlichkeiten aufweisen müssten.

In dieser Hinsicht beginnt auch der zunehmende Schulterschluss zwischen Studenten und Arbeitern. Am 28. November 1968 besetzte ein Demonstrationszug von Studenten das ehemalige Hotel Commercio am Piazza Fontana in Mailand mit der Forderung nach geeigneten Unterkünften für auswärtige Studenten (sowohl italienische wie nichtitalienische). Auf einem Flyer, der unter den Studierenden herumgereicht wird, ist zu lesen:

> »In Mailand gibt es 2.300 Betten für über 20.000 auswärtige Studenten. Mehr als 1.800 verlangen eine monatliche Miete von über 60.000 Lire und manche kommen sogar auf 110.000 Lire; von den 2.300 Betten kommen gerade einmal 900 aus öffentlicher Hand.«[117]

Die Behörden wurden von den Ereignissen überrascht und warteten erstmals ab, sogar rechte Tageszeitungen begannen daraufhin, von einzelnen Schicksalen prekärer StudentInnen zu berichten. Damit gewann das Hotel rasch an Popularität und wurde so zum größten Hausprojekt seiner Art in Italien und vielleicht sogar in ganz Europa. Indem es nicht nur StudentInnen Zuflucht

117 Transl.: D. G. (Orig.: »A Milano ci sono 2.300 posti letto per più di 20.000 studenti fuorisede. Più di 1.800 hanno rette superiori alle 60.000 lire al mese ed arrivano fino a 110.000 lire; dei 2.300 posti letto solo 900 sono statali.«)

bot, sondern auch jungen ArbeiterInnen, wurde es zum Symbol dieses Schulterschlusses und gleichzeitig zum Ort der Erfahrung der Gemeinsamkeiten ihrer politischen und sozialen Lage.

Der Begriff des Arbeiter-Studenten und des Studenten-Arbeiters wurde geprägt, um diese Gemeinsamkeiten in einer geteilten kapitalistischen Welt ansprechen zu können. Die beiden Gruppierungen treffen sich in der erzwungenen Kommodifizierung ihrer physischen und mentalen Kapazitäten durch das repressive Bildungs- und Schulungssystem. »Dies ist unser Haus der Studenten und Arbeiter [Casa dello studente e del lavoratore], Dolch im Herzen der kapitalistischen Stadt«, war auf den Mauern des Gebäudes zu lesen.

Doch auch hier blieb die Frage der Organisation unversöhnbar mit der scheinbaren Spontaneität der Bewegung in ihrer Suche nach Allgemeingültigkeit und der Ausweitung ihrer Kämpfe.[118] Die prekären auswärtigen StudentInnen ebenso wie die ArbeiterInnen blieben, trotz ihres Symbolcharakters, stets eine Minorität, und die Konfliktfrage nach dem Verhältnis von Masse und Avantgarde konnte unter dem Zugzwang einer studentischen Bewegung nicht offen angegangen werden. Im Juli 1969, als die Sommerferien bereits begonnen und vor allem die auswärtigen StudentInnen die Stadt verlassen hatten, wurde das Haus von der Polizei geräumt. *Ausbildung* und *Qualifikation* werden hier als der Ort der Begegnung zwischen Studierenden und Arbeitern gesehen, an deren Integration sich eine neue Theorie der wirtschaftlichen Entwicklung werde messen müssen. Auch der Begriff der Klassenzusammensetzung konnte auf die Studentenschaft angewandt werden. Alquati zum Bei-

118 Vgl. Giuseppe *Natale*, L'occupazione dell'ex Hotel Commercio a Milano (Quaderni Piacentini, Nr. 37, 1969) 109–114.

spiel schließt sich diesem Theoriestrang an, indem er die intellektuelle Tätigkeit der Studenten als Wissensarbeit definiert und damit das politische Subjekt des Operaismus um einige Bestimmungen erweitert. Vor allem auch die voranschreitende Tertiärisierung glaubte Alquati mit diesem Konnex zwischen Fabrik und Universität beschreiben zu können.

Inzwischen war jedoch eine neue Generation von Arbeitern herangewachsen, die sich nicht mehr mit der Tradition des antifaschistischen Widerstandes identifizierte und damit auch nicht mehr so freiwillig den Kollaborationismus von Partei und Gewerkschaften im Sinne der Rekonstruktion des Landes hinnehmen wollte. Auch wenn die PCI gegen die Mitte-links-Regierung opponierte, ihr eigenes Projekt blieb im Rahmen einer Strategie zur Entwicklung eines demokratischeren Kapitalismus unter Einbindung, klarerweise, der kommunistischen Partei sowie der Gewerkschaften. Die Forderungen blieben also gebunden an ein gerechteres Verhältnis von Produktivität und Lohn. Die neue Generation hingegen plädierte für eine Abkopplung des Lohns von der Produktivität, und auch wenn die Arbeiter zumeist eine Mitgliedschaft in der Gewerkschaft hatten, so machten sie sich keine allzu großen Hoffnungen mehr, dass sich diese ihre Lage wirklich verbessern würde. 1966 bei den Siemens-Werken in Mailand entstand dann das erste selbstverwaltete Streikkomitee; und auch wenn es nicht lange hielt, ebnete es den Weg für eine breitere Diskussion auch innerhalb der Avantgarde der Arbeiter und der Gewerkschaften für ein theoretisches Umschwenken zum Egalitarismus und Antiproduktivismus gegen den kapitalistischen Plan, der sogar von der PCI verfolgt werde.[119]

119 Vgl. I Cub: la classe operaia come soggetto. In: Nanni *Balestrini*, Primo *Moroni* (Hg.), L'orda d'oro (SugarCo Edizioni, Mailand 1988) 477–494.

Nach dem Wortlaut der Operaisten habe sich die politische Klassenzusammensetzung verändert, nachdem sich die technische Zusammensetzung in dem neuen Fabriksystem geändert habe; ohne dass dies jedoch von der Gewerkschaft berücksichtigt worden sei. Ein antiautoritärer Wind wehte von den Straßen in die Fabriken und stellte sich gegen die etablierte Ideologie der Meritokratie innerhalb der Fabrikhierarchie. Im Frühjahr 1968 wurden dann die CUBs (Comitati Unitari di Base[120]) nach dem Vorbild des selbstverwalteten Streikkomitees in Mailand und als Gegenentwurf zum hierarchischen Verhältnis von Arbeiter und Gewerkschaft gegründet. Zu einem der wichtigsten dieser Komitees zählt das CUB der Pirelli-Werke in Mailand, das ebenfalls im Frühjahr 1968 entstand. Das Durchschnittsalter der Arbeiter war unter dreißig, darunter gab es auch viele Arbeiter-Studenten. Die CUBs waren das erste Sprachrohr für diese neue Arbeiterschicht. Ihre Inhalte waren entsprechend: gegen den Kollaborationismus der Gewerkschaften und gegen die Bürokratie, aber auch für eine sehr schnelle Solidarisierung mit den Studentenprotesten, die zu der Zeit bereits an Fahrt aufnahmen. Hierzu Sergio Bologna:

> »Niemand von uns [Operaisten] beteiligte sich, direkt oder indirekt, an der Gründung des CUB Pirelli. Es [das Komitee] zeigte einen Wandel, da es wuchs, reifte und sich vollkommen im Inneren des Klassengedächtnisses entwickelte. Der Einfluss externer Gruppen, Ideologien, einzelner TheoretikerInnen und AktivistInnen schien inexistent.«[121]

120 Einheitliches Basis-Komitee (etwas frei übersetzt).

121 Sergio Bologna, Il '68 in Fabricca. In: Nanni *Balestrini*, Primo *Moroni*, L'orda D'oro: 1968–1977. La grande ondata revoluzionaria e creativa, politica ed esistenziale (SugarCo Edizioni, Mailand 1988) 512f. (Transl.:

Ziel der CUBs war es nicht, sich als Gegenkraft zum etablierten Gewerkschaftssystem zu positionieren, dennoch aber die Rolle der Gewerkschaften aufs Genaueste zu hinterfragen, so ist einer ihrer stärksten Kritikpunkte:

> »[die E]inführung der Gewerkschaftsorganisationen in den Plan [des Kapitals] und damit die Einhegung der Kämpfe entlang der gewerkschaftlichen Mittel und Instrumente. Die Gewerkschaften müssen tatsächlich immer mehr als Verwalter der Verträge dienen, müssen zuerst für Verhandlungen bereitstehen und erst im Nachhinein für den Kampf […]. Die C. I. [Comissione Interna] selbst muss der zentralen Gewerkschaft untergeordnet bleiben und diese wiederum muss aktiv in die Arbeitsplanung [*programmazione*] eingebunden werden. Kommissionen auf gleicher Stufe funktionieren im Moment überhaupt nicht und entpuppen sich eher als Mittel zur Erpressung der Arbeiter, weil sie nicht eingreifen können, es sei denn in ganz offensichtlichen Fällen des Missbrauchs, außerdem sind sie in den Händen der Geschäftsleitung, da die eine Hälfte aus dem Kader der Dirigenten besteht und die andere Hälfte (aber wir wissen, ob es immer möglich ist, einige Speichellecker [*qualche ruffiano*] zu kaufen) aus Repräsentanten der Arbeiter.«[122]

D. G.; Orig.: »Nessuno di noi contribuì in maniera diretta o indiretta alla fondazione del Cub Pirelli. Esso rappresentò una svolta in quanto crebbe, maturò e si sviluppò tutto all'interno della memoria di classe. L'influenza esterna di gruppi, ideologie, singoli teorici e attivisti sembra inesistente.«)

122 http://www.nelvento.net/archivio/68/autonomia/cubpirelli.htm (24. 6. 2017) (Text veröffentlicht von CUB Pirelli im Juni 1968; Transl.: D. G.; Orig.: »inserimento degli organismi sindacali all'interno di questo piano e quindi ingabbiamento delle lotte anche attraverso lo strumento sinda-

Die CUBs sahen den Streik als wichtigstes Instrument der Arbeiter, um Druck auf die Geschäftsleitung auszuüben. Anders als die Gewerkschaften wollten sie dieses Mittel jedoch nicht nur als Reaktion auf Provokationen der Führung einsetzen, sondern auch als Ausdruck des Kampfeswillens der Arbeiterschaft insgesamt, als Mittel also, um aktiv Veränderungen in der Fabrikorganisation durchzusetzen.

Die CUBs versuchten, motiviert durch die Studentenparolen von der strukturellen Einheit ihrer Kämpfe, das Netz zwischen Arbeiterprotesten und Studentenprotesten enger zu spannen, Kontakte zu knüpfen für die langfristige Koordination. Sie gingen dabei sogar noch weiter als die Movimento Studentesco (MS), die dennoch der Studentenschaft eine untergeordnete Rolle gegenüber den wahren Produzenten des Kapitals (den Arbeitern in den Fabriken) zusprachen. Die funktionelle Trennung dieser Kategorien werden zugunsten des gemeinsamen antikapitalistischen Kampfes aufgehoben, ihre gemeinsame Funktion sei die politische Arbeit.

»Eine weitere der wichtigsten neuen Aktionen [*fatti*], neben der Wiederaufnahme der Arbeiterkämpfe, ist der Kampf der StudentInnen, die sich für eine Solidarisierung mit den ArbeiterInnen zugänglich gezeigt haben, so wie sie sich be-

cale. I sindacati infatti devono sempre più funzionare oggettivamente da gestori dei contratti, devono essere disponibili prima alla trattativa e soltanto dopo alla lotta [...]. La C.I. stessa deve essere subordinata al sindacato centrale e questi essere inserito attivamente nella programmazione. Le Commissioni Paritetiche, che peraltro per ora non funzionano, risultano armi di ricatto antioperaio in quanto possono intervenire solo nei casi di sopruso evidente e sono, per lo più, in mano padronale in quanto la metà è formata da dirigenti e la metà [ma sappiamo che è sempre possibile comprare qualche ruffiano] da rappresentanti operai.«)

reits in vielen Bereichen vollzogen hat. Auch die StudentInnen haben verstanden, dass sie für die Lösung ihrer Probleme gegen die Führungselite kämpfen müssen, die die Gesellschaft und damit das Schulsystem beeinflusst. Auch die StudentInnen haben verstanden, dass nur durch einen harten antikapitalistischen Kampf die gegenwärtigen Umstände sich verändern lassen. Aber dies ist nicht das Einzige, was wir mit den StudentInnen gemeinsam haben. Auch die Tatsache, dass Themen, wie das Recht auf ein Studium für alle, auch die StudentInnen-ArbeiterInnen aller Fabriken interessieren, die sich die Schule nur unter der Geißel [*subendo*] der brutalen Ausbeutung in der Fabrik leisten können. […] Das Ziel der Einheit dieser Organisation mit den ArbeiterInnen der anderen Fabriken und den StudentInnen lässt sich nur im Kampf erreichen. Wiederaufnahme der Kämpfe bei Pirelli: Diese Parole der [CUB], die – auch in der Zusammenarbeit mit einer externen Gruppe von StudentInnen – versucht, die Kämpfe, die von Pirelli ausgehen, politisch und organisatorisch zu erhalten, sucht die unmittelbare Solidarisierung mit anderen Streikenden in Mailand und in Italien.«[123]

123 Ebd. (Transl.: D. G.; Orig.: »Un altro dei fatti nuovi importantissimi, accanto alla ripresa delle lotte operaie, è la lotta degli studenti, che si sono mostrati disponibili ad un collegamento effettivo con gli operai come si è già realizzato da molte parti. Anche gli studenti si sono resi conto che per risolvere i loro problemi devono lottare contro i padroni che determinano la società e quindi anche la scuola. Anche gli studenti si sono resi conto che solo con una dura lotta anticapitalista si potranno modificare le condizioni attuali. Ma non è solo questo che ci ha unito agli studenti. C'è il fatto che temi come quelli del diritto allo studio per tutti sono temi che interessano direttamente i lavoratori e i loro figli, che

Die CUBs hatten ihre Blütezeit während des Heißen Herbstes. Doch mangels einer wirklich radikalen Gegenposition zu den Gewerkschaften konnte ein allmähliches Abflauen des Enthusiasmus nicht verhindert werden. Bis 1973/74 werden die meisten CUBs wieder verschwunden sein. In dieser Zeit aber hatte die Identifikation der StudentInnen mit den ArbeiterInnen weitere Früchte getragen und mündete geradewegs in eine neue Verhandlungsrunde zwischen Industriellenvereinigung (Confindustria) und den Arbeitergewerkschaften im Herbst 1969, der später der »Heiße Herbst« genannt werden wird.

Marco Scavino zeigt in seinem Text, dass man den Aufschrei des Heißen Herbstes nicht allein auf die italienische Situation beziehen kann, sondern dass gegen Ende der 60er Jahre in sämtlichen industrialisierten Marktwirtschaften die Anzahl der Streiks in die Höhe stiegen:

> »Überall verzeichnete die Periode zwischen 1968 und 1971 die größten Aufkommen sozialer Konflikte in der zweiten Hälfte des 20. Jahrhunderts. Die Intensität der Mobilisierung und die Formen kollektiver Aktionen der Arbeiter variieren offensichtlich von einem Land zum anderen aufgrund der bestimmten gewerkschaftlichen und politischen Umstände, aber im Allgemeinen handelt es sich hier

interessano gli studenti-lavoratori di tutte le fabbriche che possono pagarsi la scuola solo subendo un violento sfruttamento in fabbrica. [...] L'obiettivo del collegamento con gli operai delle altre fabbriche e con gli studenti lo si può realizzare solo nella lotta. Riprendere la lotta alla Pirelli: questa la parola d'ordine del Comitato Unitario di Base che, anche con la collaborazione esterna di un gruppo di studenti, si impegna fin d'ora a sostenere politicamente ed organizzativamente le lotte che partiranno in Pirelli, cercando immediatamente di collegarle con gli altri scioperi a Milano e in Italia.«)

> um ein Phänomen mit vielen gemeinsamen Richtlinien: starke Spontaneität der Basis, ein gewisser Radikalismus in der Wahl des Wann und des Wie [*di tempi e delle modalità*] des Kampfes, ein Übergewicht an schlecht qualifizierten ArbeiterInnen […], das Aufscheinen neuer Formen der Repräsentation, die Fähigkeit, Entscheidungen und Verhalten der Gewerkschaftsführung zu beeinflussen; und damit auch ein neuer Einfluss auf die politische Sphäre.«[124]

Im Frühjahr 1969 flammten die Kämpfe bei Fiat wieder auf, da die nationalen Lohnverhandlungen, die alle drei Jahre stattfanden, in jenem Jahr in eine neue Runde gingen. Die Gewerkschaften besaßen fast keine Macht, sie waren der konzerneigenen (gelben) Gewerkschaft untergeordnet. Die Entscheidungen wurden von oben herab getätigt. Währenddessen versuchten FIOM, FIM und UILM eine Plattform für gemeinsame Forderungen aufzubauen.

Der Kampfzyklus war von den periodischen Lohnverhandlungen abhängig. Alle drei Jahre wurden die Lohnfragen zum

124 Marco Scavino, Mobilitazione dei lavoratori industriali in Italia nel biennio 1968–1969. In: Christoph Cornelißen et al. (Hg.), Il decennio rosso. Contestazione sociale e conflitto politico in Germania e in Italia negli anni Sessanta e Settanta (Il Mulino, Bologna 2012) 147. (Transl.: D. G.; Orig.: »Ovunque il periode tra il 1968 e il 1971 fece registrare i più alti tassi di conflittualità sociale della seconda metà del secolo. L'intensità delle mobilitazioni e le forme di azione collettiva di lavoratori variarono, ovviamente, da un paese all'altro, a seconde delle condizioni sindacali e politiche, ma in generale si trattò di un fenomeno con larghi tratti comuni: la forte spontaneità dall basso, un certo radicalismo nella scelta di tempi e delle modalità di lotta, il peso preponderante die settori meno qualificati della classe operaia […], l'emergere di nuove forme di rappresentanza, la capacità di condizionare scelte e comportamenti delle dirigenze sindacali; e in questo modo di influire anche sulla sfera politica.«)

Mittelpunkt der Aushandlungen zwischen Confindustria und Gewerkschaften. Daher konnte man sich bereits auf die Streiks vorbereiten, eine Reserve anlegen, um den drohenden Verlust der Produktion auszugleichen. Doch auch die Confindustria verlor das Vertrauen in die Gewerkschaften, denen es immer weniger gelingt, die Arbeiterschaft hinter sich zu versammeln. »Wilde« Proteste (ohne Absprache mit der Gewerkschaftsführung) schienen zur Norm zu werden. Darüber hinaus entstanden Proteste gegen exakt diese Periodisierung der Lohnkämpfe.

Bereits am 3. Juli organisierte die Versammlung der Arbeiter-Studenten in Turin eine Demonstration, um die Fabrikkämpfe mit der Bewegung für die Autoreduktion der Mieten zu verbinden. Die Polizei griff ein, es kam zur Auseinandersetzung am Corso Traiano. Schnell gesellten sich nicht nur Arbeiter und Studenten, sondern auch noch Anwohner der Nachbarschaft hinzu. In weiterer Folge breiteten sich die Kämpfe in andere Teile der Stadt aus. Die Polizei, überrascht von der breiten Solidaritätsbekundung mit den Demonstranten, musste sich zurückziehen. Dieser Auftakt präsentiert sich als Vorbote, der bereits auf die kommenden Lohnverhandlungen im Herbst verweist.

Im September (direkt nach der Sommerpause) begann dann auch die »wilde« Streikwelle. Sie nahm am 1. September ihren Anfang im Atelier 32 bei Fiat, der Streik dauerte aber nur zwischen vier und sechs Stunden. Die Geschäftsführung wollte ein Exempel statuieren und suspendierte am folgenden Tag 7.400 Arbeiter mit der Begründung, dass diese wegen Untätigkeit des Ateliers 32 nicht mehr gebraucht würden.[125] Der Streik wurde also fortgeführt. Einen Tag später waren es bereits 20.000 sus-

125 Vgl. Paolo *Virno*, Il lavoro non rende liberi. In: Ballestrini u. a. (Hg.) L'Orda d'oro, 543f.

pendierte Arbeiter, daraufhin 30.000, dann sogar 40.000. Am 5. September schließlich nahm das Atelier die Arbeit wieder auf, prompt wurden die Suspendierungen wieder aufgehoben. Noch war jedoch unklar, wer diese Auseinandersetzung nun eigentlich gewonnen habe. Dasselbe trug sich bei Pirelli zu, doch mit anderem Ausgang. Auf einen Streik von 24 Stunden am 2. September folgte die teilweise Schließung der Fabrik und die Suspendierung von 12.000 Arbeitern am 24. September. Die Arbeiterschaft blieb geschlossen und die gesamte Fabrik wurde blockiert, bis die Suspendierungen wieder aufgehoben wurden.

Die Confindustria ließ dann am 8. September die Lohnverhandlungen aufgrund des fehlenden Vertrauens in die Gewerkschaften aussetzen. Somit begannen auch die Gewerkschaften mit der Organisation von Streiks und Aufmärschen. Der offizielle Beginn des Heißen Herbstes wird auf den 11. September datiert, mit riesigen Protestzügen in sämtlichen großen Städten des Landes.

Der restliche September, der Oktober und November waren gezeichnet von etlichen Streiks in allen Teilen Italiens, in denen die Polizei immer weniger Herr der Lage werden konnte, angesichts der zum Teil spontanen Selbstorganisation der AktivistInnen. Dies merkten auch die linken Gruppierungen, die vermuteten, dass die Arbeiterschaft nach einer Unterzeichnung der Verträge wieder zum Alltag zurückkehren würde. Deshalb trachteten sie danach, eine frühzeitige Unterzeichnung der Verträge zu verhindern. Unterdessen versuchte Donat Cattin, der Minister für Arbeit, verzweifelt, die Verhandlungspartner wieder an einen Tisch zu bringen.

Die Frage nach der Form des Protests wurde in dieser Zeit fast wichtiger als die Frage nach den Forderungen. Denn auf der Suche nach eigenen Protestmöglichkeiten wollte man sich nicht auf die althergebrachten, von den etablierten Gewerkschaften mitgetragenen Protestformen stützen. Denn dieser Protest sollte sich letzten Endes auch gegen die selbsternannten Arbeitervertretungen richten. Die Streiks wurden daher mehr und mehr ohne Zutun und Zustimmung der Gewerkschaften ausgeführt. Dies wiederum brachte die Gewerkschaften dazu, nach links mitzuwandern, da sie sonst ihre Legitimation nur noch weiter verlieren würden. Der Großteil der Arbeiterforderungen wurde also in den Forderungskatalog der Gewerkschaften aufgenommen.

Am 26. November – nach der Veröffentlichung einer Aus-
gabe mit dem Titel: »Si alla violenza operaia« (Ja zur Gewalt der Arbeiter), wurde der Chefredakteur der Zeitschrift *Potere Operaio*, Francesco Tolin, verhaftet und in den folgenden Tagen mehr als 100 weitere Personen. Die Anklage lautete: »Aufruf zum Ungehorsam gegenüber der Staatsmacht«. Am gleichen Tag wurde die Gruppe *Il Manifesto* aus den Parteireihen der PCI ausgeschlossen. Währenddessen gingen die Verhandlungen schleppend weiter. Anfang Dezember gab es erste Einigungen zwischen Gewerkschaften und Geschäftsleitungen; doch wurden diese Erfolgsmeldungen von den Ereignissen am Piazza Fontana in Mailand vom 12. Dezember überschattet. Am Nachmittag explodierte eine Bombe in der Nationalbank für Landwirtschaft (Banca Nazionale dell'Agricoltura); es starben 17 Menschen, 88 wurden zum Teil schwer verletzt. Zur gleichen Zeit explodierten in Rom drei weitere Sprengsätze, die jedoch wie durch ein Wunder keine Opfer forderten.

Sofort wurden die Streiks vonseiten der Gewerkschaften unterbunden. Man bezichtigte anarchistische Gruppierungen, an den Terroranschlägen schuld zu sein. Erst Jahre später sollte aufgeklärt werden, dass eine rechtsextreme Gruppierung, *Or-*

dine Nuovo, den Anschlag unter Beteiligung staatlicher Behörden verübt hatte. Dies wurde jedoch erst aufgedeckt, nachdem sich die Bewegung längst wieder aufgelöst hatte. Den Ermittlungen wurden unterdessen von behördlicher Seite unzählige Steine in den Weg gelegt.

Dabei war dies noch nicht einmal der erste dieser abscheulichen Terroranschläge. Bereits am 25. April 1969 explodierten zwei Bomben in Mailand. Und am 12. Mai explodierten gleich drei Sprengkörper, zwei in Rom und einer in Turin. Es ist dies der Anfang der in Italien sogenannten »Strategie der Spannung«.

Trotz oder gerade aufgrund der schnellen Bezichtigung linker und anarchistischer Gruppen wurde im linken Feuilleton schnell von einer rechtsextremistischen Anschlagsserie gesprochen. Die Anarchisten Braschi, Faccioli, Della Savia, Norscia und Mozzanti wurden der Anschläge bezichtigt, ohne dass es auch nur den geringsten Beweis für die Anklage gegeben hätte.[126] Auch der anarchistische Poet Pietro Valpreda wurde ohne stichfeste Beweise zu einer Gefängnisstrafe verurteilt. Ein weiterer Anarchist, Giuseppe »Pino« Pinelli wurde von der Polizei verhaftet und stürzte während des Verhörs aus dem Fenster des Polizeipräsidiums. Die Frage, ob es Mord oder Selbstmord war, blieb offen. Von behördlicher Seite wurde es als Selbstmord dargestellt, bei dem die Polizisten noch versuchten, ihn davon abzuhalten, dennoch wurden auch hier die Ermittlungen behindert, was ein gewisses Indiz für die Mitschuld der Behörden darstellt. Unterdessen konnten sich die Gewerkschaften jedoch auf einen Etappensieg freuen; am 21. Dezember wurden die neuen Verträge der Metallarbeiter unterzeichnet, die in weiterer Folge für sämtliche Arbeitsverträge des Landes Schule machen sollten.

126 vgl. Luca *Mori*, La Sinistra extraparlamentare, 61.

Am 20. März 1970 wurde ein neues Arbeitsgesetz zur Etablierung von Rechten für die Arbeiter gegenüber der Geschäftsleitung nach dem Vorbild des Vertrages der Metallarbeiter vom Parlament verabschiedet. Gleicher Lohn für gleiche Arbeit, Meinungsfreiheit und Versammlungsrecht innerhalb der Fabrik, Recht auf Urlaub, Recht auf Streik, Recht auf Krankenversicherung. Und dennoch signalisierte der Heiße Herbst den Anfang vom Ende der kulturellen Vorherrschaft der Arbeiterklasse.

Damit hatten die linken Gruppierungen leider recht behalten: Mit der Unterzeichnung der Verträge konnte wieder zum gewohnten Arbeitsalltag zurückgekehrt werden, die Zeit der spontanen Selbstorganisation der Arbeiter wurde dadurch zu einem vorzeitigen Ende gebracht. Dennoch wird der Heiße Herbst als einer der intensivsten Mobilisierungsphasen des antikapitalistischen Kampfes in die Geschichte eingehen. Während der französische Generalstreik im Mai 1968 gerade einmal 13 Tage dauern sollte, führte die Streikwelle in Italien innerhalb der zwei Jahre, zwischen 1968 und 1969, zu einer kompletten Stagnation der Produktivität. 1969 allein gingen über 300 Millionen Arbeitsstunden verloren, 230 Millionen davon in der Industrie. Damit kam ein entscheidender Kampfzyklus in der Geschichte des Klassenkampfes zum Erliegen, und die linken Gruppierungen, die aus diesem Zyklus hervorgegangen waren, versuchten verzweifelt, an diese Phase der Mobilisierung anzuknüpfen. Und trotzdem konnte ein stetiger Abbau der linksorientierten Gruppierungen und Organisationen nicht verhindert werden. Die meisten Gruppen, sowie die CUBs, werden bis Ende 1973 verschwunden sein, so als bereitete sich die gesamte italienische Bevölkerung bereits auf das konservative Umschwenken vor, das die Innenpolitik sämtlicher westlicher Länder im kommenden Jahrzehnt heimsuchen wird.

Die Erbschaft des Operaismus

Der Zyklus 1968–1969 hat eine große Anzahl von linken Zeitschriften hervorgebracht, mit einer Unzahl von Ausrichtungen: operaistisch, marxistisch-leninistisch, maoistisch, trotzkistisch, guevaristisch, situationistisch etc. Im Juli 1969 formierte sich ein Nationalkongress zur Koordinierung des Kampfes, der von der Zeitschrift *La Classe* organisiert wurde und dem ein Großteil der außerparlamentarischen Linken beiwohnte. Vor allem im Hinblick auf den vergangenen landesweiten Studentenprotest und auch auf die bevorstehenden Lohnverhandlung im September wollte man eine gemeinsame Ausrichtung finden, mit der ein vereinter Kampf gegen die herrschende Klasse auf den Weg gebracht werden könnte. Dieser Anspruch konnte jedoch nicht eingehalten werden, der Kongress wurde zu einem Fehlschlag. Doch auch durch verhärtete Fronten innerhalb der außerparlamentarischen Linken kam es zu einer Verschiebung der Perspektive und es entstanden einige neue Gruppierung, Fusionen oder Spaltungen. Wir wollen uns hier auf die operaistisch ausgerichteten Zeitschriften konzentrieren, die in dieser Zeit, also kurz vor der Phase des Heißen Herbstes, entstanden sind.

Nach dem Ende von *Classe Operaia* gab es zunächst eine große Gruppe, die im Zuge der Studentenproteste 1967 deren Nachfolge angetreten ist, *Il Potere Operaio Pisano* (nicht zu verwechseln mit der späteren Gruppe um die Zeitschrift *Potere Operaio*, von der weiter unten die Rede sein wird). Mit ihrer theoretischen Haltung zu den Studentenprotesten machten sie ihre Nähe zum operaistischen Gedankengut deutlich.

Ausgehend von der Spontaneität der Arbeiterschaft wollten sie einen politischen Diskurs zur Entwicklung des kommunistischen Klassenbewusstseins ins Leben rufen. Neben Belangen der Studenten richteten sich ihre Bemühungen vor allem auf Lohnfragen und Lohnkämpfe und insbesondere auf das Zusammenbringen disparater Segmente der Gesellschaft. Ihre Hauptakteure waren Luciano Della Mea, Romano Luperini, Gian Mario Cazzaniga, Vittorio Campione und Adriano Sofri. Während der Arbeiter die theoretische Speerspitze blieb, versuchte die Zeitschrift auch, verschiedene politische Akteure – so zum Beispiel die Studenten – ins Spiel zu bringen und dabei auch die Lebens- und Ausbeutungsverhältnisse außerhalb der Fabrik zu durchleuchten.

Il Potere Operaio Pisano tendierte zur Berufung auf eine Avantgarde, welche die Massen mit einem entsprechenden Bewusstsein versorgen könne, und nach dem französischen Mai 68 verstärkte sich der Ruf nach der Gründung einer eigenen Partei. Dennoch wurde der Streit über die genaue Form der politischen Organisation zum Anlass von Spaltungen. Della Mea und Luperini gründeten die *Lega dei Comunisti*, Cazzaniga und Campione gründeten das *Centro Karl Marx*. Sofri blieb unangefochtener Führer der Gruppe *Il Potere Operaio Pisano*; die letzte Ausgabe der Zeitschrift erschien jedoch schon am 7. Juni 1969. Die Gruppe ging allerdings mehr oder weniger einheitlich in die Gruppe *Lotta Continua* über, welche ihre Publikation im November desselben Jahres begann. Die selbstgestellte Aufgabe von Lotta Continua war die Frage nach der Organisation, nicht nur innerhalb der Fabrik, sondern auch der Connex Arbeiter-Student oder die Verbindung von Fabrik und Wohnraum etc. Die prinzipielle Bedingung des Kommunismus sei die Transformation der sozialen Welt und das kollektive Agieren im Sinne der Massen. Es gebe keine gerechte Politik unabhängig von der Stoßkraft der Massenbewegungen und noch weniger gebe es eine für alle Zeit richtige Organisationsform.[127]

»[…] Was klar wurde, ist, dass die traditionellen Organisationen die Interessen der Klasse hintergehen konnten, allein weil sie sich in Bewegung setzten, um die direkte Initiative der Massen zu unterbinden […]. Also muss die neue Organisation in erster Linie garantieren: dass sich kein Machtmechanismus reproduziert, der auf Trägheit und Passivität basiert, sondern zur maximalen kollektiven Disziplin und Solidarität und zur maximalen Emanzipation der Ausgebeuteten auffordert […]. Aber nicht alle Ausgebeuteten besitzen denselben Grad an Bewusstsein […]. Eine Minderheit, die aktiver und erprobter in den Kämpfen der Massen ist, die besser die Forderungen auszudrücken und ihre Kraft zu bündeln vermag, und bereit ist, ihre Verpflichtung auch über die partikulare Situation des Kampfes hinaus wahrzunehmen, aus der sie sich formiert hat […]. Diese Minderheit, welche die interne Avantgarde in den Kämpfen der verschiedenen Klassen untereinander bildet, muss sich mit allen anderen Avantgarden zusammenschließen, sich organisieren […]. Es existiert keine ›Theorie der Revolution‹ des Proletariats in definitiver Form ein für alle Mal. Keine revolutionäre Strategie kann ›erfunden‹ werden oder außerhalb der praktischen und technischen Erfahrungen der vergangenen und gegenwärtigen Geschichte der revolutionären Bewegung existieren […]. Die Antwort auf die Frage der Organisation besteht immer in der Beziehung zwischen dem Ausweiten der Klassen-

127 Vgl. Luca *Mori*, Sinistra extraparlamentare, 69.

kämpfe und seiner politischen Richtung. Es existiert keine ›gerechte Linie‹ unabhängig von den Kräften der Massenbewegungen […]. Wenn dies wahr ist, wenn die Organisation keine Etappe, sondern selbst ein Prozess ist, dann gibt es keinen determinierten Moment, in dem die Organisation erworben wird, in der die organisierte Avantgarde sich herauskristallisiert, sich loslöst von den Massenbewegungen, um ihre eigene interne (und unausweichlich bürokratische) Logik derjenigen des proletarischen Kampfes voranzustellen. Wenn Partei diese Art des Herauskristallisierens bedeutet, dann sind wir gegen die Partei. […].«[128]

128 Lotta Continua Nr. 2 (29. November 1969). (Transl.: D. G.; Orig.: »[…] Quello che diventa chiaro è che le organizzazioni tradizionali hanno potuto tradire gli interessi della classe solo perchè sono riuscite a spegnere l'iniziativa diretta delle masse […]. Allora la nuova organizzazione deve garantire in primo luogo questo: che non si riproduca un meccanismo di potere fondato sul'inerzia e sulla passività, ma si solleciti nel massimo di disciplina collettiva e di solidarietà il massimo di emancipazione reale degli sfruttati […]. Ma non tutti gli sfruttati hanno lo stesso grado di coscienza […]. Una minoranza, che è più attiva e combattiva nella lotta di massa, che sa meglio esprimere le esigenze e indirizzarne la forza, è già disposta a esercitare il suo impegno anche al di fuori della situazione particolare di lotta nella quale si è formata […]. Questa minoranza, che costituisce l'avanguardia interna alle lotte nello scontro di classe complessivo ha bisogno di collegarsi con tutte le altre avanguardie, di organizzarsi […]. Non esiste una »teoria della rivoluzione« proletaria definita una volta per sempre. Nessuna strategia rivoluzionaria può essere »inventata«, può fare a meno dell'esperienza pratica e tecnica della storia passata e presente del movimento rivoluzionario […]. La risposta alla questione dell'organizzazione consiste sempre nel rapporto tra la crescita della lotta di classe complessiva e la sua direzione politica. Non esiste una linea politica »giusta«, indipendentemente dalla forza del movimento di massa […]. Se questo è vero, se l'organizzazione non è una

In dieser Rhetorik des Klassenbewusstseins schwingt mit, dass sich aufgrund unterschiedlicher Grade des Klassenbewusstseins notwendigerweise eine Avantgarde aus dem Inneren der politisierten Massen herausbilden muss/sollte, die dabei aber gleichzeitig bereit sein muss/sollte, die Kämpfe über die eigenen partikularen Forderungen hinauszutreiben. Bei dieser Elite handelt es sich nun um die Organisatoren der Kämpfe, die sich mit anderen Avantgarden zusammenschließen, um eine geordnete Front zu bilden. Hier ist das Feld und die Aufgabe der eigenen Redaktion der Zeitschrift bereits bestens skizziert. Die

Zeitschrift bemüht sich um die Koordinierung der partikularen Kämpfe und der Aktivisten untereinander. Sie schickt sich an, eine politische Funktion wahrzunehmen, die von den politischen Parteien außen vor gelassen wird, weil diese niemals mit der Frage nach der Organisation innerhalb konkreter Massenbewegungen konfrontiert worden sind. Die Zeitschrift plädiert damit für einen gesteigerten Mut zur Selbstorganisation innerhalb der Kämpfe und der verschiedenen Kämpfe untereinander. Sie bringt hierbei eine grundsätzliche Antipathie dem Parteienstaat gegenüber zum Ausdruck. Sie ist mit ihrer Einstellung vor allem im Norden Italiens und teilweise auch im Zentrum durch eine starke Leserschaft vertreten.

Mit den Ereignissen des 12. Dezember 1969 machte die Gruppe kurzen Prozess: Das Attentat ging vom Staat aus, Val-

tappa, ma un processo essa stessa, allora non esiste mai un momento determinato in cui l'organizzazione è acquisita, in cui l'avanguardia organizzata si cristallizza, si distacca dal movimento delle masse, rischiando di anteporre una sua logica interna – e inevitabilmente burocratica – a quella della lotta proletaria. Se il partito significa questa cristallizzazione, siamo contro il partito […].«) Zit. in: http://www.misteriditalia.it/il68/fine-nascita/lotta-continua/lottacontinua.pdf.

preda ist unschuldig und Pinelli wurde ermordet. Die Zeitschrift wird in weiterer Folge die behördlichen Untersuchungen über das Attentat ins Lächerliche ziehen:

> »[D]ie Bomben von Mailand [...] haben einen reichen Querschnitt des Machtgewebes in der italienischen Gesellschaft darüber eröffnet, woraus die Institutionen und Menschen gemacht sind. Nicht in Bezug auf die Enthüllung der feigen Verwendung des Attentats vonseiten der herrschenden Klasse, die nicht wirklich mehr eine Enthüllung ist, sondern von der Art, wodurch solche Begebenheiten aller institutionellen Komponenten dieser Gesellschaft bemessen und enttarnt werden, vom Präsidenten der Republik bis zur Partei, von der Polizei bis zum Richteramt, von den Journalisten bis zum Unterholz der Spione, den Provokateuren, den Geheimagenten, den Faschisten, den Folterern.«[129]

Dabei denunzierten sie den Chef der Ermittlungen, Kommissar Calabresi, warfen ihm Inkompetenz und Vertuschung vor. Als dieser 1972 selbst einem anonymen Attentat zum Opfer fiel, wurden ohne Verzug die Beteiligten der Zeitschrift ins Visier genommen, so z. B. Sofri, Bompressi und Pietrostefani.

129 Lotta Continua. Zit. in: Communismo (Nr. 1/Herbst 1970) 41. (Transl.: D. G.; Orig.: »[L]e bombe di Milano [...] hanno offerto uno spaccato ricchissimo della trama di potere nella società italiana, di che istituzioni e di che uomini è fatta. Non per la scoperta dell'uso vigliacco dell'assassinio da parte della classe dominante, che non è una scoperta per nessuno, ma per il modo in cui su questo episodio si sono misurate e smascherate tutte le componenti istituzionali di quella società, dal presidente della repubblica ai partiti, dalla polizia alla magistratura, dai giornalisti al sottobosco delle spie, dei provocatori, degli agenti segreti, dei fascisti, degli aguzzini ufficiali.«)

Im Sommer 1970 wurde mit ihrem ersten selbstorganisierten Nationalkonvent die Richtung der Zeitschrift vorgegeben: »Prendiamo la città« (Nehmen wir uns die Stadt), was heißen soll, man wollte die Proletarier, ausgehend von ihren fundamentalen Bedürfnissen, zu einer gemeinsamen Kraft vereinen, sie von ihrer Isolation und von den Fesseln ihrer Misere befreien. Dies beinhaltete Interventionen in Fabriken, im Wohnbereich, auf den Universitäten, in den Gefängnissen, in der Familie etc. Dabei bezog sich der Slogan vor allem auf ein Ende der individuellen Kämpfe, des Zusammenschlusses und damit einhergehend einer konsequenten Analyse der Klassenzusammensetzung und des Ausbeutungsverhältnisses.

1972 wurde aus der Zeitschrift eine Tageszeitung und mit diesem Wandel begann auch eine Zeit der Selbstkritik. Vor allem das eigene Verhältnis zur PCI, die trotz aller Kritik ein Referenzpunkt für die proletarische Masse blieb, sollte durchleuchtet werden. Es zeigten sich auch erste Versuche, den eigenen Sprung in den Parteienstatus zu wagen. So entstand eine Phase der Expansion, jedoch mit 1975 wird die Zeitschrift an ihrem Zenit angekommen sein. Ein letztes Aufleben erfährt sie noch mit der Bewegung von 1977, danach wird sie bis zu ihrer Einstellung 1982 jedoch einen konstanten Rückgang der Leser- und Auflagenzahlen auf sich nehmen müssen.

Die zweite Zeitschrift im operaistischen Fahrwasser war *Potere Operaio*, die ihre erste Ausgabe am 18. September 1969 veröffentlichte. Neben Francesco Tolin als Chefredakteur gehörten der Zeitschrift noch andere namhaften Köpfe an, wie zum Beispiel Toni Negri, Oreste Scalzone, Franco Piperno, Emilio Vesce. Die meisten Aktivisten der Zeitschrift kamen aus der Studentenbewegung und machten den Schritt zur *PotOp* über die Zeitschrift *La Classe*. Diese formierte sich nach dem fehlgeschlagenen Kongress im Juli desselben Jahres und machte sich zunächst vor allem daran, ihren Bruch mit *La Classe* öffentlich auszutragen. *PotOp* fand ihre stärkste Leserschaft in Rom und Veneto. Ihr Ziel war es, nicht nur die Avantgarden zu koordinieren und über den Stand der Kämpfe zu informieren, sondern vor allem auch vom Arbeiterstandpunkt aus zu theoretisieren, was hieß, dass die Studentenbewegung wieder zu einer untergeordneten Komponente im Klassenkampf gemacht werden sollte. Das Hauptaugenmerk lag dabei jedoch nicht im Status »Arbeiter«, sondern in der Position im Produktionsprozess, insofern bestand für *PotOp* kein Unterschied zwischen Fabrikarbeiter und Landarbeiter, da sie beide Teil und Ausgebeutete des kapitalistischen Produktionsprozesses seien.

> »[Es] wird klar gesagt, dass es einen Sprung gibt zwischen dem Diskurs, der von La Classe vorangetrieben wurde, und dem, was von Potere Operaio aufgestellt wurde. Es ist kein Sprung ins Abstrakte [*salto determinato in astratto*], sondern vom Niveau der Kämpfe provoziert und in erster Linie von der Notwendigkeit der Organisation [...]. Sagen wir es klar und deutlich: Agnelli hat die Grenzen der kontinuierlichen Kämpfe [*lotta continua*], der Blockierung der Produktion, enthüllt. Obwohl diese Aussicht sie dermaßen terrorisiert, dass sie den Kopf zu verlieren drohen [...], ist es also notwendig, über die Verwaltung der Kämpfe in der Fabrik hinauszugehen, über die Organisation der Autonomie hinaus, um eine Richtung der Arbeiterschaft über den immanenten, den gegenwärtigen und den zukünftigen Zyklus der sozialen Kämpfe hinaus vorzugeben. Die simple Koordinierung genügt nicht mehr, die Vereinheitlichung der Ziele ist nicht mehr ausreichend [...]. Was

bedeutet Arbeiter-Führung [*direzione operaia*] in diesem Zyklus der Kämpfe? Sie bedeutet vor allem, die Hegemonie der Arbeiterkämpfe gegenüber den Kämpfen der proletarischen Studenten in actu zu sichern. Das Ende der Autonomie der Studentenbewegung als einer bestimmten Organisation mit verschiedenen Tendenzen (operaistisch, marxistisch-leninistisch, anarchistisch) wurde durch die Erfahrung der permanenten Versammlung der Arbeiter-Studenten in Turin eingeleitet [...]. Es ist sogar überflüssig zu sagen, dass Potere Operaio es ablehnt, sich als Organ der aktuellen und auch noch der zukünftigen Arbeiter-Studenten-Versammlungen anzubieten, sowohl aufgrund der Absurdität als auch der Fehlerhaftigkeit eines Projekts dieses Typs. Der Streit um die Linie für den Aufbau einer Arbeiter-Führung des Kampfzyklus ist eine andere Sache. Dies verlangt vor allem einen Austragungsort [*sede*] und einen Bereich der Intervention der Arbeiter-Kader, die sich nicht auf die Organisation der Kämpfe in den Fabriken beschränken: Aber dies ist sicherlich keine Theorie der Kader, die eine politische Führung wird garantieren können.

Es ist das Problem des Verhältnisses zwischen Autonomie und Organisation und der Rolle der Avantgarde der Klasse, dies ist das komplexe Verhältnis, welche die Arbeiterkämpfe mit den Kämpfen der Bevölkerung im Allgemeinen verknüpft, wenn diese aufeinander treffen [...]

Die Organisation der Verweigerung der Arbeit [ist] eine politische Organisation der Arbeiter [...] gestern war das Problem jenes des kontinuierlichen Kampfes [*lotta continua*], heute ist das Problem das des kontinuierlichen und des organisierten Kampfes [...].

Warum also Potere Operaio? Sicher nicht, um eine Parole [*parola d'ordine*] oder ein Kennwort der Minderheitsgruppen der sechziger Jahre aufzulesen. Im Gegenteil. *Potere Operaio*, um die Dynamik der Massen-Kämpfe der Arbeiterklasse der sechziger Jahre zu bündeln, um diesen formidablen Schub zur Organisation der Arbeiterschaft im Gesamten zu erreichen: der Kampf der Massen für die subjektive Organisierung, Planung, Leitung, Lenkung der Kämpfe der Arbeitermassen […].
Der Drang der Arbeiter zur Leitung, der revolutionären Konfrontation mit der kapitalistischen Organisation der Arbeit, ist schließlich der Schlussstein, um unsere Übernahme des Schreis ›Potere Operaio‹ [Macht der Arbeiter] zu interpretieren: als effektive Konstruktion der politischen Führung innerhalb des Klassenkampfes durch die Massenkämpfe hindurch, der Arbeiterorganisation der Revolution.«[130]

130 Potere Operaio (Nr. 1/18. September 1969). (Transl.: D. G.; Orig.: »[…] va detto chiaramente che esiste un salto dal discorso portato avanti con La Classe a quello che si intende impostare con Potere operaio. Non è un salto determinato in astratto, ma provocato dal livello delle lotte e in primo luogo dalle urgenze d'organizzazione […]. Diciamolo chiaramente: Agnelli ha scoperto i limiti della lotta continua, del blocco della produzione. Benché questa prospettiva lo terrorizzi al punto di fargli perdere la testa […] è necessario quindi andare oltre la gestione operaia della lotta di fabbrica, oltre l'organizzazione dell'autonomia, per impostare una direzione operaia sull'imminente, sul presente e sul futuro ciclo di lotte sociali.
Il semplice coordinamento non basta più, l'unificazione degli obiettivi non è più sufficiente […]. Che significa direzione operaia su questo ciclo di lotte? Significa innanzitutto assicurare nei fatti l'egemonia della lotta operaia sulla lotta studentescae proletaria. La fine dell'autonomia

Wollte *Lotta Continua* also ihren politischen Ausgangspunkt von der Spontaneität und Selbstorganisation der Arbeiter und Studenten abhängig machen, so plante *Potere Operaio*, die ver-

del movimento studentesco, come organizzazione specifica articolata in varie tendenze [operaista, m-l, anarchica] è stata decretata proprio dall'esperienza torinese dell'assemblea permanente operai-studenti [...]. E' perfino superfluo dire che Potere operaio rifiuta di presentarsi come organo delle presenti o ancor più future assemblee operai-studenti, sia per l'assurdità che per la scorrettezza di un progetto di questo tipo. La battaglia di linea per la creazione di una direzione operaia del ciclo di lotte è un'altra cosa. Innanzi tutto richiede una sede e un raggio d'intervento dei quadri operai che non sia limitato all'organizzazione della lotta in fabbrica: ma non è certo una teoria dei quadri che può garantire una direzione politica.

E' il problema del rapporto tra autonomia e organizzazione, e il ruolo delle avanguardie di classe, è il complesso rapporto che lega lotte operaie e lotte di popolo in generale, che va affrontato [...].
Organizzazione del rifiuto del lavoro, organizzazione politica operaia [...] ieri il problema era quello della lotta continua, oggi il problema è quello della lotta continua e del la lotta organizzata [...].
Perché allora Potere operaio? Non certo per raccogliere una parola d'ordine o una denominazione dei gruppi minoritari degli anni Sessanta. Al contrario. Potere operaio per cogliere la dinamica della lotta di massa di classe operaia degli anni Sessanta, per conquistare questa formidabile spinta all'organizzazione operaia complessiva; la lotta di massa per l'organizzazione soggettiva, per pianificare, guidare, dirigere le lotte operaie di massa [...].
L'urgenza operaia della direzione dello scontro rivoluzionario contro l'organizzazione capitalistica del lavoro è quindi la chiave di volta per interpretare la nostra assunzione del grido Potere operaio: come costruzione effettiva dentro la lotta di classe, attraverso la lotta di massa, della direzione politica, della organizzazione operaia della rivoluzione.«). Zit. in: http://www.misteriditalia.it/il68/fine-nascita/potere-operaio/Potereoperaio.pdf.

gangenen Kämpfe eher außer Acht lassend, eine mögliche revolutionäre Organisationsstruktur für zukünftige Kämpfe. Dabei verschrieb sie sich zunächst ganz dem Grundsatz der »Verweigerung der Arbeit«[131], in dem Glauben, der Slogan biete eine Möglichkeit der Vereinigung der Proteste in den verschiedenen kapitalistischen Ländern. Es sollte sich um eine Formverschiebung der Kämpfe hin zur Zerstörung des kapitalistischen Arbeitsverhältnisses handeln, welche in weiterer Folge, und streng nach operaistischem Gedankengut, die kapitalistische Entwicklung als solche zum Erliegen bringen würde. Und insofern das Kapital von seiner Entwicklung abhänge, werde der Kapitalismus damit in seiner Existenz selbst angegriffen. Damit unterscheidet sich die Ausrichtung der Zeitschrift von der anderer Zeitschriften und Gruppierungen, und es fällt den Verantwortlichen nicht schwer, dies die anderen auch spüren zu lassen. Einzig *Lotta Continua* scheint – als zweite operaistische Zeitschrift – noch einigen Respekt zu verdienen. Gegenüber den anderen gefällt sich *PotOp* ganz in seinem Sektierertum. Vor allem mit der marxistisch-leninistischen Zeitschrift *Il Manifesto* liefert sie sich einen offenen Schlagabtausch. Hauptstreitpunkt dabei ist vor allem die Fetischisierung der Arbeit bei den Marxisten-Leninisten gegenüber der Fetischisierung ihrer Verweigerung bei der Operaisten. Einer der großen Unterschiede zwischen *Lotta Continu*a und *Potere Operaio* war die Bereitschaft zum Dialog mit den Gewerkschaften und Geschäftsleitungen seitens *Lotta Continua*, während *Potere Operaio* jedwede Zusammenarbeit mit diesen Organen kategorisch ablehnte. Beim Problem Masse-Avantgarden bleibt *Potere Ope-*

131 vgl. Luca *Mori*, La Sinistra extraparlamentare. In: *Balestrini* u. a., L'orda d'oro, 85.

raio jedoch, nach dem Vorbild Trontis, leninistisch orientiert. Ihrer Ansicht nach beziehe sich die Frage nach der Taktik auf die Klasse, die Frage nach der Strategie auf die Partei. Das politische Bewusstsein müsse von außen kommen, da das Ausbeutungsverhältnis innerhalb dieses Verhältnisses nicht so gut durchschaut werden könne. Die Taktik entspreche dem Organisationsgrad und nur dieser könne eine Revolution ermöglichen. Die Wissenschaft der Taktik sei die Wissenschaft der Revolution. Die Strategie der Klasse sei hierbei, wie bereits erwähnt, die sogenannte Verweigerung der Arbeit. Diese ermögliche die Gründung einer neuen Gesellschaft auf einer anderen Basis als der des kapitalistischen Ausbeutungsverhältnisses. Erst im Anschluss daran könne eine Gesellschaft entsprechend der wirklichen Bedürfnisse der Menschen produzieren. Verweigerung der Arbeit ist zugleich Verweigerung des Kapitalismus wie des Sozialismus, insofern beide von der Extraktion von Mehrwert abhängig sind. Sie ist damit eine Verweigerung des Staates insgesamt, insofern der Staat die Arbeit organisiert. Die Machtergreifung und die Diktatur des Proletariats können hier nur die Auslöschung des Staates bezwecken. Sie sind damit auch den Gewerkschaften gegenüber kritisch eingestellt, weil genau diese die staatliche Seite der Organisation der Arbeit repräsentieren.

1971 wird sich die Wochenzeitschrift in eine Monatszeitschrift umwandeln, die zunächst zweimal und dann nur mehr einmal im Monat aufgelegt wird. Nach einem Zwist zwischen Negri und Piperno, zwei der wichtigsten theoretischen Vertreter der Zeitschrift, kommt es zur einer Spaltung und die venezianische Gruppe von *PotOp* wird sich von der römischen abspalten. Damit ist die Auflösung der Zeitschrift besiegelt, sie wird ihre Redaktionsarbeit 1973 einstellen, auch wenn ein kleiner Ableger mit dem Namen *Potere Operaio del lunedi* (Arbeitermacht am Montag) noch bis 1975 ihre Ausgaben veröffentlichen wird. Die meisten Beteiligten von *PotOp* werden jedoch direkt in die *Autonomia Operaia* übergehen, die in den 70er Jahren noch eine wichtige Rolle spielen wird.

Massimo Cacciari's Pensiero Negativo

Massimo Cacciari kann auf eine beeindruckende Karriere zurückblicken. 1944 in Venedig geboren, schloss er sein Philosophiestudium 1967, mit gerade erst einmal 23 Jahren, über Kants *Urteilskraft* ab. Bereits mit 20 Jahren war er Herausgeber seiner ersten Zeitschrift, *Angelus Novus*, die zwischen 1964 bis 1966 veröffentlicht wurde. Ab 1968 dann veröffentlichte er zusammen mit Alberto Asor Rosa die Zeitschrift *Contropiano*, in deren redaktioneller Tätigkeit er auch Mario Tronti kennenlernte. Antonio Negri kannte er bereits seit 1967 über die Gruppe *Potere Operaio*, der er auch angehörte, obwohl er niemals als Sprecher der Gruppe fungierte. Das anvisierte Ziel von *Contropiano* war es, ein theoretisches Gegengewicht gegen den kapitalistischen Plan zu installieren und dabei gegen die kapitalistische Krisenstrategie vorzugehen. Insofern also der kapitalistische Plan mit seinem Fokus auf Umstrukturierung der Arbeit die gesamte Gesellschaft beeinträchtigte und ihr damit seine eigene Rationalität aufzwang, blieb die Frage im Raum, mit welcher Art von Rationalität, mit welcher Art von Planung, die Arbeiterklasse einen Gegenpol zur kapitalistischen Entwicklung aufstellen wollte. Nach Alessandro Carrera sah Cacciari *Contropiano* als ein trojanisches Pferd der Gruppe *Potere Operaio*, das sich innerhalb der Mauern der organisierten Arbeiterbewegung zu positionieren trachtete.[132] Dies verdeutlicht sein grundsätz-

132 Alessandro *Carrera*, On Massimo Cacciari's Disenchanted Activism. In: Massimo *Cacciari*, The Unpolitical. On the radical Critique of Political Reason (New York 2009) 11.

liches Misstrauen gegen den linksradikalen Flügel der Arbeiterbewegung mit seinen sozialromantischen Anwandlungen. In dieser Hinsicht soll sich auch zwischen ihm und Negri eine starke Rivalität entwickelt haben, bei der beide einander volles Gehör schenkten, sich jedoch auch bis aufs Heftigste kritisierten. Er war gerade einmal 25, als er im Jahre 1969 seinen Artikel »Sulla genesi del pensiero negativo« (Zur Genese des Negativen Denkens) in der Zeitschrift *Contropiano* veröffentlichte, in dem er bereits die Stoßrichtung seines kreativen Schaffens für die nächsten Jahre andeutete. Aus den Erfahrungen der Studentenbewegung des Vorjahrs, die er im Allgemeinen als Fehl- beziehungsweise Gegenschlag der herrschenden Klasse einstufte und dabei zugleich die historischen Tendenzen der nächsten Jahre vorwegnahm, zog er die für sich notwendigen Schlüsse einer vollkommenen Neubewertung des operaistischen Theoriekorpus. Nach operaistischem Gedankengut war es gerade die Existenz der Arbeiterklasse inmitten des Produktionsprozesses, welche den Kapitalismus in eine ständige Krise stürzte und damit die technologische Entwicklung als eine Flucht nach vorn für das Kapital provozierte, wobei der Arbeiterklasse als revolutionärem Akteur das Privileg zuteil wurde, die Momente einer neuen nachkapitalistischen Gesellschaft bereits in sich zu tragen. Dem widersprach jedoch, dass nach wie vor lediglich das Kapital gestärkt aus diesen Krisen hervortrat, während die Arbeiterschaft von Niederlage zu Niederlage stolperte und nicht den Anschein machte, siegreich aus dem Konflikt hervorgehen zu können. Somit verlangte das Konzept der Krise seiner Ansicht nach ein weiteres besonderes Augenmerk. Vor allem das sogenannte zweite *Biennio Rosso* 1968–1969 stellte für ihn eine Zäsur dar, die nach einer neuen Formulierung des Politischen verlangte, und zwar unter Einbindung eines veränderten Krisenbegriffs, dessen Ausdruck er im Begriff des Negativen Denkens gefunden zu haben schien. In einem Interview beschreibt Cacciari seinen theoretischen Werdegang folgendermaßen:

»Mein studentischer Werdegang kam von verschiedenen Richtungen her. Ich habe vor allem über Themen der klassischen Literatur und der Kunstgeschichte gearbeitet. Im Umfeld dieser Untersuchungen bin ich insbesondere einem Autor namens Nietzsche begegnet. Von der Kritik Nietzsches bin ich dann zu Hegel gelangt. Marx repräsentierte für mich dann anfänglich also eine ausschließlich praktisch-politische Lektüre. Hinsichtlich des Themas des Negativen Denkens [*pensiero negativo*] bezog sich mein Beitrag auf die Kritik an Hegel, aber im Grunde auch an Marx. Ich war vermutlich der Einzige aus der Gruppe [der Zeitschrift *Contropiano*], der nie Marxist gewesen ist, weil meiner Ansicht nach die Kritik Nietzsches an Hegel und an der idealistischen Dialektik indirekt auch Marx miteinbezog. Von dort aus kamen wir unter uns auf eine sehr produktive und gewinnbringende Debatte. Ich erinnere mich, dass die gesamte folgende Evolution des Denkens Mario Trontis diesen Einfluss ausdrückte. Tronti nahm viele Themen und Autoren auf, die dem Negativen Denken zugehörig waren. Das Negative Denken ist genau genommen dem hegelschen Denken keineswegs fremd: Hegel selbst sprach vom Negativen Denken, auch wenn Nietzsche dies ignorierte. Die Negativität ist ein essenzielles Moment der hegelschen Dialektik, der Kern der Auflösung des idealistischen Systems ist also Hegel bereits immanent. Mit diesem Schlüssel also las ich das Verhältnis zwischen Hegel und Nietzsche: Von Anfang an, ich war damals 20 Jahre alt, habe ich das Negative Denken nicht als eine Form des

Irrationalismus, in vollkommenem Widerspruch zu Lukàcs, betrachtet. Meinen ersten Artikel über Lukàcs veröffentlichte ich im Alter von 15 Jahren in einer Studentenzeitschrift. Das Negative Denken ist eine fundamentale Determinante des Hegelianismus, aber genau dieses Element des Hegelianismus verdeutlichte seine Aporie. Und dies galt nicht weniger für die Philosophie von Marx.«[133]

133 Intervista a Massimo Cacciari. A cura di Giacomo Bottos e Lorenzo Mesini. In: Pandora. Rivista di teoria e politica (15.10.2015). (https://www.pandorarivista.it/articoli/intervista-massimo-cacciari/) (Transl.: D.G.; Orig.: »Nel mio percorso di studi provenivo anche da studi diversi. Avevo lavorato soprattutto su temi di letteratura classica e storia dell'arte. Nell'ambito di quelle ricerche avevo incontrato in particolare un autore come Nietzsche. Dalla critica di Nietzsche poi risalii ad Hegel. Quindi Marx rappresentò per me, inizialmente, una lettura esclusivamente pratico politica. Riguardo alla tematica del pensiero negativo, il mio contributo riguardava la critica ad Hegel, ma in fondo anche a Marx. Sono stato probabilmente l'unico di quel gruppo a non esser mai stato marxista, perché a mio avviso la critica di Nietzsche a Hegel e alla dialettica idealista coinvolgeva indirettamente anche Marx. Li ci fu un dibattito molto produttivo, proficuo fra di noi. Ritengo che tutta l'evoluzione successiva del pensiero di Mario Tronti esprima questa influenza: Tronti riprese molti temi ed autori propri del pensiero negativo. Il pensiero negativo, beninteso, non è qualcosa di estraneo ad Hegel: è lo stesso Hegel che parla di pensiero negativo, anche se Nietzsche lo ignora. La negatività è l'elemento essenziale della dialettica hegeliana, quindi di fatto il germe della dissoluzione del sistema idealistico è già immanente in Hegel. È in questa chiave che leggevo il rapporto tra Hegel e Nietzsche: fin dall'inizio, fin da quando avevo vent'anni, non ho mai considerato il pensiero negativo come una forma di irrazionalismo, in totale polemica con Lukàcs. Il mio primo articolo contro Lukàcs lo pubblicai a 15 anni su una rivista studentesca. Il pensiero negativo è una determinante fondamentale dello stesso hegelismo. Ma è quell'elemento dell'hegelismo che ne dimostra l'aporeticità. E questo vale a maggior ragione per la filosofia di Marx.«)

Cacciaris theoretisches Schaffen entsprang also einer völlig anderen Quelle als dasjenige eines Panzieri, Tronti oder Negri. Nichtsdestotrotz schaffte er es mit seinem Denken, sich tief in das operaistische Gewissen einzuprägen und so eminente Denker wie Tronti oder Negri in ihrem theoretischen Schaffen zu beeinflussen.

Die operaistische Geschichtsschreibung beginnt für ihn jedoch erst mit *Operaio e Capitale* als die Systematisierung des operaistischen Denkens. Seine wichtigen Referenzpunkte bleiben Tronti und Negri. – Ihm fehlt dabei meines Erachtens nach

jedoch das Verständnis für den theoretischen Bruch, der sich zwischen Panzieri und Tronti ereignet hatte; für ihn stellt sich in Trontis Schriften das klar dar, was sich bei Panzieri nur implizit ausgedrückt hatte und dessen er sich selbst noch nicht ganz bewusst war. Der Bruch kommt für ihn erst 1969, zwischen einer Phase prärevolutionärer Rhetorik mit Fokus auf der Macht der lebendigen Arbeit und einer Phase des kapitalistischen Gegenangriffs sowie der Reorganisation der Arbeiterklasse. Diese Reorganisation, die scheinbar vollkommen außerhalb des Einflussbereichs der Arbeiterklasse stattfand, eröffnete nun den Weg zu einer Konzeption der kapitalistischen Krise. Zusammen mit der Gewissheit, dass der Ausgang der Geschichte offenbar nicht notwendig zu einer hegelschen Aufhebung führen müsse, ebnete dies den Weg zum Negativen Denken.

Cacciari verwendet den Begriff des »Negativen Denkens« (pensiero negativo) ab den späten 60er Jahren, um eine etwas pessimistische Geschichtsauffassung von einem dialektischen Ansatz abzugrenzen.[134] Er sieht, wie erwähnt, die Ansätze des

134 Vgl. Massimo *Cacciari*, Sulla genesi del pensiero negativo In: Contropiano (1/1969) 131.

Negativen Denkens also bereits bei Hegel in vollen Zügen ausgereift, doch kritisiert er den geläufigen Gebrauch der Dialektik in seiner Tendenz zur Systematisierung und Schließung offener Denkansätze; besonders im Fokus steht für ihn der in Italien damals immer noch vorherrschende Crocianismus und Gramscianismus.[135] Die Dialektik versuche über die Aufhebung zu einer Positivierung des Negativen zu gelangen, die Negation somit nur als kurzfristige Etappe zu installieren. Das Negative Denken widerstehe hingegen dem Drang des dialektischen Denkens zur Prädeterminierung und Synthetisierung der Widersprüche. Für Cacciari besteht der Hauptansatzpunkt des Negativen Denkens vor allem in der Ablehnung der hegelianischen Dialektik, die seines Erachtens als die große utopische Ideologie der bürgerlichen Weltordnung betrachtet wird. Dabei ist jedoch bürgerliche Weltordnung in diesem Kontext klar und deutlich mit kapitalistischer Gesellschaft gleichzusetzen. So wie bei Hegel alle Negation in letzter Konsequenz zu einer positiven Synthesis führt, so besitzt das Kapital die Tendenz, alle Widersprüche, alle Konflikte als produktive Momente in sich aufzunehmen. Die Selbstverwertung des Kapitals entspricht nach Cacciari somit der Verkörperung des hegelschen Geistes (Cacciari nennt diesen *Kapital-Geist*), seiner eigenen Welt entäußert und verdinglicht (schlechthin produziert), nur um diese in weiterer Konsequenz wieder zu verinnerlichen (Appropriation). Dem stellt er das Negative Denken gegenüber, das seiner Meinung nach von bürgerlichen Theoretikern des 19. Jahrhunderts entwickelt und dann im 20. Jahrhundert durch Heidegger und Wittgenstein zur Vollendung gebracht wurde. Dieses zeichnet sich nun durch das Fehlen einer positiven Synthesis aus, die Negation öffnet einen Abgrund, der nicht

135 Vgl. ebd.

so einfach wieder geschlossen werden kann. Es ist damit nicht mehr Teil einer Dynamik, sondern Abbruch einer Bewegung. Die Negation zeige eine Grenze auf, ohne den Drang, diese zu überschreiten, sie zeige die mystische Konzeption der Welt, die nicht mehr nach einer Referenz zur »Wirklichkeit« sucht, sondern diese Wirklichkeit in praktischer Auseinandersetzung von ihrer Grenze her umreißt, ohne dabei dem Ideal zu verfallen, die Sprache könne eine Brücke zu dieser Wirklichkeit eröffnen.

Cacciari versucht also Nietzsche, Heidegger und Wittgenstein zu vereinen, indem er den instrumentellen Bezug zu den »Dingen selbst« betont und dabei die Sprache in eine reine Multiplizität von Sprachspielen ohne deutlichen Bezug zueinander auflöst. Die *Ratio* besitzt somit keinen Bezug zur Welt und ist an sich immer ideologisch gefärbt; es gibt niemals nur *eine Ratio*, hingegen gibt es immer eine Vielfalt an Rationalisierungen, gemäß der Vielfalt an Sprachspielen.

Cacciari geht in diesem wirkmächtigen Artikel, von dem bereits die Rede war, von der Weimarer Republik zwischen 1917 und 1921 und ihren linksgerichteten Organisationen, der Kommunistischen und der Sozialdemokratischen Partei, aus. Für ihn liegt der Grund für deren theoretische und praktische Unfähigkeit zur revolutionären Umgestaltung der Gesellschaft im Fehlen des Verständnisses der kapitalistischen Instrumentalisierung von Krisen. Nach Cacciari ist es gerade die Steuerung dieser Krisen und nicht die Institutionalisierung von Recht und Gesetz, welche der Bourgeoisie zur Führungsrolle verhalf. Und diese politische Kontrolle fand ihre ideologische Form im Negativen Denken des 19. Jahrhunderts (Schopenhauer, Kierkegaard, Nietzsche).

Die historische Bewegung hin zum Negativen korrespondiert für den frühen Cacciari ganz klar mit der theoretischen

Bewegung Nietzsches: Beide Bewegungen vollführten sich in einer Zeit kapitalistischer Transformation, die 1870er im Falle Nietzsches und die 1960er im Falle Cacciaris. Nietzsche wird von Cacciari als Philosoph des nachutopischen, realistischen Kapitalismus gelesen; seine Umwertung der Werte beziehe sich dabei vor allem auf diejenigen Werte, welche der kapitalistischen Entwicklung im Wege stünden. Der Verbleib beim Negativen beziehe sich hiermit auf die Akzeptanz der kapitalistischen Widersprüche, ohne den Versuch einer Aufhebung im Namen einer harmonischen Utopie.[136] Für Nietzsche blieb also der kapitalistische Hauptwiderspruch, der zwischen Kapital und Arbeit besteht, auf tragische Weise unauflösbar. Cacciari verbindet hier das nietzscheanische Konzept des Willens zur Macht mit dem weberschen Konzept der Entzauberung. Der hegelianische Wille zur dialektischen Aufhebung wurde ersetzt durch den unbegründeten und unbegründbaren Willen zur Macht, der die Welt formt und ohne eine stabile Universalität auskommt. Dies bereitete den Boden für die Akzeptanz einer radikal instabilen und unabgeschlossenen Welt, welche die Welt der kapitalistischen Entwicklung darstellt. Die webersche Entzauberung half dabei zur Übersetzung des nietzscheanischen Willens zur Macht als dem für die Bourgeoisie einzigen gangbaren Weg zur politischen Vormachtstellung, der Entzauberung des bürgerlichen Selbstbildes für die Akzeptanz der politischen Führung, jedoch allein unter der Schirmherrschaft der kapitalistischen Entwicklung.

Für Cacciari ist demnach diese Akzeptanz auch der einzige Weg für die Arbeiterklasse: die Aneignung des negativen Modus des bürgerlichen Denkens – jenseits aller ethischen und

136 Massimo *Cacciari*, Sulla genesi del pensiero negativo (1969).

ideologischen Vorbehalte einer linken Kultur gegen diese Erbschaft. Negatives Denken repräsentiere die Theorie der Krise, und für Cacciari entspricht die Essenz der Krise vom historischen Standpunkt aus immer der Kritik der dialektischen Synthesis, wie sie von Hegel systematisiert wurde. Diese allgemeine Theorie der Krise umfasse dabei auch die speziellere Theorie der Krise der politischen Ökonomie oder eine generelle Theorie des Politischen, in der der Begriff der Krise von entscheidender Bedeutung sei:

> »Die Krise der klassischen Synthesis ist viel radikaler als die Krise der Politischen Ökonomie. Sie ist auch die Krise einer ›generellen Theorie‹ des Politischen. Die Kritik der Politischen Ökonomie ›bewahrheitet‹ sich nicht im Politischen, sondern eher in der Kritik des Politischen. Wenn wir hier die meist bedeutenden Leerstellen in der marxschen Theorie selbst finden, dann ist es noch begründeter, diese Kritik als das wahre Problem anzusehen.«[137]

Die Kritik der politischen Ökonomie bewahrheite sich also nicht innerhalb der Sphäre des Politischen, sondern vielmehr in der Kritik dieser Sphäre; diese sei jedoch dadurch noch nicht

137 Massimo *Cacciari*, Pensiero negativo e razionalizzazione (Venezia 1977) 12. Zit. in: Dario *Gentili*, The Autonomy of the Political in the Italian Tradition (Tronti, Negri, Cacciari). In: Nathaniel *Boyd*, Michele *Filippini* (Hg.), The autonomy of the Political: Schmitt, Taubes, Tronti, Cacciari, Negri (Maastricht 2011) 17. (Tansl.: D. G.; Orig.: »The crisis of classical synthesis is much more radical than the crisis of political economy. It is also ›the crisis of any general theory‹ of the Political. The critique of political economy does not ›become true‹ in the Political, but rather in the critique of the Political. If we find here the most significant absences in Marxian theory itself, it is even more reasonable to finally conceive this critique as the real problem.«)

als außerhalb dieser Sphäre zu betrachten, sondern vielmehr an ihrer Grenze. Die Dialektik erreicht keinen Ausbruch aus der inhärenten Logik, sondern bestimmt lediglich eine Formverschiebung. Genauso wie die technologische Entwicklung als Antwort auf die kapitalistische Krise für Cacciari nicht bedeutet, dass dadurch die Krise aufgehoben worden sei, im Gegenteil: Anstelle einer neu eingeführten Harmonie tritt eine ständig fortgeführte Disharmonie. Und die Steuerung dieser Disharmonie wird zum *Telos* der modernen Politik. Krise als das *Andere* des Politischen ist immer bereits Teil des Politischen, es existiert kein *Außen* und auch kein *Ausweg* aus ihrer Einflusssphäre. Da nun Krisen kein Außen beschreiben, sondern lediglich ihre innere Grenze verschieben, bedient sich der Kapitalismus dieser Krisen selbst, um seinen Einflussbereich auf Politik, Ökonomie, Recht, Technologie und Gesellschaft auszuweiten. Dabei wird jedoch die Hoffnung, diese vom Kapital erzeugten Krisen von außen zu kontrollieren und zu steuern, zunichte gemacht. Insofern diese Kontrolle bereits Macht und ihre Ausübung vorwegnimmt, ist sie immer schon in das System integriert. Und insofern weiters diese Machtausübung und Integration auch das Ausgesetztsein dieser Machtausübung bedeutet, sieht Cacciari darin die endgültige Absage an die Autonomie des politischen Subjekts; für Cacciari der theoretische Kern des nietzscheanischen Willens zur Macht.

Subjektivität außerhalb des Systems wird undenkbar. Das System selbst ist nun das einzig mögliche Subjekt, charakterisiert durch Konflikt und Krise. Integration in das System bedeutet Teilnahme am Willen zur Macht. Der Antagonismus ist Teil des Systems, es gibt keinen Konflikt außerhalb des Systems; einen Standpunkt gegen das System einzunehmen bedeutet immer schon in das System integriert zu sein. Dentro è

Contro (Darin *ist* Dagegen) ist Cacciaris Replik auf den operaistischen Slogan, Dentro e Contro (Darin *und* Dagegen), vertreten von Tronti, der besagt, dass die Arbeiterklasse inhärenter Bestandteil des Kapitals ist, die *Conditio sine qua non*, sie allein besitzt die Macht, das kapitalistische Räderwerk zum Einstürzen zu bringen. Dieser Slogan wird durch Cacciari in weiterer Folge ausgehöhlt, insofern für ihn das System als Subjekt immer bereits eine inhärente Konflikthaftigkeit besitzt, diese jedoch beständig von Neuem in sich aufnimmt und verarbeitet, i. e. integriert.

172 Dies scheint jedoch auch eine Absage an eine revolutionäre Politik zu sein. Wie kann eine politische Subjektivität mit lediglich Macht *in* dem System, niemals Macht *über* das System dieses System als Ganzes verändern? Erst in seiner 1976 erschienen Monographie *Krisis* soll Cacciari sich diese Frage stellen.

> »Das Problem ist: Wie nimmt das Subjekt Teil [an dem System]? Warum, für welchen Zweck? Und welche Charakteristiken haben die Formen dieser ›Partizipation‹, wenn jede substanzialistische Illusion sowie jede simple Beziehung von Bedeutung zusammengebrochen ist, wenn die Beziehung zum Objekt ›entzaubert‹ wurde? In welchem Ausmaß und auf welche Weise sind sie immer noch wirksam? Wie kann diese Wirksamkeit gemessen werden? Radikaler Nihilismus kann zur ›Entzauberung‹ gelangen, aber er kann diese Fragen weder behandeln noch beantworten.«[138]

138 Massimo *Cacciari*, Krisis. Saggio sulla crisi del pensiero negativo da Nietzsche a Wittgenstein (Feltrinelli, Milano 1976) 66. Zit. in: Dario *Gentili*, The Autonomy of the Political in the Italian Tradition (Tronti, Negri, Cacciari). In: Nathaniel *Boyd*, Michele *Filippini* (Hg.), The autonomy

Und tatsächlich scheint Cacciaris Antwort sehr ernüchternd: Mit Bezug auf Wittgenstein verweist er auf die Tatsache, dass die Grenzen meiner Sprache beziehungsweise Sprachspiele die Grenzen meiner Welt sind und dass man dieses Außen des Systems, auf das man nicht referieren kann, lieber unangetastet lassen sollte. Doch wie ist nun Innovation innerhalb dieser Grenzen meiner Welt denkbar? Wittgensteins theoretisches Problem sei, wie der Akt des Sprechens die Dinge konstituiere, von denen die Rede ist, während die linguistische Analyse vom Anspruch ausgehe, den unmittelbaren Bezug zwischen Subjekt und Objekt erst aufzuzeigen. Für Wittgenstein wie für Cacciari scheint es klar, dass die reine Analyse den Untersuchungsgegenstand bereits verändere. Man komme also um eine Transformation des Systems gar nicht herum, jedoch bleibe im Konfliktfall keiner Position die unangetastete Entscheidungshoheit vorbehalten.

Bereits Weber hatte das politische Subjekt vollkommen in das System eingefügt, um die politische Subjektivität als reine Funktion des Systems zu integrieren: Der Politiker wird zum Funktionär, mit Mitbestimmungsrecht, aber ohne wirkliche Kontrolle. Doch weil eben das Politische nicht als das Sprachspiel verstanden werden kann, welches endgültige Wahrheiten

of the Political: Schmitt, Taubes, Tronti, Cacciari, Negri, 19. (Transl.: D. G.; Orig.: »The problem is: how does the subject take part into it? Why, for what purpose? And what characteristics do the forms of this ›participation‹ take on, when every substantialist illusion has collapsed, as well as every simple relation of significance, when the relation with the object is ›disenchanted‹? To what extent and in which way are they still effectual? How can this effectuality be measured? Radical nihilism can reach that ›disenchantment‹, yet, it can neither cope with nor solve these questions.«)

über das Subjekt innerhalb des Systems generiert, bleibt das System veränderbar. In einem interessanten impliziten Verweis auf den Dekonstruktivismus eines Derrida, obwohl eher unwahrscheinlich bleibt, dass er mit der Theorie Derridas zu dem Zeitpunkt bereits vertraut war, beschreibt Cacciari, wie die völlige Unmöglichkeit, das System als Ganzes zu erfassen, gleichzeitig die Möglichkeit des ständigen Wandels bereitstellt. Das Politische bewirkt somit eine ständige Revolutionierung seiner eigenen Formen.[139] Das Politische ist für Cacciari das, was die unterschiedlichen, disparaten Sprachspiele zusammenführt und miteinander in Einklang bringt, es ist aber demnach immer auch defizitär, auf verlorenem Posten. Es ist der irrationale konstitutive Akt einer neuen Rationalität. Weil es eben keine natürliche Rationalität und keinen natürlichen Drang zur Aufhebung gibt, gibt es auch keine normative Struktur, auf die sich die Sprachspiele berufen könnten, denn das Abschaffen von Regeln in einem Sprachspiel impliziert nach Wittgenstein bereits andere Regeln, denen der jeweilige Sprechakt Folge leistet. Im Endeffekt bleibt die Organisation der Macht fortwährend den partikularen Willen vorbehalten. Das Politische hat demnach keinen anderen Maßstab, seine eigene Effizienz liegt darin, die disparaten Elemente des Sozialen zu ordnen, ohne eine Chance auf ihre Synthesis. Insofern also die politischen Akteure keine Autonomie beanspruchen können, ist das Politische als unabhängiges Sprachspiel sehr wohl autonom. Einerseits ist das Politische ein Sprachspiel neben anderen, andererseits hat es die Sprachspiele als solche zum Inhalt. Seine einzige Möglichkeit ist ein endloser Kompromiss zwischen den verschiedenen Au-

139 vgl. Massimo *Cacciari*, Dialettica e critica del Politico. Saggio su Hegel (Feltrinelli, Milano 1978) 73f.

tonomien der einzelnen Sprachspiele und ihren jeweiligen eigenen Regeln. Und insofern dieser Kompromiss niemals endgültig wird fixiert werden können, ist Veränderung und Wandel nicht nur möglich, sondern bereits eine Notwendigkeit.

Das Politische ist also nur ein Sprachspiel neben anderen, welches zwar für sich Autonomie beansprucht, jedoch neben anderen autonomen Sprachspielen koexistiert und daher niemals wirkliche Totalität erlangen kann. Daher sind Macht und ihre Ausübung niemals allein Thema des Politischen, sondern entstehen, wie bereits erwähnt, an der Grenze verschiedener Sphären, welche diese Teile zu einem Ganzen integrieren, das für Cacciari das kapitalistische System bezeichnet. Und insofern die Macht niemals nur innerhalb einer einzelnen autonomen Sphäre gebunden werden kann, bleibt der Wunsch nach einer utopischen Neubegründung der Gesellschaft nicht nur ein nicht zu erhaltender Traum, sondern auch eine gefährliche Illusion. Der Staat steht also für Cacciari nicht im Zentrum seiner Kapitalismuskritik, sondern ist nur ein Bestandteil des kapitalistischen Herrschaftssystems. So könnte man zu der antiklimaktischen Darstellung gelangen, dass es tatsächlich niemals zu einer wahren Revolution kommen kann, denn selbst die Übernahme der Staatsmacht garantiere keine einfache Machtübernahme in den anderen Teilbereichen des Systems. Veranschaulicht werden könnte dies auch an der russischen oder chinesischen Revolution, bei der sich die tatsächliche Machtübernahme jeweils über Jahre hinzog und wo der Versuch der Revolutionierung anderer Bereiche, wie des Argrar- und Produktionssystems, zu unaussprechlichen Katastrophen geführt hatte.

Mario Tronti und die Autonomie des Politischen

> Operaismus, das ist die Forderung nach der Zentralität der Arbeiter innerhalb des Klassenkampfes, die mit dem Problem des Politischen zusammenfiel. In der Mitte, zwischen Arbeiter und Kapital, habe ich die Politik entdeckt: in Form von Institutionen den Staat, in Form von Organisationen die Partei, in Form von Aktionen Taktiken und Strategien. Der moderne Kapitalismus wäre nie ohne die moderne Politik geboren worden. Hobbes und Locke kommen vor Smith und Ricardo.[140]

Trotz der Treue seiner Nachfolger zur kopernikanischen Wende sollte Tronti bereits 1970 einen anderen Weg einschlagen. Der ernüchternde Ausgang des Heißen Herbstes – entgegen all der Hoffnungen, die in diese Phase des Kampfes gelegt wurden – und vor allem auch die enge Verknüpfung zwischen Staatsmacht und Terror sollten Tronti vermeintlich eines Besseren belehren.

Für Tronti hat sich mit 1969 ein Zyklus des Kampfes geschlossen, der nicht wieder geöffnet werden konnte.[141] Die Ar-

140 Tronti, Noi operaisti, 99. (Transl.: D. G.; Orig.: »L'operaismo, cioè la rivendicazione della centralità operaia nella lotta di classe, si è scontrato con il problema del politico. In mezzo, tra operai e capitale, io ho trovato la politica: nella forma delle istituzioni, lo Stato, nella forma delle organizzazioni, il partito, nella forma delle azioni, tattica e strategia. Il capitalismo moderno non sarebbe mai nato senza la politica moderna. Hobbes e Locke vengono prima di Smith e Ricardo.«)

141 Vgl. Mario *Tronti*, Noi operaisti (Derive Approdi 2009) 15.

beiterklasse hatte ihre Chance, jedoch nur in einem sehr eng besetzten Zeitfenster; sie hatte ihre Chance und hat versagt. Der Heiße Herbst war der Höhepunkt eines sich ständig aufbäumenden Widerstands, der zwar noch bis in die 70er Jahre weiterwirkte, aber nie mehr diesen Einfluss in der Politik und Bevölkerung erlangen konnte. Was bleibt also übrig, wenn der historische Akteur, die Arbeiterklasse, in ihrer stärksten Manifestation dennoch nicht den Sieg erringen konnte? Wie kann diese Leerstelle gefüllt werden? Der Heiße Herbst beziehungsweise sein negativer Ausgang bildet eine Zäsur im Selbstbild der linken Politik Italiens. Dabei räumt auch Tronti ein, dass der Heiße Herbst 69 nicht ohne die Studentenbewegung 68 begreifbar ist. Jedoch handelt es sich hier um ein zweischneidiges Schwert. Einerseits konnten dadurch die Gewerkschaftsbewegungen den politischen Kampf bis in das Zentrum der gesellschaftlichen Aufmerksamkeit führen. Andererseits war jedoch schnell klar, dass die Forderungen der Studentenschaft nicht wirklich den Kern der kapitalistischen Ausbeutungsmaschinerie treffen konnten:

> »Die Grenze von 68 war die, eine spontane Bewegung gewesen zu sein: daher ihr flüchtiger Charakter, ihre Funktion in der mittel- bis langfristigen Ausrichtung, Modernisierung ohne Revolution. Der Operaismus war, zumindest in Italien, eine grundlegende Voraussetzung für 68, er war aber zugleich auch eine ihrer wichtigsten vorweggenommenen Kritiken. [Das Ereignis] 69 hat viel korrigiert, und hat noch viel mehr bestürzt. 1969 war das wahre *annus mirabilis.* 68 war in Berkeley geboren und in Paris getauft worden. In Italien kam die Bewegung noch jung und doch bereits gereift an, inmitten von Arbeitern und PCI, genau dort, wo wir uns aufgestellt hatten. Der Operaismus hat

> 68 über seine Voraussetzungen hinaus getrieben. 69 war es nicht mehr die Frage des Antiautoritarismus, sondern die des Antikapitalismus. Arbeiter und Kapital standen sich materialiter Auge in Auge [*gli uni di fronte all'altro*] gegenüber. Die gewaltvolle Reaktion des Systems auf den Hieb, den der Heiße Herbst ihm versetzte, hatte die Bewegung überwältigt oder, was dasselbe ist, umgelenkt.«[142]

Demnach konnte die Politik noch andere als ökonomische Register ziehen, um die Arbeiterkämpfe zum Erliegen zu bringen. Der Staatsterror leitete eine Phase der Konterrevolution

ein, noch bevor die Revolution tatsächlich stattgefunden hatte. Die Zäsur des heißen Herbstes wurde auch von der kapitalistischen Gegenseite erkannt und entsprechende Schritte wurden eingeleitet: die Dezentralisierung der Arbeiterschaft. Natürlich wurde dabei der Widerspruch nicht aufgelöst, sondern lediglich verschoben. Aber durch diese Verschiebung verlor die Arbeiterklasse wieder ihr theoretisches Fundament. Diese Problematik scheint auch eine Zäsur in Trontis Denken hervorge-

142 Mario *Tronti*, Noi operaisti, 20f. (Transl.: D. G.; Orig.: »Il limite del '68 fu quello di essere un movimento spontaneo: di qui il suo carattere effimero, la sua funzione nel medio-lungo periodo ordinante, modernizzazione senza rivoluzione. L'operaismo è stato, almeno in Italia, una premessa fondante del '68, ma è stato al tempo stesso anche una sua sostanziale critica anticipata. Il '69 ha corretto molto, e ha molto di più spaventato. Il 1969 è il vero *annus mirabilis*. Il '68 è nato à Berkeley, è stato battezzato a Parigi. In Italia è arrivato ancora giovane e già maturo, im mezzo tra operai e PCI, proprio dove eravamo collocati noi. L'operaismo ha spinto il '68 al di là delle sue premesse. Nel '69 non era questione di antiautoritarismo, ma di anticapitalsimo. Operai e capitale si trovarono materialemente gli uni di fronte all'altro. La violenta reazione die sistema alla spallata dell'autunno caldo ha travolto il movimento o, è la stessa cosa, lo ha deviato.« Hervorh.: M. T.)

rufen zu haben. In seinem Postskriptum der zweiten Auflage von *Operaio e capitale* 1971 setzt er sich selbst das Ziel, das obskure Verhältnis von politischer Macht und Staatsmacht zu analysieren, um diese als Waffe in die Hände der Partei der Arbeiterklasse zu geben.[143] Er befasst sich anschließend vor allem mit dem Studium der US-Arbeiterkämpfe in den 30er Jahren, um die Unterschiede zur europäischen Bewegung festlegen zu können und um den aktiven Anteil der Arbeiterklasse an der Entstehung des New Deal zu untersuchen. Aber es geht ihm auch darum, zu begreifen, wie der moderne Staat auf ökonomische Krisen reagiert. Dabei beruft er sich auch auf liberale Autoren – Hobbes, Locke –, da diese ja wahrlich als die intellektuellen Architekten des modernen Staates gelten können. In seinem 1972 erschienenen Text *Sull'autonomia del politico* konstatiert Tronti das Fehlen einer marxistischen Theorie der Politik. Der marxsche Begriff des Kapitalismus gehöre in eine Zeit des liberalen Kapitalismus des 19. Jahrhunderts. Bereits Lenin habe einen neuen Kapitalismus vorgefunden, weswegen er sich genötigt sah, die marxsche Theorie zu ergänzen. Dieser Kapitalismus habe sich spätestens seit der Weltwirtschaftskrise nochmal verändert. Der Börsenkrach von 1929 beschwor eine Krise für das Kapital und die Arbeiterklasse herauf. Der Staat musste einschreiten, um beiden Seiten aus der Krise zu helfen. Aus dieser geteilten Abhängigkeit gegenüber dem Staat schließt Tronti nun, dass die Frage nach der politischen Macht nur auf politischer Ebene gelöst werden wird und dass diese sich gegenüber anderen sozialen Bereichen als relativ unabhängig beweist. Die Akkumulation von Macht geht notwendig der Akkumulation

143 Vgl. Mario *Tronti*, Operaio e capitale (Derive Approdi 2006) 312.

von Kapital voraus.[144] Das Fehlen einer marxistischen Theorie der Politik führte Tronti also wieder zurück zum politischen Realismus eines Machiavelli. Demnach reicht die ökonomische Vormachtstellung der Arbeiterklasse nicht aus, wenn diese nicht in politische Macht übertragen werden kann. Die politische Autonomie entsteht nicht einfach aufgrund der ökonomischen Autonomie der Arbeiter vom Kapital, es bedarf notwendigerweise der politischen Organisation dieser Autonomie, jedoch kann der privilegierte Ort für diese Organisation nicht mehr in der Fabrik gefunden werden. Die operaistische Phase hat für Tronti das Zusammentreffen des politischen Subjekts und des Orts des Klassenantagonismus in der Fabrik bezeichnet. Dieser Nexus ist spätestens mit Beginn der 70er Jahre auseinandergebrochen. Dabei blieb für ihn jedoch die Frage nach dem Austragungsort des Konflikts wichtiger als die der politischen Subjektivität. In eben erwähntem Postskriptum zur zweiten italienischen Ausgabe von *Operaio e Capitale* kritisiert Tronti weiters die Versuche der Theoriebildung, die von einer anderen politischen Subjektivität ausgehen:

> »Kann man zum Beispiel eine ›objektive‹ Definition der Arbeiterklasse verwerfen? Und mit ›Arbeiterklasse‹ all diejenigen bezeichnen, die subjektiv in Form von Arbeit gegen das Kapital aus dem Inneren des sozialen Produktionsprozesses kämpfen? […] Die objektive Materialität der Arbeiterklasse in rein subjektiver Form des antikapitalistischen Kampfes auszuhöhlen, ist schlussendlich ein Fehler der neuen Ideologie des Neoextremismus. Nicht nur das. Die soziologischen Grenzen der Arbeiterklasse auszuweiten, um all diejenigen zu inkludieren, die gegen das Ka-

144 Vgl. Mario *Tronti*, Sull'autonomia del politico (Feltrinelli 1977).

pital aus seinem Inneren heraus kämpfen, um zur quantitativen Mehrheit der sozialen Arbeitskraft und sogar der aktiven Bevölkerung zu gelangen, ist ein schlimmes Zugeständnis an die demokratische Tradition.«[145]

Tronti sprach sich also gegen die Strategie aus, einfach einen neuen politischen Akteur zu postulieren, der nun das Erbe der Arbeiterschaft antreten sollte. Auch wenn ihm zufolge der Antagonismus der Fabrik nun in der gesamten Gesellschaft wirkt, so bleibt für Tronti das politische Subjekt dennoch dasselbe: die Arbeiterklasse. Hatte er zuvor die politische Autonomie der Arbeiterklasse aufgrund ihrer ökonomischen Autonomie gegenüber dem Kapitals postuliert, so entkoppelte er nun diesen Nexus beziehungsweise drehte die inhärente Kausalität um, sodass das Politische nicht mehr von der ökonomischen Sphäre abhängig war und die Politik ihre Autonomie vor keiner anderen gesellschaftlichen Sphäre mehr garantieren musste. Insofern Politik immer Praxis und Ort der Austragung sozialer Konflikte ist, ist diese für Tronti bereits eine Grundvoraussetzung für die Bildung ökonomischer und sozialer Strukturen.

145 Mario *Tronti*, Operaio e Capitale (Derive Aprodi 2006) 314. (Transl.: D. G.; Orig.: »Si può, ad esempio, abbandonare una definizione ›oggettiva‹ di classe operaia? E definire ›classe operaia‹ tutti quelli che lottano soggettivamente in forme operaie contro il capitale dall'interno del processo di produzione sociale? […] Vanificare la materialità oggettiva della classe operaia in pure forme soggettive di lotta anticapitalista è appunto un errore di nuovo ideologico del neoestremismo. Non solo. Ampliare i confini sociologici della classe operaia per includervi tutti coloro che lottano contro il capitale dal suo interno, fino a raggiungere la maggioranza quantitativa della forza-lavoro sociale, e addirittura della popolazione attiva, è una grave concessione alle tradizioni democratiche.«)

Dies ist die Absage an einen historischen Materialismus mit Basis-Überbau-Schema, in dem die ökonomische Basis erst die Möglichkeiten für andere Formen des gesellschaftlichen Stoffwechsels im Überbau bereitstellen muss. Für Tronti jedoch müsse die Sphäre des Politischen aus diesem Schema herausgenommen und als allumfassende Sphäre des gesellschaftlichen Prozesses gesetzt werden. Es sei dies die Ergänzung Lenins zur marxschen Wissenschaft, die bereits für seine kopernikanische Wende in Szene gesetzt wurde. Für Tronti besteht in dieser Hinsicht kein qualitativer Sprung zwischen *l'operaismo politico* und Autonomie des Politischen.

> »Die Politik besitzt eine Autonomie, unabhängig sogar von den kulturellen Einrichtungen, die diese stützt und beizeiten rechtfertigt. Die Kultur des Operaismus, von der wir sprechen, war seltsamerweise kompatibel mit der Praktik des politischen Realismus.«[146]

Das beinhaltet eine etwas andere Konzeption von Politik als Austragungsort des Machtkampfes der einzelnen Positionen oder Gruppierungen innerhalb einer Gesellschaft; Politik ist der Kampf um Autonomie selbst. Und dieser Kampf wird von verschiedenen Interessensgemeinschaften innerhalb der Gesellschaft ausgetragen, er wird nach Tronti also gleichgestellt mit Bürgerkrieg. Auch wenn dieser Bürgerkrieg einst durch bestimmte soziale oder ökonomische Verhältnisse ins Leben gerufen wurde, so geht dieser Kampf mittlerweile über diese Verhältnisse hinaus, ist nicht mehr auf diese rückführbar.

146 *Tronti*, Noi operaisti, 23. (Transl.: D. G.; Orig.: »La politica ha una sua autonomia anche dall'impianto culturale che la sorregge e a volte la giustifica. La cultura dell'operaismo, di cui parlerò, era peculiarmente compatibile con la pratica del realismo politico.«)

»Wenn die Politik immer – wie ich denke – Bürgerkrieg, im Sinne eines zivilisierten Krieges oder einer Zivilisation des Krieges [*guerra civilizzata o civilizzazione della guerra*] ist, dann ist der Ausgang des Handelns immer gebunden an das Kräfteverhältnis [*rapporto delle forze*]. Im Allgemeinen gewinnt der, der für sich [*soggetivamente*] das objektive Gleichgewicht beanspruchen kann, welches sich zwischen dem Moment und der Zeit, zwischen Phase und Epoche, stabilisiert. Niemals jedoch die beiden identifiziert, niemals die eine von der anderen Dimension trennt.«[147]

Auch wenn er also eine theoretische Schwerpunktverschiebung durchführt, so versucht er dabei weiterhin seinem eigenen operaistischen Erbe treu zu bleiben und meint, dass die These über die Autonomie des Politischen nicht ohne die vormalige These der Arbeiterautonomie möglich gewesen sei. In einer sehr hegelianisch anmutenden Formulierung wirft Tronti ein, dass der Operaismus durchaus die Zeichen seiner Zeit erkannt habe, nur dass sich, mit dem Ausgang der 60er Jahre, die politische Situation so sehr verändert habe, dass die These des *Dentro e Contro*, zumindest innerhalb nationaler Grenzen, keine Rolle mehr spielte.

»Meine These ist folgende: Die theoretische Entdeckung der Autonomie des Politischen findet innerhalb der praktischen Erfahrung des Operaismus statt. Nur seine histo-

147 *Tronti*, Noi operaisti, 24. (Transl.: D. G.; Orig.: »Se la politica è sempre – come io penso – guerra civile, nel senso di guierra civilizzata o civilizzazione della guerra, allora il risultato dell'agire è sempre legato al rapporto delle forze. In genere vince chi possiede soggettivamente l'equilibrio oggettivo che si stabilisce tra il momento e il tempo, tra la fase e l'epoca. Mai identificare, mai separare l'una e l'altra dimensione.«)

rische und historisch-konzeptionelle Ausgestaltung kam später. Und mit dieser Ausgestaltung kam das Bewusstsein, das Ziel der Synthese des ›Dentro e Contro‹ verfehlt zu haben. Manchmal glaube ich, wir haben im Grunde, in einem bescheidenen subjektiven und kollektiven Versuch, die grundlegendere Niederlage, die sich im Feld der sozialen und internationalen Verhältnisse ereignete, bloß vorweggenommen. […] Ich wiederhole also eine Sache, die ich, wie ich glaube, bereits an anderer Stelle ausgesprochen habe: Der Operaismus der 60er Jahre eröffnete keine Epoche, sondern er beendete sie. Er war eine extreme Antwort, die aus der Zeit der europäischen und globalen Bürgerkriege hervorging. Er radikalisierte den dichotomen Konflikt, nur um diesen von der staatlichen Ebene auf die soziale Ebene zu verschieben, und von da aus, genau dort, konnte er den entscheidenden Diskurs über die moderne Politik wiedererlangen.«[148]

148 *Tronti*, Noi operaisti, 25. (Transl.: D. G.; Orig.: »La mia tesi è questa: la scoperta teorica dell'autonomia del politico avviene, dentro l'esperienza pratica dell'operaismo. Solo la sua elaborazione storica e storico-concettuale, avviene dopo. E con l'elaborazione, la consapevolezza di aver mancato l'obiettivo della sintesi del ›dentro e contro‹. A volte penso abbiamo in fondo solo anticipato, in un modesto tentativo soggetivo e collettivo, una più generale sconfitta che avverrà sul campo dei rapporti sociali e dei rapporti internazionali. […] Ripeto allora una cosa che mi pare di aver detto altrove: l'operaismo degli anni Sessanta non apriva un'epoca, la chiudeva. Era un estremo esito, che scaturiva dall'età delle guerre civili europee e mondiali. Radicalizzava il conflitto dicotomico, solo lo spostava dal livello statuale a quello sociale, e di qui, proprio di qui, recuperava il decisivo discorso sulla politica moderna.«)

Wie bereits erwähnt, endet nach Tronti der klassische Operaismus mit dem Aufbrechen der örtlichen und zeitlichen Verbindung zwischen Bildung der politischen Subjektivität und Austragung des Klassenantagonismus. Der Konnex von Ökonomie und Politik konnte nur so lange im Fabrikarbeiter gefunden werden, solange die Fabrik auch wirklich den Ort der politischen Subjektivierung und des Klassenantagonismus beschrieben hat. Ihr politisches Potential war so lange gegeben, solange die Fabrik selbst als Fundament der gesamten Gesellschaft gedient habe, diese Verbindung habe mit dem Ende der fordistischen Epoche auch nicht mehr aufrecht erhalten werden können.

Die Autonomie des Politischen, in loser Anlehnung an Cacciaris Konzept, kann demnach als ein apologetischer Versuch gelesen werden, seine Grundprämissen – 1) Wissenschaft als Wahl des Standpunkts und 2) Priorität des Proletariats gegenüber dem Kapitalverhältnis – zu erhalten und dennoch dem Fehlschlag der revolutionären Praxis der 60er Jahre Rechnung zu tragen. Auch für Tronti besteht die Autonomie des Politischen nicht in der Autonomie einer Form der Machtausübung gegenüber einer anderen Form der Machtausübung, sondern die Autonomie bezieht sich auf sämtliche Formen der Machtausübung gegenüber allem, was nicht Macht ist, gegenüber dem Rest des gesellschaftlichen Ganzen.

Dies ist Trontis Rekurs auf den politischen Realismus und gleichzeitig seine etwas andere Vorstellung von Basis und Überbau. Insofern der politische Überbau von der ökonomischen Basis getrennt ist, macht es für eine historische Analyse keinen Unterschied mehr, dass die Arbeiterklasse der 50er und 60er Jahre eine gesellschaftliche Vormachtstellung eingenommen hatte. Sie allein kann den revolutionären Umschwung nicht herbeiführen, denn aufgrund der Autonomie des Politischen bleibt die ökonomische Basis von der tatsächlichen Ausübung der Macht losgelöst. Einmal mehr bekräftigt Tronti also die enorme Wichtigkeit der Partei für den Erfolg politischer Willensbildung, die nicht mehr allein auf die Schaffung eines gemeinsamen Klassenbewusstseins zurückgeführt werden kann. Es handelt sich hierbei um eine Weiterentwicklung der bereits in *Operaio e Capitale* entwickelten Trennung zwischen Taktik (Klasse) und Strategie (Partei). Die Klasse könne zwar kleine taktischen Erfolge erzielen, sei aber auf strategischer Seite ewig zum Scheitern verurteilt. Denn ohne Veränderung des Machtgefüges sei der Klassenkampf dazu verdammt, sich ständig zu wiederholen, ohne eine wahrhafte Entwicklung in irgendeine Richtung voranzutreiben. Die Stagnation des Konflikts sei einer unzureichenden politischen Entwicklung der Arbeiterklasse geschuldet. Diese politische Entwicklung sei jedoch nicht mehr eine Aufgabe der Klasse selbst, sondern die der Partei als Teil des politischen Apparates. Damit erkauft Tronti sich den Erhalt der Arbeiterautonomie mit dem Postulat einer weiteren Autonomie (der des Politischen), die im Endeffekt diejenige der Arbeiterschaft, falls nötig, zu jedem Zeitpunkt übervorteilen kann, da diese nicht einmal mehr von ihrem Bezug zur ökonomischen Basis abhängig scheint.

Um also die Stoßrichtung des *Dentro e Contro* – des Verhältnisses von Arbeiterklasse und Kapitalverhältnis – zu erhalten und dennoch erklären zu können, wieso das Kapital schlussendlich den Sieg gegen die Arbeiterklasse davontragen konnte, musste Tronti den Staatsapparat als von diesem Verhältnis unabhängig konzipieren. Demnach habe der politische Apparat sich sogar gegen die kapitalistische Entwicklung entschieden, um damit gleichzeitig die Arbeiterklasse zu schwächen. Geführt von einer konservativen Regierung, habe der Staatsapparat sogar Autonomie gegenüber dem kapitalistischen Zwang zur Modernisierung bewiesen und nicht nur Autonomie gegenüber dem Drang der Arbeiterklasse nach Verbesserung ihrer Lebensverhältnisse.

Die Autonomie des Politischen setze sich nach Tronti allerdings auch auf der theoretischen Ebene durch, sie befinde sich allein und ohne Fundament in einer anderen Dimension gesellschaftlichen Handelns, könne nicht auf eine andere Ebene reduziert, dadurch aber auch nicht von dieser her erklärt werden. Der chaotische Kampf um Autonomie lasse sich nicht unter die Regeln der Vernunft bannen, insofern in diesem Kampf alles erlaubt sei und alle Regeln gebrochen werden könnten. Und auch wenn andere Tendenzen in den politischen Diskurs einflössen und diesen sogar mit beeinflussten, die Politik bedürfe keiner Legitimation außerhalb ihrer selbst.

> »[... D]ie Politik ist unser spezifisches Erstreben, auf sich bezogen; ohne Bedarf nach Beiträgen anderer Disziplinen, Philosophie und Wissenschaft eingeschlossen; ohne Rückgriff auf Begründungen anderer Art, die oberflächlich humanitären eingeschlossen; ohne Beifügung einer Zielsetzung, anderenorts gerechtfertigt durch Papst, Herz, Ethik etc.«[149]

Und auch wenn Tronti seiner Theorie der 60er Jahre nach wie vor treu bleibt, so möchte er uns erklären, dass ihm damals eine

149 *Tronti*, Noi operaisti, 27. (Transl.: D. G.; Orig.: »Quest'ultima, la politica, e il nostro ambito specifico, declinata per sé, senza bisogno dell'apporto di altre discipline, filosofia e scienza comprese, senza il ricorso a motivazioni di altro genere, quelle genericamente umanitarie incluse, senza l'aggiunta di finalità altrimenti giustificate dalla pappa del cuore delle etiche sull'altro.«)

wichtige Komponente im Kampf um das Machtverhältnis verloren gegangen sei, da sie von Marx nicht behandelt wurde; und diese Komponente, so argumentiert er, sei schließlich schuld daran, dass ein solcher Aufstand, wie der Heiße Herbst ihn darstellte, nicht zu einer revolutionären Umwälzung führen konnte. Es reichte nicht, den Forderungen der Arbeiterschaft Raum zu geben und zu hoffen, dass sie dadurch bereits Gehör fänden. Insofern nämlich die Forderungen und Bedürfnisse der Proletarier einmal auf die politische Bühne gebracht wurden, konnten diese von allen Beteiligten für ihre Zwecke verwendet und missbraucht, verzerrt und zerstückelt, verdreht und neu verflochten werden.

> »Die Tatsache, dass die Emanzipation der Individuen zur Restauration [der Macht] verholfen hat, mit Reformen des alten Verhältnisses der Kräfte untereinander, zwischen den Klassen, zwischen den Geschlechtern, zwischen den Generationen, ist es, was erläutert werden muss. Wir alle waren Opfer dessen, was keine Anomalie, sondern eine Regel in der Politik ist. Verstehen reicht nicht aus, um diese umzustoßen. Der gesamte Diskurs zur Autonomie des Politischen, der aus dem Operaismus entstanden ist und sich daraus entfaltet hat, hatte dies bereits beinhaltet. Die Arbeiterkämpfe bestimmen die kapitalistische Entwicklung. Wenn sich aber unter dieser strukturellen Determination kein subjektiv geführter revolutionärer und organisierter Prozess eröffnet, der eben das Kräfteverhältnis umstürzt, wird die kapitalistische Entwicklung dieselben Kämpfe der Arbeiter für sich nutzen.«[150]

150 *Tronti*, Noi operaisti, 30. (Transl.: D. G.; Orig.: »Il fatto che l'emancipazione degli individui abbia portato alla restaurazione, con riforme, del

Der Operaismus habe zur Konzeptualisierung einer Arbeiterwissenschaft geführt, habe dabei aber auch freigelegt, dass diese Wissenschaft den Moment des Politischen unangetastet gelassen habe.

Es handelt sich für Tronti also um einen relativen Rückstand der politischen Entwicklung gegenüber der sozialen Entwicklung. Eine Konzeption, die jedoch meines Erachtens nach nur durch eine Verdopplung des Nexus erkauft wird: einerseits die Arbeiterklasse gegenüber dem Kapitalverhältnis auf sozialer Ebene; andererseits die Arbeiterorganisation gegenüber dem von Machteliten organisierten Staatsapparat auf politischer Ebene.

Die Verschiebung des Schwerpunktes auf Ebene des Staates kommt meines Erachtens letztendlich daher, dass – entsprechend Trontis These des Primats der Arbeiterklasse vor dem Kapitalverhältnis – nicht mehr klar ersichtlich war, wie das Kapital, trotz einer starken Arbeiterklasse, die Kontrolle auf politischer Ebene zurückerlangen konnte. Mit der Verdopplung des Orts des Klassenantagonismus (auf sozialer und politischer Ebene) musste Tronti also nicht von einem neuen politischen Akteur ausgehen, um der veränderten Situation Rechnung zu tragen. Er erkaufte sich diesen Konservatismus jedoch mit einer pessi-

vecchio rapporto di forza complessivo, tra le classi, tra i sessi, tra le generazioni, questo è quello che deve essere spiegato. Tutti noi siamo state vittime sacrificali di questa che non è un'anomalia, ma una regolarità della politica. Capirla non basta per rovesciarla. Ma capirla è necessario per rovesciarla. Tutto il discorso sull'autonomia del politico, che dall'operaismo nasce e si dispiega, questo diceva. Le lotte operaie determinano lo sviluppo capitalistico. Ma se su questa determinazione strutturale non si apre sogettivamente un processo rivoluzionario guidato e organizzato, che rovescia appunto il rapporto delle forze, lo sviluppo capitalistico utilizzerà, per sé, le stesse lotte operaie.«)

mistischen Geschichtsauffassung des großen Niedergangs der Arbeiterklasse, der für ihn bis heute anhält; und dies ohne dabei eine Alternative für die revolutionäre Praxis bereitzulegen. Denn trotz oder aufgrund all seiner Bemühungen, den Staatsapparat als eigene Sphäre in seine Theorie aufzunehmen, konnte er nicht erkennen, wie diese vom Sozialen losgelöste Machtsphäre sich nach und nach auch von der Architektur des Nationalstaates abwandte.

Das durch die Globalisierung veränderte Machtgefüge mit internationalen Entscheidungsträgern, die über die geopolitischen Geschicke der Welt und die Entwicklung des Kapitalismus herrschen und denen sich auch die Nationalstaaten unterwerfen müssen, blieb tendenziell unbeleuchtet, und seine Theorie legt keinerlei Instrumente bereit, wie sich sein Konzept der Partei als integraler Bestandteil der Arbeiterrevolution auf dieses neue Machtgefüge anwenden lässt.

Exkurs 3: Lotta Feminista

Die Gründung der Zeitschrift *Lotta Feminista* beruft sich auf das Jahr 1971 durch Mariarosa Dalla Costa. 1971 schrieb sie auch ihren wohl wirkmächtigsten Text, auch wenn dieser erst 1972 veröffentlicht wurde. Nach ihrer Theorie ist die kapitalistische Wirtschaftsordnung dafür verantwortlich, dass die Frauen hinter den Herd gezwungen wurden, vor allem auch deshalb, weil diese spezifische Arbeitsteilung überall auf der Welt anzutreffen sei. Dennoch scheint diese Rollenverteilung im Produktionsprozess sogar über die Klasseneinteilung hinauszugehen. Diese Art der Ausbeutung betreffe sämtliche Frauen, nicht nur die Frauen der Arbeiter. Und dennoch sei die Rolle der Arbeiterfrau der paradigmatische Fall, weil sich hier die Einteilung bzw. Trennung von produktiver Arbeit einerseits und Reproduktion der Arbeitskraft andererseits am deutlichsten zeige und sich von da auf die gesamte Gesellschaft auswirke. Jedoch: Dalla Costa fügt hinzu, dass die Unterdrückung der Frau nicht erst mit dem Kapitalismus begonnen habe, wohl aber die Einbindung der Frau in das breiter angelegte gesamtgesellschaftliche Ausbeutungsverhältnis.[151] Während das präkapitalistische Heim auch die Jungen, die Alten und Kranken beherbergte, kam mit dem Kapitalismus ein Ausschlussprozess in Gang, der die Jungen in der Schule an den Arbeitsrhythmus gewöhnte, während die Alten und Schwachen in spezielle Einrichtungen verlagert

151 Vgl. Mariarosa *Dalla Costa*, Donne e sovversione sociale. In: dies., Potere feminile e sovversione sociale (Marsilio editori, Padua 1972) 35f.

wurden; die Kleinfamilie war geboren. Mit anderen Worten, die gesamte Organisation der Gesellschaft wurde unter das Diktat der Lohnarbeit gestellt, welche ihre Mitglieder vereinzelte und sie als vereinzelte Individuen gegen das Kapital stellte.

Die Frauen, Kinder und Alten sind dabei nur scheinbar aus dem Produktionsprozess ausgeschlossen und sind doch voll und ganz in diesen integriert. Denn das Kapital entwickelt sich zwar durch Ausschöpfung der Lohnarbeit, jedoch endet die Ausbeutung nicht beim Gehaltszettel, sondern setzt sich weiter fort bis zur unentlohnten Arbeit:

192 »Die *Arbeit der Frauen erscheint also als eine persönliche Dienstleistung außerhalb des Kapitals*. Man glaubt, dass die Frauen unter männlichem Chauvinismus litten, dass sie misshandelt würden, weil der Kapitalismus im Allgemeinen ›Ungerechtigkeit‹ signalisiert und man es mit ›bösartigen und unvernünftigen Leuten‹ zu tun hat; die wenigen Männer, die dies überhaupt bemerken, bleiben bei der Überzeugung, dass dies ›Unterdrückung‹ sei, nicht Ausbeutung.«[152]

Die Arbeit der Frau sei das Gebären, das Erziehen, das Disziplinieren und Bereitstellen der produktiven Arbeit in Form ihrer Männer und Kinder. Ihre Arbeit bleibt unsichtbar, weil auf die private Sphäre des Hauses begrenzt, die einzige Sichtbarkeit obliegt dem Produkt ihrer Arbeit, der produktiven (vor allem männlichen) Arbeitskraft.

152 Mariarosa *Dalla Costa*, ebd., 42. (Transl.: D. G.; Orig.: »Quindi il *lavoro delle donne appariva una prestazione di servizi personali al die fuori del capitale*. Si pensava che la donna soffrisse di sciovinismo maschile, bistrattata perché il capitalismo significa in generale ›ingiustizia‹ e avere a che fare con ›gente cattiva e irragionevole‹; i rari uomini che lo notarono ci convinsero anche che questa era ›oppression‹ anziché sfruttamento.« Hervorh.: Dalla Costa).

Hier zeigt Dalla Costa ihre starke Nähe zum operaistischen Gedankengut und möchte dabei gleichzeitig mit ihrer feministischen Kritik über diese hinausgehen, wenn sie schreibt:

> »Im Inneren des kapitalistischen Systems wächst die Produktivität der Arbeit nur durch die Auseinandersetzung zwischen Kapital und [Arbeiter-]Klasse. Die technologische Innovation und die Kooperation sind zur gleichen Zeit Momente des Angriffs der [Arbeiter-]Klasse und der Antwort des Kapitals. Aber wenn das für die Produktion der *Waren im Allgemeinen* zutrifft, so trifft dies nicht zu für die Produktion der *besonderen Ware Arbeitskraft*.«[153]

Sie weist hier auf eine fundamentale Differenz hin, die zwischen der Arbeit in der Produktions- und der Arbeit in der Reproduktionssphäre besteht.

> »Wenn die technologische Innovation das Pensum der notwendigen Arbeit senken und der Kampf der Arbeiter in der Fabrik die technologische Innovation zur Gewinnung freier Zeit nutzen kann, so gilt dies nicht für die Hausarbeit: Die höchste Technisierung der Hausarbeit ›befreit‹ die Frau nicht im selben Maße, in der sie, in einer Situation der Isolation, Kinder zeugt, erzieht und für sie verantwortlich bleibt. Die Frau ist ständig im Dienst, denn es existieren keine Maschinen, die Kinder machen und hüten.«[154]

153 Ebd., 43f. (Transl.: D. G.; Orig.: »All'interno del sistema capitalistico la produttività del lavoro non cresce a meno dello scontro fra capitale e classe. L'innovazione technologica e la cooperazione sono allo stesso tempo momenti di attacco per la classe e di risposta capitalistica. Ma se questo è vero per la produzione die *merci in generale*, questo non è vero per la produzione die quella *particolare merce che è la forza-lavoro*.« Hervorh.: Dalla Costa).

154 Ebd., 44. (Transl.: D. G.; Orig.: »Se l'innovazione technologica può abbassare la soglia del lavoro necessario, e la lotta operaia nella fabbrica può

Frauen sind an das Heim gebunden und somit vom sozialen Leben, von der weiterführenden Ausbildung sowie von den sozialen Kämpfen ausgeschlossen. Sie haben zwar Teil an den Arbeiterkämpfen, ihre Forderungen beziehen sich aber nicht auf sie selbst, sie sind davon nur indirekt betroffen, insofern auch sie vom Lohn ihrer Männer abhängig sind.

Der Kapitalismus hat somit die Kleinfamilie geschaffen, um einen erheblichen Teil des Produktionsprozesses (i.e. die Reproduktionssphäre) zu binden, ohne aber dies öffentlich zu deklarieren. Der Kapitalismus produziert somit selbst sein nicht-

kapitalistisches Außen und verbannt die Frau zur Unsichtbarkeit in ihrer sozialen Funktion. Der Mann wird damit als Familienoberhaupt nicht nur zur zentralen Figur kapitalistischer Ausbeutung, sondern auch zum Vermittler zwischen den verschiedenen Sphären, in denen die Ausbeutung stattfindet. Außerdem verwandle sich die Familie so in eine Pufferzone, in der Unbeschäftigte und Lumpenproletariat abgeschoben werden können, ohne sich sofort in rebellische Außenseiter zu verwandeln.[155] Trotz all dieser Funktionen in der Familie wird die Hausarbeit der Frau, selbst von der Arbeiterbewegung, als unproduktive Arbeit und die Rolle der Frau und Mutter als untergeordnet, weil außerhalb der Fabrik, eingestuft. Die politische Bewegung für die Arbeit scheint sich nur für einen geringen Anteil der gesellschaftlichen Arbeit zu interessieren und zwar

usare l'innovazione tecnologica per guadagnare ore libere, questo non può essere corrispondentemente vero per il lavoro domestico: una piú alta meccanizzazione dei lavori domestici non ›libera‹ ore per la donna nella misura in cui essa deve, in una situazione di isolamento, procreare, allevare e rimanere responsabile dei bambini. La donna è sempre di turno poiché non esistono macchine che fanno e badano ai bambini.«)

155 Vgl. ebd., 51.

a) Arbeit in der Fabrik; mit einer b) klar geregelten Arbeitszeit, die in der Folge ausbezahlt wird; wobei c) allein der Lohn zählt, der ausbezahlt wird, und nicht der, der von der Inflation bereinigt wurde. Die Befreiung der Frau wird damit immer auf ein hypothetisches Morgen verschoben, während zuerst alle Kräfte auf den Arbeiterkampf, in direkter Auseinandersetzung mit dem Kapitalverhältnis, gerichtet werden sollten. Aber, und hier versetzt sie einen kleinen Seitenhieb an den Teil der Frauenbewegung, der dem Herd entsagen möchte und Selbstbestimmung in »normaler«, bezahlter, Arbeit sucht:

> »Niemand von uns glaubt, dass die Emanzipation, die Befreiung, durch die Arbeit selbst geschehe. Die Arbeit ist immer Arbeit, sei es im Hause oder außerhalb. Autonomie durch Lohnarbeit bedeutet, durch das Kapital vereinzelt [*individuato*] zu sein, nicht weniger für Frauen als für Männer. Jene, die vorgeben, dass die Befreiung der Frau aus der Arbeiterklasse durch das Finden von Arbeit außerhalb des Hauses möglich sei, erkennen [*individuano*] nur einen Teil des Problems, nicht aber dessen Lösung. Die Sklaverei an dem Fließband ist keine Befreiung von der Sklaverei am Spülbecken in der Küche. Diejenigen, die das ignorieren [*negano*], verneinen auch die Sklaverei am Fließband, was wiederum beweist: Wenn die Ausbeutung der Frau nicht erkannt wird, dann ist auch die Ausbeutung des Mannes nicht wirklich verstanden.«[156]

156 Ebd., 51f. (Transl.: D. G.; Orig.: »Nessuno di noi crede che l'emancipazione, la liberazione avvenga attraverso il lavoro. Il lavore è sempre lavoro, sia in casa che fuori. L'autonomia salariale è essere individuo per il capitale, non meno per le donne che per gli uomini. Quelli che pretendono che la liberazione della donna di classe operaia stia nella pos-

Insofern also die Frauen in einer kapitalistischen Welt durch ihre Männer vermittelt werden, verschwimmt die Rolle zwischen Ehemann und Patron. Somit werden die Männer und Söhne zu den ersten Kontrolleuren der Hausarbeit, im Sinne einer Synchronisierung mit der restlichen Arbeitsteilung, ausgerichtet am männlichen Arbeitstag, der wiederum nach der kapitalistischen Stechuhr ausgerichtet ist. Die Familie ist somit der nicht anerkannte Stützpfeiler des kapitalistischen Produktionsprozesses und der antikapitalistische Kampf der Frauen muss sich nach ihrem ganz spezifischen Ausbeutungsmechanismus richten, der Ort ihres Kampfes ist also die Familie. Und dennoch muss der Kampf der Frauen gegen ihr ganz spezifisches Ausbeutungsverhältnis als Teil des Klassenkampfes angesehen werden. Will man den Haushalt lieber als Teil des Überbaus begreifen, so kann man nie diesen Grundwiderspruch auflösen, der sich nur scheinbar der kapitalistischen Kontrolle entzieht.

Eine entscheidende Forderung für die Anerkennung der produktiven Tätigkeit der Frau müsse also die Forderung nach gerechter Entlohnung, auch für die Hausarbeit, sein. Dies helfe einerseits den Widerspruch zwischen produktiver und unproduktiver Arbeit aufzuheben und andererseits eine breite Basis der Solidarität zwischen verschiedenen Formen der Ausbeutung aufzubauen. Um jedoch zuerst einmal eine Basis für diese For-

sibilità di trovare lavoro fuori casa individuano solo una parte del problema, non la soluzione. La schiavitú alla catena di montaggio non è liberazione della schiavitú del lavandino die cucina. Quelli che lo negano negano anche la schiavitú della catena die montaggio, provando ancora una volta che se non si conosce quanto le donne sono sfruttate non si conosce realmente quanto gli uomini lo sono.«)

derung zu schaffen, müssten Frauen anfangen, ihre eigenen vier Wände zu verlassen und sich mit anderen Frauen zusammenschließen, nicht als Nachbarinnen oder Freundinnen, sondern als Genossinnen eines gemeinsamen Jochs, für den Aufbau einer neuen Art von Solidarität unter Frauen, für den Aufbau einer Organisation des gemeinsamen Kampfes also.[157] Die linken Parteien und Gewerkschaften hätten zu lange den Begriff von Klasse für sich in Anspruch genommen und ihn nach ihren Vorstellungen verkürzt. Die Frauen seien die ersten Ausgeschlossenen aus dem Regime der produktiven Arbeit, im Weiteren Kinder, Alte, Schwache, Kranke etc. Indem Frauen nun für ihren Platz im Gefüge sozialer Produktivität einstehen, werde gleichzeitig der Platz für andere Gruppen mit dem gleichen Anspruch geöffnet. Dabei sei bereits das Verlassen des Ortes des Ausschlusses – das Haus – der erste Schritt im gemeinsamen Kampf. Die Arbeiterfamilie sei dabei eine durch und durch widersprüchliche Konstruktion, denn einerseits unterstütze die Frau den Mann bei seiner Arbeit und beim Geldverdienen für den gemeinsamen Unterhalt, andererseits unterstütze die Frau gleichzeitig das Kapital bei der Ausbeutung ihrer Nächsten. Die Familie habe dabei eine ähnliche Aufgabe wie die Gewerkschaften, die einerseits unterstützend den Arbeitern in ihren Forderungen zur Seite stehen, andererseits durch ihre institutionelle Struktur dafür sorgen, dass der Arbeiter nie etwas anderes sein wird als eine Quelle des Mehrwerts für das Kapital.[158] Die Frau muss also für ihre Autonomie und gegen die Familie kämpfen, insofern hierbei auch wieder nur ein weiterer Außenposten der kapitalistischen Verwertungsmaschine gemeint ist. Der Kampf

157 Vgl. ebd., 53f.
158 Vgl. ebd., 59.

der Frauen gegen die Arbeit entspreche dabei dem Kampf der Arbeiter gegen die Arbeit.[159] Insofern jedoch der Kampf gegen die Arbeit der Frau eigentlich ein Kampf für die Zerstörung der Kleinfamilie ist, werde der Klassenkampf durch den spezifischen Kampf der Frau um eine zusätzliche Dimension erweitert. Auch hier wird der Staat als Handlanger (wenn auch nicht Verursacher) des kapitalistischen Plans angerufen, als Vollstrecker des ökonomischen Ausbeutungsverhältnisses, das sich über die Fabrik hinaus auch in die private Sphäre erstreckt. So auch konnte Dalla Costa die Reproduktionssphäre als *fabricca*
 sociale bezeichnen.

> »Es ist genau dieser Kampf gegen die Arbeit, auf dem die Akkumulation und die Disziplinierung der Klasse größtenteils basieren, der *den Staat überzeugt hat, mehr und mehr in den Bereich der Reproduktion der Arbeitskraft zu investieren.* Daher das enorme Anwachsen der ›*öffentlichen Ausgaben*‹ auf *internationaler Ebene.*
>
> Tatsächlich liegt hinter dem Prozess, den unsere männlichen Kollegen als ›Tertiärisierung‹ bezeichnen, zum großen Teil die Sozialisierung verschiedener Bereiche der Hausarbeit (Sozialhilfe, Pflegearbeit etc.), deren unmittelbare Konsequenz die Erhöhung der Kosten der Arbeitskraft selbst ist; und es ist genau diese Erhöhung, i. e. die Notwendigkeit, mehr und mehr in die Reproduktion der Arbeitskraft zu

159 Der Kampf der Arbeiter gegen die Arbeit ist natürlich ein Motiv des Operaismus Trontis, im Versuch, sich von dem orthodoxen Marxismus mit seinem Produktivismus und seinem Kampf um Effizienz abzugrenzen. Dies wird nun von Dalla Costa übernommen, um es auf die Situation der Frau in ihrem eigenen Ausbeutungsverhältnis anzuwenden.

> investieren, welche einen der fundamentalen Faktoren der gegenwärtigen Krise des Kapitals bezeichnet.«[160]

Retrospektiv geht Dalla Costa auf den Konnex zwischen Operaismus und Feminismus der damaligen Zeit ein:

> »Die (operaistische) Not, nützliche Analysen für die Intervention zu erlangen, machte beinahe die gesamte Anstrengung in der kapitalistischen Periode aus. Wir deckten das Geheimnis der Reproduktion auf durch die Analyse der Produktion und Reproduktion der Arbeitskraft als versteckte Phase der kapitalistischen Akkumulation. Wir erweiterten das Konzept der Klasse und fügten die Frauen als Produzenteninnen und Reproduzenteninnen der Arbeitskraft hinzu. Wir hatten vor allem die proletarischen Frauen und die der Arbeiterklasse im Fokus. Hinter den verschlossenen Türen der Heime lieferten die Frauen eine Arbeit, die weder Entlohnung noch geregelte Arbeitszeiten oder Feierabende kannte, vielmehr dazu tendierte, die gesamte Lebenszeit aufzubrauchen. Eine Arbeit, die aus

160 Collectivo Internazionale Feminista, Le operaie della casa. (1977); (https://www.viewpointmag.com/2015/10/31/excerpts-from-le-operaie-della-casa/#rf3-5289). (Transl.: D. G.; Orig.: »It is precisely this struggle against work, upon which accumulation and the disciplining of the class are largely founded, that has *compelled the state to invest more and more in the terrain of the reproduction of labor power*. Thus the enormous growth of ›*public spending*‹ has emerged at the *international level*. In fact, behind the process which our male comrades define as ›tertiarization‹ there is in large part the socialization of various tasks of housework [social assistance, ›collective mothers‹ etc.], the immediate consequence of which is the increase in the cost of labor-power itself. and it is precisely this increase, that is, the need to invest more and more in the reproduction of living labor, which constitutes one of the fundamental factors of the present crisis of capital.«)

materiellen und immateriellen Pflichten bestand und all ihre Entscheidungen mit beeinflusste. Wenn wir die Familie als Ort der alltäglichen Produktion definieren, dann produziert und reproduziert sich dort die Arbeitskraft; bis jetzt haben andere die Familie als bloßen Ort des Konsums oder der Produktion von Gebrauchswerten bzw. als bloße Reserve der Arbeitskraft definiert. Wir bekräftigten, dass die externe Arbeit weder die Hausarbeit eliminiert noch substanziell transformiert, sondern allenfalls einen zweiten Geschäftsführer, repräsentiert durch den Ehemann, hinzufügt. Deshalb war die Emanzipation innerhalb der externen Arbeit niemals wirklich unser Ziel. Und auch nicht die Gleichstellung [der Frau] mit dem Mann. Noch dazu in einem Moment, in dem sich der Diskurs der Verweigerung der Arbeit durchsetzte, weil wir es uns niemals zum Ziel setzen konnten, einem Arbeitsbegriff zu folgen, den die Männer als verweigerungswürdig ansahen. In der fordistischen Gesellschaft dieser Jahre haben wir nun entdeckt, dass die Produktion von zwei Polen aus entspringt, der Fabrik und dem Heim; und dass die Frau – gerade weil sie die grundlegende Ware für den Kapitalismus produziert, nämlich die Arbeitskraft – einen unglaublichen Hebel der sozialen Macht in der Hand hält: Sie kann es verweigern zu produzieren. Und deshalb war sie die zentrale Figur innerhalb der ›sozialen Subversion‹, wie wir es im damaligen Jargon ausdrückten, d. h. in einem Kampf, der an eine radikale Transformation der Gesellschaft heranführen konnte.«[161]

161 Mariarosa *Dalla Costa*, La porto dell'orto e del giardino. In: Guido Borio, Francesca Pozzi, Gigi Roggero (Hg.), Gli operaisti (Derive Approdi,

Die operaistischen Motive bleiben auch hier vorhanden, die Frau wird zum neuen subversiven Element aufgrund ihrer Macht, die Produktion und Reproduktion der Arbeitskraft im All-

Roma 2005) 124f. (Transl.: D. G.; Orig.: »L'urgenza [operaistica] di avere analise utili all'intervento fece presto concentrare tutto l'impegno sul periodo capitalisico. Svelammo l'arcano della riproduzione analizzando come la produzione e riproduzione della forza-lavoro costituisse la fase nascosta dell'accumulazione capitalistica. Allargammo il concetto di classe a includervi le donne in quanto produttrici e riproduttrici della forza-lavoro. Guardavammo fondamentalmente alle donne proletarie e di classe operaia. Dietro le porte chiuse di casa le donne erogavano un lavoro che non aveva retribuzione né orario né ferie ma tendeva anzi a occupare tutto il tempo della loro vita. Lavoro che constava di mansioni materiali e immateriali e che condizionava tutte le loro scelte. Definimmo la famiglia come luogo di produzione in quanto quotidianamente vi si produceva e riproduceva la forza-lavoro; fino ad allora invece altre avevano sostenuto oppure continuavano a sostenere che la famiglia era luogo di mera consumo o di produzione di valori d'uso o solo luogo di riserva di forza-lavoro. Sostenemmo che il lavoro esterno non eliminava né trasformava sostanzialmente il lavoro domestico ma aggiungeva semmai un secondo padrone al primo rappresentato dal lavoro stesso del marito. Per cui l'emancipazione attraverso il lavoro esterno no fu mai tra i nostri obiettivi. E nemmeno la parità con l'uomo. Inoltre, in un momento in cui si era fortemente imposto il discorso sul rifiuto del lavoro perché mai avrebbe dovuto costituire per noi una meta ciò che gli uomini dicevano di voler rifiutare? Nella società fordista di quegli anni, dunque, avevamo svelato che la produzione scaturiva fondamentalmente da due poli, la fabbrica e la case, e che la donna, proprio perché con il suo lavoro produceva la merce fondamentale per il capitalismo, la forza-lavoro stessa, aveva in mano una leva fondamentale di potere sociale: poteva rifiutare di produrre. Per ciò stesso costituiva la figura centrale della ›soversione sociale‹ come dicemmo nel gergo di allora, cioè di una lotta che poteva condurre a una radicale trasformazione della società.«)

gemeinen zu verweigern. Damit avanciert sie zur Hauptträgerin des Banners des antikapitalistischen Widerstandes und neben dem Fabrikarbeiter zum zweiten politischen Hauptakteur, wenn nicht sogar zum wichtigsten.

Dieser Strang des marxistischen Feminismus wurde, propagiert vor allem durch Silvia Federici, sehr populär innerhalb der US-Frauenbewegung der 70er Jahre. Als ein großes Problem zeigte sich hierbei jedoch, dass die Kritik an der Hausarbeit sehr schnell zu einem Slogan für die Integration der Frau in den Arbeitsmarkt entstellt werden konnte. Federici und Dalla

Costa stellten sich jedoch strikt gegen diese Vereinnahmung ihrer Theorie, ihre Forderung blieb die gerechte Entlohnung der Hausarbeit und nicht die Überführung von einem Ausbeutungsverhältnis in ein anderes. Dennoch konnten sie in letzter Konsequenz die Appropriation ihrer Thesen durch den weitaus stärkeren Zweig der Frauenbewegung, der sich Selbstbestimmung und finanzielle Unabhängigkeit durch bezahlte Arbeit erhoffte, nicht mehr verhindern.

Abschließend lässt sich sagen, dass sich in Bezug auf die operaistische Frauenbewegung ein wichtiger Punkt zeigt, der dann auch von Negri und anderen aufgenommen werden wird: Das operaistische Paradigma erweist sich insofern als ausgesprochen vielseitig, als sich in seinem Zentrum stets ein bestimmter privilegierter politischer Akteur befindet, der den Stein des antikapitalistischen Widerstands ins Rollen bringt. Die Zentralität dieses Akteurs beruht darauf, dass seine spezifische Praxis bereits als ursprünglich und vorrangig zum Kapitalverhältnis postuliert wird. Diese Praxis dient dann auch als Anregung für die Konzeptualisierung einer nachkapitalistischen Gesellschaft.

Dasselbe Motiv findet sich auch bei Antonio Negri wieder, von dem gesagt werden kann, dass er seinen Begriff des sozialen Arbeiters durchaus auch in Auseinandersetzung mit dem operaistischen Feminismus und dem ab den 70er Jahren stärker auftretenden Phänomen der Tertiärisierung entwickelt hat.

Negris Sozialer Arbeiter

Während Tronti den Austragungsort des politischen Konfliktes, unter Preisgabe der Macht der politischen Subjektivität der Arbeiterschaft, ins Zentrum seiner Aufmerksamkeit rückt, geht Antonio Negri genau den entgegengesetzten Weg. Mit dem Heraustreten des Konflikts aus der Fabrik in die Mitte der Gesellschaft komme es zwangsläufig auch zu einer Formverschiebung der politischen Subjektivität. Mit dem Verlust der Fabrik als Austragungsort des kapitalistischen Hauptwiderspruchs zwischen Kapital und Arbeit gehe auch der Verlust der politischen Subjektivität des Massenarbeiters einher. Insofern dieser Hauptwiderspruch nun dezentralisiert wurde und an verschiedenen Krisenherden der Gesellschaft hervorbreche, entstehe in dieser neuen Konfliktualität auch die neue Subjektivität des »sozialen Arbeiters«.

> »Es ist eine umwerfende Hypothese, die sich zu formen beginnt, die Kategorie ›Arbeiterklasse‹ verfällt in eine Krise, aber produziert weiterhin all die Effekte, die im Bereich des Sozialen dem Proletariat eigen sind. […] Nachdem das Proletariat zum Arbeiter geworden ist, ist nun der Prozess umgekehrt: Der Arbeiter wurde zum tertiären Arbeiter, sozialen Arbeiter, proletarischen Arbeiter, Proletarier. […] Wir haben den Massenarbeiter (erste massenhafte Manifestation [*concretizzazione massificata*] der kapitalistischen Abstraktion der Arbeit) gesehen, der die Krise hervorgerufen hat. Nun sehen wir die Restrukturierung, die – weit entfernt davon, die Krise zu meistern –

sich ausdehnt und ihren Schatten über die gesamte Gesellschaft wirft.«[162]

Negri macht sich die konzeptionelle Trennung von Proletarier und Arbeiter zunutze. Auch wenn also die Arbeiterschaft in einem Auflösungsprozess begriffen ist, so bedeutet dies nicht das Verschwinden des Proletariats. Vielmehr tritt es dadurch an verschiedenen Orten gleichzeitig auf. Doch auch dieser Auflösungsprozess des klassischen Arbeiters sei nur Zeichen dafür, wie bedrohlich er für das Kapital gewesen sei.

Die Krise des Keynesianismus sei dann eingetreten, als die Arbeiterkämpfe so erfolgreich wurden, dass die Lohnerhöhungen aufhörten, sich am Profit zu orientieren. Somit kommt es zu einem Umschwenken, weg von einem Planerstaat hin zu einem Krisenstaat.[163] War der Staat vorher noch wichtigste Antriebskraft bei der Entwicklung der Produktivität, so wurde er in den Siebzigern zum Verursacher von Krisen, anhand derer die Expansion der Produktivkräfte aufgehalten werden sollte, damit das Kräfteverhältnis zwischen Arbeiterklasse und Kapitalisten wieder ausgeglichen werden könne.

162 Antonio *Negri*, Proletari e Stato. Per una discussione su autonomia operaia e compromesso storico (1976). In: ders., I libri del rogo (Derive Approdi 2006) 144f. (Transl.: D. G.; Orig.: »È un'ipotesi sconvolgente quella che comincia a configurarsi, la categoria ›classe operaia‹ va in crisi ma continua a produrre tutti gli effetti che gli sono propri sul terreno sociale intero, come proletariato. [...] Dopo che il proletariato si era fatto operaio, ora il processo è inverso: l'operaio si fa operaio terziario, operaio sociale, operaio proletario, proletario. [...] Avevamo visto l'operaio-massa [prima concretizzazione massificata dell'astrazione capitalistica del lavoro] produrre la crisi. Ora vediamo la ristrutturazione che, lungi dal superare la crisi, ne distende e allunga l'ombra su tutta la società.«)

163 Vgl. Antonio *Negri*, Crisi dello Stato-piano. Comunismo e organizzazione rivoluzionaria. In: ders., I libri del rogo (Roma 1997).

> »Das Kapital setzte die Fabrik – als Punkt der Verwertung des sozialen Produktionskreislaufs gegen die Gesellschaft – als Bereich der Entwertung ein, als Sitz der Vermassung [*massificazione*]; und gegenwärtig die Gesellschaft als Bild der sozialen Produktionsmaschine gegen die Fabrik als privilegierten Ort der Ablehnung der Arbeit und des wilden Angriffs auf den Profit.«[164]

Insofern sich die Fabrik auf die gesamte Gesellschaft ausgeweitet habe, zur sozialen Fabrik geworden sei, entspreche der soziale Arbeiter der neu geformten politischen Klassenzusammensetzung. Da sich nämlich die technische Klassenzusammensetzung verändert, führt dies für Negri zwangsläufig auch zu einer Veränderung der politischen Zusammensetzung der Klasse. Zwar spricht Negri von ein und demselben Proletariat, von ein und derselben Klasse, und doch ist für ihn auch klar, dass das Erscheinungsbild dieser Klasse bei Veränderung der Gesellschaft als Ganzes ebenfalls einer Wandlung unterliegen muss. Durch die Veränderung der Arbeit als Reaktion des kapitalistischen Plans auf die Bedrohung durch die Arbeiterklasse werde sich auch das Bild des Arbeiters und vor allem gerade die Speerspitze im antikapitalistischen Kampf verändern.

Folgt Negri somit zwar der These Trontis, dass die Fabrik sich in die Gesellschaft ausweitet, so teilt er nicht die Auffassung, dass damit die politische Kategorie des Arbeiters dem Untergang

164 Antonio *Negri*, Partito operaio contro il lavoro. In: ders., I libri del rogo (Roma 1997). (Transl.; D. G.; Orig. »Il capitale mette la fabbrica, come punto di valorizzazione del circuito sociale della produzione, contro la società come ambito di devalorizzazione, come sede della massificazione, e contemporaneamente la società come immagine della macchina sociale di produzione contro la fabbrica in quanto sede privilegiata del rifiuto del lavoro e dell'attacco selvaggio al profitto.«)

geweiht sei. Dadurch wird Negri gewissermaßen zur Negativfolie des trontianischen Blicks auf die Gesellschaft. Während zum Beispiel für beide der Staat den Ort der Machtaustragung in der Gesellschaft darstellt, so ist für Tronti Politik in erster Linie Kampf um Macht auf der Ebene des Politischen, des Staates, während für Negri Politik die immanente Potenz des Sozialen ist, die sich gegen die Macht des Staates richtet. Während also für Tronti der politische Prozess der Arbeiterautonomie nicht außerhalb der Ebene des Staates funktionieren kann, muss sich für Negri die Autonomie der Arbeiter zwangsläufig außerhalb und gegen den Staat richten. Damit ist bei Negri bereits das politische Programm der Autonomiebewegung skizziert.

Die theoretische Entwicklung des sozialen Arbeiters ist dabei nicht unabhängig von der italienischen Autonomiebewegung der 70er Jahre zu denken. *Autonomia Operaia* bildete sich im März 1973 in Bologna vollends heraus, als einige Hundert Aktivisten aus ganz Italien die Gründung eines neuen nationalen Komitees zur Planung eines breit angelegten Gegenangriffs gegen die zunehmende Landnahme des Kapitals nach 69 beschlossen. Dieses Komitee wurde aus vielen verschiedenen Gruppen zusammengesetzt, darunter auch der politische Zweig von *Potere Operaio*, dem Negri angehörte.

Somit forderte Negri eine Arbeiterautonomie jenseits des Staates; eine Autonomie des Sozialen gegenüber der Politik. *Contro e Fuori* (Dagegen und Außerhalb) ist Negris Replik auf Trontis Dentro e Contro: Die neue politische Subjektivität konstituiert sich immer schon außerhalb des kapitalistischen Einflussbereichs und ist notwendig gegen diesen gerichtet. Insofern das Politische seit jeher vom Sozialen unabhängig ist, ist das Soziale genauso vom Politischen unabhängig. Negri folgt also Tronti, insofern er die absolute Priorität der Arbeiterkämpfe vor der Appropriation durch das Kapital postuliert, aber er ist gewillt, auch den von Tronti in Szene gesetzten Massenarbeiter als ein Resultat von kapitalistischen Restrukturierungsversuchen zu sehen. Die Arbeiterkämpfe gehen der kapitalistischen Aneignung der Arbeit zwar voraus, aber die politische Subjektivität bleibt ein Effekt der bestimmten technischen und politischen Klassenzusammensetzung innerhalb dieses Antagonismus.

Für Tronti besteht die Stärke im Konzept der Arbeiterklasse darin, dass sie der sozialen Dimension der Integration in die Gesellschaft widersteht, Gesellschaft in dem Sinne bleibt für ihn eine Kategorie bürgerlicher Soziologie, welche versuche, inhärente Konflikte und Antagonismen einzuebnen. Und mit dem Auflassen der Fabrik und ihrer Diffusion in die Gesellschaft folgt für Tronti notwendig das Ende einer Politik vom Arbeiterstandpunkt aus.

Mit der Dezentralisierung der Produktion innerhalb des gesellschaftlichen Ganzen verliere, so Negri, das Proletariat zwar seine Homogenität, die es als Massenarbeiter noch gehabt habe, dies sei jedoch keineswegs eine Schwäche. Im Gegenteil: Die Restrukturierung des Arbeitsprozesses erweitere die Proletarisierung bis weit außerhalb der Großfabrik und auch außerhalb der industrialisierten Zonen der Gesellschaft. In einer Neuformulierung des marxschen Konzepts des *General Intellect* wird die wertschöpfende Kraft der gesellschaftlichen Kategorie der Arbeit um Kommunikationsfähigkeit und Rationalität erweitert. Die neue Subjektivität ist pluralistisch, multilateral und ideologisch wie örtlich ausdifferenziert und verfolgt dennoch ein gemeinsames Ziel, nämlich den Widerstand gegen die kapitalistische Aneignung der Früchte ihres Schaffens. In ihrer Selbstverwertung des Sozialen ist diese Subjektivität jedoch grundsätzlich autonom. So sehr, dass sie nicht der vielzitierten

Freund-Feind-Dichotomie des Politischen bedarf. Nicht Widerstand *gegen*, sondern Abspaltung *von* der kapitalistischen Verwertungsmaschinerie muss das politische Projekt einer postfordistischen Arbeiterautonomie sein.

Wie Steve Wright hervorhebt, ist die Kategorie des sozialen Arbeiters (*operaio sociale*) nicht von Negri, sondern von Romano Alquati entwickelt worden.[165] Dabei begriff dieser den sozialen Arbeiter als ein neues politisches Subjekt, welches den Massenarbeiter als hegemoniale Figur des Proletariats ersetzte, vor allem durch die zunehmende Prekarisierung im Bereich der intellektuellen Arbeit.[166] Negris Begriff ging dabei noch über diesen hinaus, indem er sämtliche Arbeit des tertiären Sektors sowie unbezahlte Haus- und Pflegearbeit mit einschloss. Damit vollzieht er einen Bruch mit der operaistischen Tradition, indem er nicht mehr ausschließlich den unmittelbaren Produktionsprozess, geschweige denn einen einzelnen Produktionssektor, ins Auge fasste. Im Gegenteil: Alles, was unter den Begriff der abstrakten Arbeit, entlang des gesamten Verwertungsprozesses, subsumiert werden konnte, fiel nun unter die Kategorie der sozialen Arbeit. Entgegen dem Ziel des kapitalistischen Plans habe die Restrukturierung der Produktion das Proletariat nicht geschwächt, sondern ihm neuen Elan verliehen. Diese neuen Schichten des Proletariats versuchten nun, ihre Bedürfnisse außerhalb der kapitalistischen Verwertungsmaschinerie zu stillen. Dies bedeutete allerdings, das langjährige und klassische Zugpferd der operaistischen Strategie – die Lohnfrage – außen vor zu lassen. Zum Kampf um die Tren-

165 Vgl. Steve *Wright*, Storming Heaven (Pluto Press 2002) 163.

166 Vgl. Romano *Alquati*, Università, formazione della forza-lavoro e terziarizzazione. In: Aut-Aut, (Nr. 154: 1976).

nung von notwendiger Arbeit und Mehrwertabschöpfung kam nun der Kampf um die Ablehnung und die Sabotage der Arbeit als kapitalistische Kategorie im Allgemeinen hinzu. Nur so konnte nach Negri auch nichtentlohnte Pflege- und Heimarbeit als Momente politischer Subjektivierung in den gemeinsamen Kampf integriert werden.

Hatte Alquati doch den Term des sozialen Arbeiters geprägt, so blieb auch ihm die Kritik an Negri nicht erspart, welcher diese Figur bereits als hegemonial postulierte, noch bevor sie als ausgebildete politische Subjektivität innerhalb der itali-

enischen Gesellschaft in Erscheinung trat.[167] Für Alquati blieb diese Kategorie ein latentes Phänomen, welche sich erst in empirischen Studien zu bewähren hatte. Negri hingegen leitete sie in Anlehnung an den Massenarbeiter her, um das Vakuum zu füllen, das dieser nach dem Ende der 60er Jahre hinterlassen hatte. Dies veranlasste Negri, sich noch weiter von dem marxistischen Ausgangspunkt zu entfernen. In *Marx oltre Marx* verkündete Negri das Ende des Wertgesetzes, da dieses der kapitalistischen Arbeit eine zu affirmative Rolle einräume und die Wertschöpfung des Proletariats nach wie vor von der kapitalistischen Verwertungsmaschinerie abhängig bleibe. Noch dazu ließen neue Informations- und Kommunikationstechnologien die einfache Abschöpfung des Mehrwerts im Maßstab der Zeit obsolet und nicht mehr zeitgemäß erscheinen. In einem Versuch, die Abhängigkeit des Proletariats vom Kommando des Kapitals zu lösen, postulierte Negri die Selbstverwertung des Proletariats. Neben der Eigenschaft des Proletariats, lebendige

167 Vgl. *Alquati*, Ulteriori note sull'università e il territorio. In: Romano *Alquati* et al. (Hg.), Università di ceto medio e proletariato intellettuale (Turin 1978) 90f.

Arbeit zu verkörpern, kommen Kommunikationsfähigkeiten und gemeinsame Absprache wie auch Möglichkeiten des Zusammenschlusses hinzu.

In späteren Jahren fügte Negri den Begriff der *immateriellen Arbeit* hinzu, womit er kooperative, kommunikative und affektive Tätigkeiten ebenfalls als Arbeit kategorisiert. Zwar bleiben in der immateriellen Produktion die Beschäftigten eine Minderheit, trotzdem sei diese Form der Arbeit hegemonial. Die Produktion immaterieller Güter verändere alle anderen Formen der Arbeit, ja sogar die Gesellschaft in ihrer Gesamtheit, indem sie Symbole, Affekte und Beziehungen herstelle, welche das soziale Selbstbild und die Fähigkeit zur inneren Auseinandersetzung stärke.

Damit bleibe die Produktion gesellschaftlicher Güter nicht mehr nur auf die Ökonomie beschränkt; hier spricht Negri in seiner speziellen Abwandlung des Begriffs Michel Foucaults von *Biopolitik*. In einer rücksichtslosen Erweiterung des Begriffs des *General Intellect* wird dieser nun über die Produktionssphäre hinaus ausgeweitet und zum Maßstab der menschlichen Praxis selbst. Was vorher noch als Kategorie für die lebendige Arbeit gedient hatte, wird nun zur Kategorie für das menschliche Leben als solches. Der General Intellect wird so zu einer allgemeinen Grundkategorie im Prozess der Subjektwerdung und damit zum Ausgangspunkt verschiedener politischer Subjektivitäten. Dadurch wird die Subjektivität politischer Akteure zur größten produktiven Kraft überhaupt, denn sie allein besitze die Möglichkeit, eine neue Gesellschaft als Ganzes ins Leben zu rufen. Die revolutionäre Kraft sei also die produktive Kraft in ihrer reinsten Form.

Diese subjektive Bedingung von Produktion als solcher ist das, was Negri später mit Michael Hardt als *Multitude* bezeichnen wird. Die Multitude ist dabei nicht nur dem Kapitalverhältnis entgegengesetzt, sondern in ihrer wahren Form tatsächlich von diesem unabhängig. Dieser Begriff Spinozas wurde mittlerweile von vielen anderen italienischen Theoretikern übernommen. So schreibt Paulo Virno über die geschichtliche Entstehung der Multitude:

> »Der Postfordismus (und mit ihm die Multitude) ist in Italien mit den sozialen Kämpfen, die man üblicherweise als die ›Bewegung von 1977‹ bezeichnet, auf den Plan getreten. […] Jede drastische Wandlung in der Arbeitsorganisation ruft unweigerlich die Unruhen der ›ursprünglichen Akkumulation‹ in Erinnerung, da sie ein Verhältnis von Dingen (neue Technologien, geänderte Allokation der Investitionen usw.) in ein völlig neues gesellschaftliches Verhältnis verwandeln muss. […] Die Großtat des italienischen Kapitalismus besteht nun darin, dass er genau die Verhaltensweisen, die sich zunächst in die Gewänder des radikalen Protests gehüllt hatten, in eine produktive Ressource verwandelt hat, die Umwandlungen der kollektiven Handlungen der 77er-Bewegung – Auszug aus der Fabrik, Desinteresse an der fixen Anstellung, Vertrautheit mit kommunikativen Wissensformen und Netzen – in ein innovatives Bild der Berufswelt […]. Recht besehen nahm die 77er-Bewegung einige charakteristische Züge der postfordistischen Multitude vorweg. Mag sein, dass ihre Virtuosität sich noch schwach ausgebildet und roh darstellte, nichtsdestotrotz war sie alles andere als unterwürfig.«[168]

Als ein Problem dessen, dass sich nun die Kommunikations- und Organisationsfähigkeit als dezidiertes Charakteristikum

168 Paolo *Virno*, Grammatik der Multitude (Turia + Kant, Wien 2005) 138f.

des politischen Akteurs entpuppt, stellt sich nun die relative Unmöglichkeit dar, diesem noch einen Theoriekorpus über die Notwendigkeit der Organisation anzuhängen. Hierin liegt wohl auch, bei allen bereits explizierten Differenzen, einer der bedeutendsten Unterschiede zwischen Tronti und Negri: Während Tronti auf die Theoretisierung der Organisation pocht und dabei noch die notwendige Trennung zwischen Klasse und Partei propagiert, wird für Negri der politische Akteur komplett autark, indem er nicht nur das Prinzip der Selbstverwertung und Autonomisierung in sich trägt, sondern nun auch die alleinige Vollmacht über die Kommunikations- und Organisationsfähigkeit seiner eigenen Aktivitäten. Während also im Operaismus stets ein gewisser Avantgardismus mitgespielt hat, bleibt für die Multitude in ihrer prinzipiellen Unabhängigkeit vom Kapitalverhältnis keine Notwendigkeit mehr für eine konzeptionelle Trennung zwischen Proletariat und Avantgarde. In der Multitude fallen diese beiden Entitäten zusammen, neben der Selbstverwertung tritt die Selbstorganisation hinzu.

Negris durchaus operaistische These in Bezug auf die zunehmende Autonomisierung der kapitalistischen Produktion von lebendiger Arbeit als Ganzes blieb relativ immun gegenüber der Kritik, dass die lebendige Arbeit als Kategorie ausgedient habe. Negri sah dies nur als eine Reaktion des Kapitals auf den wachsenden Anspruch auf Autonomie und Selbstverwertung des Proletariats, welches seine Kämpfe nun nicht mehr nur auf die Fabrik alleine, sondern auf das soziale Geflecht der Gesellschaft als Ganzes ausweitet. Die Selbstverwertung des Kapitals durch sein Kommando wird dabei begleitet von der Selbstverwertung des Proletariats durch Praktiken der Autonomisierung in allen erdenklichen Bereichen der Gesellschaft. Die trontianische Ablehnung der Arbeit wird in eine Ablehnung jeglicher

Ausbeutungsverhältnisse innerhalb der Gesellschaft verwandelt, da der Arbeitsbegriff bei Negri nun über sämtliche Praktiken der Produktion und Reproduktion der Gesellschaft gespannt wird. Das Operaistische an der These bleibt: Widerstand kommt noch vor Ausbeutung und Beherrschung.

Negris theoretisches Schaffen wurde sehr stark beeinflusst durch Cacciaris Entwicklung des Negativen Denkens. Man könnte die Schaffensperiode Negris zwischen Mitte der 70er bis Mitte der 80er Jahre als einen Versuch lesen, aus dem Sog des Negativen Denkens auszubrechen. Für Negri nämlich ist das Negative zwar wichtig, aber allein nicht ausreichend. Es bleibt parasitär gegenüber dem, was es negiert. Die einzige Möglichkeit, das Negative zu konkretisieren, sei nach Negri, das Negative als immanenten Teil sozialer Konflikte anzusehen. Dies sei unumgänglich, das Negative einerseits nicht nur als Etappe im Spiel der Aufhebung zu sehen und es andererseits nicht als bloße Formalität zu betrachten, um die einzelnen sozialen Bereiche voneinander abzugrenzen. Es (das Negative) ist nach Negri vielmehr Teil der produktiven Essenz des Proletariats, insofern der Antagonismus, auf den sie treffen, von Negri selbst als Negativität gedacht wird.

> »[…] Nur die Arbeiter- und proletarischen Kämpfe konstruieren die Welt und nur das Negative gibt ihnen Geschmack [*sapore*] […] rudimentär, lieber Karl Marx, ist dein Konzept der Produktion so weit entfernt von der Dimension der Immaterialität und der informellen Qualität, die heute gesiegt hat. Ganz zu schweigen von der Zusammensetzung [*composizione*] und dem Bewusstsein des revolutionären Subjekts – heute eingesetzt mitten in einem Prozess der Subsumtion der Gesellschaft unters Kapital, welches kurz vor seinem Ziel steht – ein lebendiges, po-

lyvalentes, intelligentes, schönes, alternatives Subjekt, das die bezahlte Arbeit ablehnt, während es Freiheit zum Produzieren fordert. Dieses hat die kreative Macht seiner eigenen Freiheit, seiner eigenen Gemeinschaft, seiner eigenen Hoffnungen entdeckt [...].«[169]

Auf der Suche nach einer dezidiert nichtdialektischen Anschauung des Negativen stieß Negri auf die politischen Schriften Spinozas. Vor allem die konzeptuelle Trennung von konstitutiver und konstituierender Macht ermöglichte Negri einen Ausweg aus der Bedrohung des Negativen Denkens, während er gleichzeitig die für ihn wichtigsten operaistischen Einsichten in sein neues Schaffen integrieren konnte. Insbesondere in Bezug auf Tronti konnte er die konstitutive Macht der Domäne des Politischen überlassen und dennoch der Domäne des Sozialen die weitaus wichtigere Kategorie der konstituierenden Macht vorbehalten.[170] Die Eigenschaften der Selbstverwertung des Proletariats und die der Autonomisierung konnte er mit einer Art konstituierender Macht gleichstellen und somit einen positi-

169 Antonio *Negri*, Lettera a Marx. In: Il Manifesto (10-5-1983). (Transl.: D. G.; Orig.: »... solo la lotta operaia e proletaria costruisce il mondo e solo il negativo gli dà sapore ... rudimentale, caro Karl Marx, è il tuo concetto di produzione, tanto lontano dalle dimensioni di immaterialità e dalla qualità informale che oggi ha conquistato. Per non parlare della composizione e della coscienza del soggetto rivoluzionario – oggi piantato nel mezzo di un processo di sussunzione della società nel capitale che è in via di concludersi – un soggetto vivo, polyvalente, intelligente, bello, alternativo, che rifiuta il lavoro salariato tanto quanto esige libertà di produrre. Esso viene scoprendo la potenza creativa della sua libertà, della sua comunità, della sua speranza ...«)

170 Vgl. Antonio *Negri*, Die wilde Anomalie. Baruch Spinozas Entwurf einer freien Gesellschaft (Berlin 1982).

ven Bezug zum operaistischen Streben nach Autonomie herstellen, ohne dabei ausschließlich von negativen Bestimmungen getrieben zu sein. Gleichzeitig aber wird das Exodus-Motiv zum bestimmenden Narrativ proletarischer Widerständigkeit. Negri bleibt also dezidiert antidialektisch; die Immanenz der Multitude kennt keine Vermittlungsbewegung. Seine Kombination der theoretischen Einsichten des Operaismus mit jenen Spinozas führte Negri zu einem eigenständigen Denken, das sich in seiner gemeinsamen Arbeit mit Michael Hardt fortsetzte, was ihm um die Jahrtausendwende, mit der Veröffentlichung seiner Trilogie: *Empire*, *Commonwealth* und *Multitudes*, unglaubliche Berühmtheit eingebracht hat. Und doch wurden diese drei Begriffe Spinozas – *imperium, civitas,*[171] *multitudo* – bereits als Schlüsselbegriffe der politischen Ontologie in seinem Buch *L'anomalia Selvaggia* zu Beginn der 80er Jahre verwendet.

171 Zumindest in der englischen Ausgabe der *Wilden Anomalie* wird der Begriff Spinozas »civitas« mit dem Begriff »commonwealth« übersetzt.

Conclusio

Zunächst entsteht der Eindruck, als würde Negri mit seiner These der Veränderung der politischen Zusammensetzung der Arbeiterklasse recht behalten. Die Bewegung von 1977 schaffte noch einmal einen Aufschrei, sie kann quasi als ein Protest gegen die sich durchsetzende Tertiärisierung gelesen werden, und Negri, wie auch Virno, sieht in dieser Bewegung das erstmalige Auftauchen des sozialen Arbeiters bzw. der Multitude in Reinform.

> »Die soziale Autonomie der Bewegung wurde in den Jahren von 68 bis 77 entdeckt und entwickelt, realisierte sich aber als Massenphänomen erst 77. 1977 bedeutet die Erfindung einer Politik neuen Typs: Politik der Basis, komplett umgekehrt, Ausübung des Rechts auf Gegenmacht. Und auch ein erster Erwerb der Massenkommunikationsmittel, hilfreich zur revolutionären Initiative. Mir scheint, dass der Diskurs über die Verweigerung der Arbeit die wahre Ambivalenz des Verhältnisses 68/77 wiedergibt. Der Diskurs über die Verweigerung der Arbeit repräsentiert zugleich die Kontinuität, die Verschärfung und das Überkommen der sozialistischen Kritik der Arbeit: Darin liegt ihre Ambivalenz.«[172]

172 Antonio *Negri*, La sconfitta del '77. In: Nanni Balestrini, Primo Moroni, L'orda d'oro (Milano 1988) 372. (Transl.: D. G.; Orig.: »L'autonomia sociale del movimento viene scoperta e sviluppata negli anni che vanno dal '68 al '77, ma si realizza come fenomeno di massa solo nel '77. Il '77 è l'invenzione di una politica di tipo nuovo, politica di base, com-

Diese Bewegung hatte jedoch nur mehr wenig mit 68 zu tun, bis auf die Tatsache, dass sie eine politische Bewegung von überwiegend prekarisierten Arbeitern und Studenten war. Und auch Paolo Virno meint, dass alles, was nach 1969 passiert sei, in seiner ganzen Radikalität, nichts anderes war, als ein Widerstehen und Hinauszögern.[173] 1977 war auch nur die Spitze des Eisbergs, ins Leben gerufen wurde jene Bewegung (von 77) bereits 1973–1974. Die Ölkrise hat unvorstellbare Zahlen von Arbeitslosen und überdies einen Bruch mit der politischen Hegemonie des männlichen Fabrikarbeiters hervorgerufen. Zeitgleich gerieten die italienischen marxistischen Gruppierungen dieser Zeit in eine Krise, beinahe alle waren sie bis 1977 bereits verschwunden. Nach dem Coup in Chile fürchtete die PCI ein ähnliches Schicksal, obwohl sie 1976 34 Prozent der Stimmen verbuchen konnte: Nach einem Wahlerfolg der kommunistischen Partei sollte es zu einem neo-faschistischen Militärputsch kommen, unterstützt von der CIA. Dies trieb die Idee eines historischen Kompromisses (*compromesso storico*), nämlich eine Koalition der Kommunisten mit den Christ-Demokraten, weiter voran. Theoretisch wurde der Marxismus ab den Siebzigern dann noch von häretischen Denkern wie Foucault, Deleuze und Guattari ergänzt, die ihre eigenen Vorstellungen

pletamente trasversale, esercizio diretto di contropotere. È anche una prima acquisizione degli strumenti di comunicazione di massa, subordinati all'iniziativa rivoluzionaria. Mi sembra che il discorso sul rifiuto del lavoro possa rappresentare la vera ambivalenza del rapporto '68/'77. Il discorso sul rifiuto del lavoro rappresenta insieme la continuità, l'esasperazione e il superamento della critica socialista del lavoro: in ciò consiste la sua ambiguità.«)

173 Vgl. Paolo *Virno*, Il lavoro non rende liberi. In: Ballestrini u. a. (Hg.), L'orda d'oro, 533.

über die Veränderung der politischen Landschaft nach 68 hatten und den repressiven Apparat des Realsozialismus in Teilen der marxschen Theorie selbst vermuteten. Hinzu kamen die Bürgerrechtsbewegung neuer Gruppierungen wie Feminismus, Ökologie, LGBT etc. Vor allem aber die Frauenbewegung war die erste Massenbewegung nach 68. Aufgekommen zu Beginn der 70er Jahre, schwächten sie weiterhin das hegemoniale Bild des Fabrikarbeiters, der nur das sichtbarste Moment der Ausbeutung der menschlichen Arbeitskraft zu sein schien, während andere Ausbeutungsverhältnisse unangetastet blieben und nicht einmal von den sogenannten revolutionären Parteien beachtet würden. Vor allem in den USA konnte sich der operaistische Feminismus einer hohen Beliebtheit erfreuen; die Argumentation für Entlohnung der Hausarbeit goss nur leider Öl ins Feuer der neoliberalen Think-Tanks, die für die Befreiung und Selbstbestimmung der Frauen durch den Arbeitsmarkt argumentierten. Obwohl Federici und Dalla Costa sich, wie bereits erwähnt, zutiefst gegen diese Argumentation wehrten und versuchten, die Unterschiede dieser zwei Anschauungen akribisch herauszuarbeiten, so konnte die Nähe der beiden Diskurse nicht restlos geleugnet werden. Der italienische Feminismus wurde somit vereinnahmt und entkräftet – im Sinne der Selbstbestimmung der Frau durch Eintritt in die Männerwelt.

Der gefühlte Fehlschlag einer Revolution nach 68 rief eine zwar revolutionäre, aber zugleich auch reaktionäre Bewegung auf den Plan, die bis zum bewaffneten Widerstand aufbegehren wird. Ähnlich wie die RAF in Deutschland hatten die *Brigate Rosse* (Rote Brigaden) den Eindruck gewonnen, dass der Umschwung nicht mit gewaltlosen Mitteln herbeizuführen sei. Angetreten als studentische Gruppierung, veränderte sich ihr politisches Ziel nach ihrer offiziellen Gründung 1970 hin zum strategischen Terror gegen die Staatsgewalt. Dieser beinhaltete Sabotage in Fabriken, bewaffnete Überfälle, Mord, Entführungen, Befreiung von Gefangenen und dergleichen. Und auch wenn Mitbegründer und Gallionsfigur der BR, Renato Curcio, recht früh gefasst und eingesperrt wurde, so behielten sie dennoch ihre Präsenz und ihre Schlagkraft. Höhepunkt ihres zweifelhaften Ruhms erlangten sie durch die Entführung Aldo Moros. Sie hielten den von ihm angestrebten »historischen Kompromiss« als einen Verrat an den Idealen der Revolution, aber vor allem ging es um die Befreiung gefangener Mitglieder der

BR. Die Regierung jedoch zeigte sich nicht zu Verhandlungen bereit und nach 55 Tagen Inhaftierung wurde Moro von den BR exekutiert. Dies markierte den Anfang vom Ende der BR. Der gegen den Staat gerichtete Terror konnte nichts anderes als staatlichen Terror nach sich ziehen. 1979 wurden führende Mitglieder der *Autonomia Operaia* (Antonio Negri, Oreste Scalzone, Emilio Vesce, Alisa Del Re, Franco Piperno u. a.) verhaftet und der Mitschuld an Moros Tod bezichtigt. Negri wurde dabei als geheimer Anführer der BR angeklagt. Diese Anklage konnte jedoch ein Jahr später fallen gelassen werden, da sich ein inhaftiertes BR-Mitglied geständig zeigte und bestätigte, dass Negri nichts mit den Roten Brigaden zu tun hatte. Aufgrund anderer Anklagen blieb Negri jedoch noch weitere drei Jahre in Haft, als er von der *Partito Radicale* (Radikale Partei) in ein politisches Amt gewählt wurde. Daraufhin konnte er politische Immunität beantragen und aus dem Gefängnis entlassen werden, was er nutzte, um sich kurzerhand nach Frankreich abzusetzen.

Damit war das Ende der Ära der außerparlamentarischen Linken in Italien besiegelt. Die 80er Jahre waren auch hier gezeichnet vom politischen Stil des Raeganismus und Thatcherismus. Wie auf französischer Seite wurde diese Ära durch eine sozialistische Regierung unter Bettino Craxi komplettiert. Doch auch diese Linksparteien hatten dem neoliberalen Trend auf globaler Ebene nichts entgegenzusetzen. Die Konterrevolution war abgeschlossen. Mit ihr kam es zum Erstarken der rechten Szene, welche bis heute anhält und bis zur Glorifizierung und offenen Zurschaustellung faschistischer Ikonographie geht. Und mit ihr begann auch die Ära des Medienmoguls Silvio Berlusconi, welcher direkt von der Medienreform profitierte, die Craxi ins Leben gerufen hatte.

Costanzo Preve allerdings spricht von einer »Neuen Rechten«, die sich in einem konzeptuellen Bruch mit seinen traditionellen Vorgängern befindet, insofern sie eine Reaktion auf die linke Ideologie und Rhetorik der 70er Jahre war und somit direkt vom operaistischen Gedankengut beeinflusst worden sei.

> »Viele sahen buchstäblich nicht mehr, dass die ›reuevollen Marxisten‹ die prinzipiellen Vertreiber dieser schlimmsten vereinfachenden Vulgarität des ›Todes des Marxismus‹ waren; dass es häufig Ex-Extremisten auf den Barrikaden und verbale Apologeten der Guerilla waren, die heute auf den Pazifismus der jungen Generation [*pacifismo giovanile*] spucken und den Einsatz von Raketen verteidigen; dass die theoretischen Vehikel des dezisionistischen Zynismus und der nietzscheanischen und schmittianischen Mythologie in großem Maße Ex-Orakel der sogenannten Kultur der ›Linken‹ waren.«[174]

174 Vgl. Costanzo *Preve*, Teoria in pezzi. La dissoluzione del paradigma operaista in Italia (1976–1983), (Dedalo 1984) 7. (Transl.: D. G.; Orig.: »Molti non vedono letteralmente più che sono i ›marxisti pentiti‹ i principali diffusori delle peggiori volgarita semplificatrici sulla ›morte del mar-

Preve spricht von drei verschiedenen Operaismen, die als Erben der klassischen Periode des Operaismus der 60er Jahre angetreten sind. Trontis Operaismus mit seiner Anlehnung an die Staatsmacht bezeichnet er als Rechtsoperaismus (*operaismo di destra*). Negris Operaismus mit seinem Fokus auf dem Begriff der Ausbeutung, der von sich aus zur Schaffung eines Proletariats befähigt, wird von ihm Linksoperaismus (*operaismo di sinistra*) genannt. Und Cacciari mit seiner Abkehr vom Marxismus bei Erhalt der soziologischen Kategorien weberscher Prägung und Einbindung des nietzscheanischen Willens zur Macht erhält den Namen Operaismus der Mitte (*operaismo di centro*). Sie alle sind seiner Meinung nach Fehlschläge, weil sie sich auf falsche Prämissen berufen, die bereits ein Jahrzehnt zuvor aufgestellt wurden. Sie alle versuchten unterschiedliche Antworten auf dieselben Fragen ihrer Zeit zu finden, versuchten die Bruchlinien in der Geschichte der Arbeiterbewegung zu verorten und retrospektiv zu begründen, warum das zweite *biennio rosso* (68–69) nicht zu einem revolutionären Umschwung geführt hatte.

Der kapitalistische Gegenschlag setzte meines Erachtens jedoch bereits 1971 mit der Ablösung des Dollars vom Gold und damit dem Ende des Bretton-Woods-Systems ein. Die Weltwährung wurde somit zu einer Fiat-Währung, da sie durch keinen materiellen Wert mehr gedeckt war, sondern nur noch aufgrund des Vertrauens der Menschen in die Kaufkraft des Dollars

xismo‹; che sono spesso ex-estremisti barricardieri ed apologeti verbali della guerriglia a sputare oggi sul pacifismo giovalnile ed a fare l'apologia dei misili; che i veicoli teorici del cinismo decisionsitico e delle mitologie nicciane e schmittiane sono in gran parte ex-oracoli della cosiddetta cultura di ›sinistra‹.«)

aufrecht erhalten wurde. Sein Status als Weltwährung konnte nur mehr mithilfe von Saudi Arabien, dem weltweit größten Erdölexporteur, erhalten werden, indem es sich verpflichtete, jeglichen Erdölhandel mit der Dollar-Währung abzuwickeln, was eine unmittelbare Nachfrage nach Dollarreserven, auch in anderen Ländern, schuf. Ab 1975 folgten sämtliche weiteren OPEC-Länder und handelten ihr Öl nur mehr in Dollar. Diese Situation galt bis dahin als ein Spezialfall der Geldtheorie, denn: Hatte es Fiat-Währungen auch zuvor gegeben, zum Beispiel bevor das Pfund Sterling zur Weltwährung avancierte, so wurde jede einzelne Währung der Welt mit der unilateralen Abkehr des Dollars vom Gold zu einer Fiat-Währung. Durch die Ölschocks der 70er Jahre und die damit verbundenen Preiserhöhungen standen der OPEC plötzlich immense Dollarreserven zur Verfügung, die im Anschluss daran in den Banken von London und der Wall Street gewinnbringend reinvestiert werden konnten. Die jüngste Phase der Globalisierungsbewegung des Kapitalismus wurde so in Gang getreten.

Es ist ein Spezialfall, dem auch Marx nur geringe Aufmerksamkeit schenkte, weil er in den Bewegungen des Weltmarktes langfristig sehr wohl die Tendenz hin zu einer materiell gedeckten Währung annahm. Doch für Marx sollte die Frage nach der Form des Geldes nicht die Form der kapitalistischen Ausbeutung verändern. Marx ging davon aus, dass die kapitalistische Ausbeutung durch eine kleine Formverschiebung des Tauschprinzips vonstatten ging. Anstatt dass eine Ware durch Geld mit einer anderen Ware getauscht würde (W–G–W), werde mit Geld eine Ware gekauft, um aus dieser dann mehr Geld herausschlagen zu können (G–W–G'). Wie Christoph Henning argumentiert, baut die kapitalistische Zirkulation für Marx auf der einfachen Zirkulation auf. Demnach ist es nun die Ware, die das Geld zirkulieren lässt, und nicht mehr das Geld, welches die Waren zirkuliert.[175] Diese Ansicht kann jedoch meines Erachtens nicht die Abkoppelung des Finanzsektors von der Realwirtschaft ab den 70er Jahren erklären, da immer neue Finanzprodukte geschaffen wurden, deren Wert sich durch keine abstrakte Arbeit mehr abbilden lässt, was dennoch ein Aufblasen des Schuldenstandes und damit des Geldvermögens ermöglicht. Dadurch erlaubt der Finanzsektor eine immense Vermögensumverteilung, die bereits nötig war, seitdem die USA Ende der 60er Jahre ihren Handelsbilanzüberschuss einbüßen mussten. Die USA wurden demnach zum Träger des weltgrößten Handelsbilanzdefizits, doch insofern die Überschüsse der anderen Länder weiterhin in der Wall Street investiert wurden, konnten die USA ihren Status als Träger der Weltwirtschaft bis dato erhalten. Der Westen konnte sich somit an der Realisierung des Mehrwertes erfreuen, den andere Länder für ihn erarbeitet hatten. Yanis Varoufakis verwendet die Metapher des Staubsaugers, der die Überschüsse der Anderen aufsaugt, um diese für sich gewinnbringend investieren zu können.[176] Unabhängig von den Prämissen des historischen Materialismus und dem Schema von Basis und Überbau als Leitmotiv der marxistischen Arbeitswertlehre, konnte mit der immensen Finanzialisierung der Ökonomie gezeigt werden, dass das Geld sehr wohl auch als Stein des Anstoßes für die Warenzirkulation gel-

175 Vgl. Christoph Henning, »All das ist nicht mysteriös«. Wider die Verrätselung der Marxschen Geldtheorie. In: Karl *Reitter* (Hg.), Karl Marx. Philosoph der Befreiung oder Theoretiker des Kapitals? Zur Kritik der »Neuen Marx-Lektüre« (Wien 2015) 73f.

176 Vgl. Yanis *Varoufakis*, The Global Minotaur. America, Europe and the Future of the Global Economy (Zed Books 2011).

ten konnte, ja dass das Geld in der Notwendigkeit, sich zu vermehren, immer neue Warenformen (Derivate) erzeugen konnte, die ohne jegliche Form von materieller Produktion geschaffen wurden und dennoch ein Ausweiten des Vermögens allein aufgrund der Ausweitung der Schuldenlast ermöglichten. In diesem Sinne konnten weite Bereiche der heimischen Industrie zunehmend ins Ausland verlagert werden, bei Erhalt der Profite durch Reinvestition über den Finanzsektor. Dies führte unweigerlich zu einer Schwächung der Basis der traditionellen Arbeiterklasse (Arbeiter im Produktionssektor) und in der Folge kam es auch zu einer entscheidenden Schwächung der Gewerkschaftsbasis. Durch Verlagerung der arbeits- und kostenintensiven Produktion in Billiglohnländer verlor also die operaistische Theorie ihr Zugpferd und überließ den Platz dem Sozialen Arbeiter, der dann zum Vorschein kam, als sich die Fabrik angeblich bereits erfolgreich in die gesamte Gesellschaft aufgelöst hatte. Negri richtete jedoch seinen geschulten Blick nicht mehr auf die reale Produktion des Mehrwertes, sondern beließ es bei der Konstruktion einer Ästhetik der Ausbeutung, die an sich eine revolutionäre Subjektivität ins Leben zu rufen scheint, auch wenn nach Negri das marxsche Wertgesetz selbst keine Bedeutung mehr haben konnte.

Gleichzeitig geht mit der ungebremsten Ausweitung des Geldvermögens (vor allem im Finanzsektor) auch eine Ausweitung der Schuldenlast einher, deren zunehmende Verzinsung wiederum auf den Schultern des Proletariats durch Verlagerung dieser Zinsen und Zinseszinsen in die Endverbraucherpreise und durch Abbau des Sozialstaates ausgetragen wurde. Die These der Zentralität der Arbeiterschaft wurde damit ad absurdum geführt, über den Weg der Globalisierung konnten die nationalen Arbeiterorganisationen nur mehr ein Rückzugsgefecht antreten, denn mit den Ölschocks und der darauffolgenden Inflation konnten die Reallöhne gedrückt und die Gewinnspannen der kapitalistischen Großunternehmen wieder gehoben werden. Darüber hinaus konnte die Hegemonie des Fabrikarbeiters gebrochen werden, indem durch Aufweichen der Grenzen die Produktion aus den Industrieländern abgetragen und ins Ausland verschifft wurde, womit eine Welle der Deindustrialisierung ab Mitte der 70er Jahre stattfand, die in den Neoliberalismus der 80er Jahre mündete. Während diese Ereignisse von der operaistischen Schule nur so gelesen werden konnten, dass das Kommando des Kapitals sogar die Verminderung der eigenen Profitrate in Kauf nehme, um die Bedrohung durch die Arbeiterschaft zu schwächen (beziehungsweise zeige dies, dass das marxsche Wertgesetz als Ganzes nicht mehr funktioniere), konnte jedoch tatsächlich gezeigt werden, dass die Profitrate auf internationaler Ebene spätestens ab den 80er Jahren wieder stieg.[177]

Hier offenbart sich eines der Hauptprobleme der operaistischen Theorie: Mit ihrer Betonung auf den Fabrikarbeiter als den Schöpfer des Mehrwerts und damit des Kapitals, blieb das operaistische Verständnis der Ausbeutung auf den Ort der Fabrik beschränkt. Der Fokus auf der Produktion des Mehrwerts ließ die Themen der Verteilung und Realisierung (zweiter und dritter Band des *Kapital*) in den Hintergrund treten. Das Feindbild des Operaismus war demnach immer das vereinheitlichte Kommando des Kapitals als eine Stimme, die sich gegen die Arbeiterschaft in ihrer Gesamtheit richtet; niemals wurde die

177 Vgl. Karl *Reitter*, Von der 68er Bewegung zum Pyrrhussieg des Neoliberalismus. Sozialphilosophische Aufsätze zu 1968, Fordismus, Postfordismus und zum bedingungslosen Grundeinkommen (Wiener Verlag 2014) 58.

Konkurrenz zwischen den unterschiedlichen kapitalistischen Unternehmen behandelt oder als eine mögliche Erklärung für die Veränderung in der taktischen und strategischen Herangehensweise der kapitalistischen Entwicklung herangezogen. Die Globalisierung konnte damit meines Erachtens größtenteils unbemerkt vom Radar der analytischen Instrumente der operaistischen Schule stattfinden. Während diese am Bemühen um Autonomie von der kapitalistischen Ausbeutung bei Erhalt der Produktivität der Arbeitskraft festhielten, behielt das Kapital bei ihrem Streben um Wiederherstellung der Profitrate und bei der Suche nach immer billigeren Arbeitskräften und einer zunehmenden Automatisierung am internationalen Arbeitsmarkt die Oberhand.

Damit schien die theoretische Gegenbewegung mit ihrem Rechtsruck bereits vorherbestimmt. Die Arbeiterkämpfe innerhalb nationaler Grenzen verloren weitgehend an Bedeutung und auch die Trennung zwischen linker und rechter Politik wurde mehr und mehr ausgehöhlt, insofern die nationale Gesetzgebung immer mehr unter den Druck internationaler Konzerne und Lobbys geriet und die Weltwirtschaft alles andere als eine sozialistische war. Der nachfrageorientierte Keynesianismus als adoptierte Wirtschaftspolitik sozialdemokratischer Prägung konnte die Stagflationskrise der 70er Jahre nicht erklären und wurde durch angebotsorientierte, monetaristische Wirtschaftstheorien ersetzt.

Gegen ihren Willen hatte sich die wohl wichtigste Einsicht des operaistischen Gedankenguts gegen sich selbst gewendet, nämlich dass sich die kapitalistische Entwicklung immer als sehr wandlungsfähig erweise und dass sie sich auch nicht völlig gegen die Interessen der Arbeitskraft entwickle, sondern sehr wohl imstande sei, diese Interessen zu verarbeiten und somit die Arbeiterschaft immer wieder aufs Neue zu integrieren. Ungeachtet ihrer abschließenden Thesen, die ich nicht vollkommen teile, möchte ich nur als Beispiel einer neueren soziologischen Analyse dieser Art Luc Boltanskis und Ève Chiapellos *Der neue Geist des Kapitalismus* erwähnen, in dem sie zeigen, wie genau die intellektuelle Positionierung der Eliten in den 70er Jahren im Feuilleton der Wirtschaftsmagazine ausgefochten wurde und wie dabei auf der Suche nach einem neuen Wirtschaftsmodell sehr wohl auch auf die geäußerte Kritik vonseiten der Arbeiterschaft eingegangen wurde; natürlich nicht, um ihre Wünsche zu erfüllen, aber sehr wohl, um ihrer Kritik das Fundament zu entreißen und sie so für eine neue gesellschaftliche Form der Ausbeutung gefügig zu machen.[178] Es ist diese Einsicht aus den soziologischen Analysen der Fabrik der 60er Jahre, die noch bis heute wichtige Aufschlüsse für das Problem der Integration der Arbeiter in die kapitalistische Maschinerie liefert. Und doch muss diese Einsicht heute ohne den Umkehrschluss auskommen, dass dies allein zeige, dass die Arbeiterschaft das wichtigste Element innerhalb dieser Maschinerie sei. Der rücksichtslose Abbau der produktiven Arbeit innerhalb des entwickelten Westens und der zunehmende Einsatz an selbstlernenden autonomen Computersystemen innerhalb der kapitalistischen Arbeitsteilung erzählen eine etwas andere Geschichte; eine Geschichte, die nur schwer aus dem operaistischen Gedankengut (mit seinem Fokus auf menschlicher Arbeit) selbst gewonnen werden kann. Hinzu kamen andere Versuche, die veränderte politische Lage nach 68 zwar mit einer linken, aber nicht mehr dezidiert marxistischen Brille auf die

178 Vgl. Luc *Boltanski*, Ève *Chiapello*, Le nouvel esprit du capitalisme (Gallimard 2011).

Gesellschaft zu analysieren. Vor allem das Einsetzen der heute sogenannten »Postmoderne« ab den 70er Jahren, mit ihrer Abkehr von einer linearen Geschichtsschreibung der Befreiung der Menschheit aus ihrer selbst verschuldeten Unmündigkeit, spielte eine gewichtige Rolle. Nietzsche mit seiner zirkulären Geschichtsauffassung und einem nihilistischen Politikverständnis wurde zum Nachfolger von Hegel und Marx. Nicht nur Foucault, Deleuze, Lyotard u. a. folgten diesem Trend, auch Cacciari, Gianni Vattimo und Pier Aldo Rovatti gehen zeitgleich in dieselbe Richtung. Das sogenannte »Schwache Denken« (*Pensiero Debole*) Vattimos und Rovattis ist dabei meines Erachtens nach eine direkte Replik auf Cacciaris *Pensiero Negativo*. Nach dem Tod Gottes und dem Tod des Marxismus scheint der privilegierte Zugriff auf das Sein von Geschichte und Gesellschaft verloren, zurück bleibt die hermeneutische Herangehensweise des sukzessiven Ent-Deckens (*A-letheia*) der Welt. Das Festhalten an den großen Erzählungen sei dabei immer schon Symptom eines totalitären Blicks auf die Gesellschaft, wobei die Betonung einer nur vorläufigen, niemals endgültigen Wahrheit im Herzen demokratischer Natur sei.

Auch in starker Anlehnung an Negris Bemühungen gingen einige Ex-Operaisten, hauptsächlich die soziologische Sparte, in Richtung Ausweitung des Begriffs der Arbeit. Die Tertiärisierung und die Schwächung der produktiven Arbeit förderten die Entwicklung der kognitiven und der Wissens-Arbeit. Der Softwareprogrammierer zum Beispiel wäre ein paradigmatischer Fall dieser Form der Produktion sozialer Güter. Der kognitive Arbeiter ist einerseits sehr stark abhängig von seiner Integration in den Arbeitsmarkt, andererseits erfordert diese Arbeit einen hohen Anteil an Autonomie, da er in einer hochmodularisierten Arbeitsteilung nur schwer von übergeordneten Organen kontrolliert werden kann. Und dennoch ist diese Arbeit sehr stark auf Kollaboration aufgebaut, insofern ein Modul immer nur eine Teilfunktion eines größeren Programms beschreibt und abhängig ist von seiner Anwendbarkeit und seiner Anschlussmöglichkeit an andere Module. Die Prekarisierung und Parzellierung der Arbeitskraft realisiert sich sogar im Produkt der Arbeit selbst. Franco »Bifo« Berrardi spricht hierbei von einer neuen Form des Proletariats, das er das »Kognitariat« nennt.

> »Meiner Meinung nach ist die zentrale Kraft der Gesellschaft heutzutage die kognitive Arbeitskraft, der ›General Intellect‹, die Kognition als produktive Kraft, aber während der letzten 10–20 Jahre wurde der kognitive Arbeit immer mehr ausgebeutet und getrennt von seiner sozialen und erotischen Existenz. [...] Sie haben keine Zeit, sie können ihrem eigenen sozialen und sexuellen Leben keine Aufmerksamkeit mehr widmen, ihren sozialen Beziehungen, ihrer Familie, ihren Kindern. Diese Art der Separation ist das Hauptproblem heutzutage. Ich denke, wenn dem kognitiven Arbeiter diese Trennung bewusst wird und wenn sie anfangen, soziale Beziehungen zu ihren Kameraden und zu ihren eigenen Körpern aufzubauen, dann werden diese zu ›Kognitariern‹. Was ist ein Kognitarier? Ein ›Kognitarier‹ ist ein Proletarier der Kognition. Wenn jemand sich also seiner Zugehörigkeit zum Proletariat bewusst wird, ein Proletarier der intellektuellen Kraft und Arbeit, wenn jemand aufmerksam und fähig wird, diese Art der Verbindung von kognitiver Arbeit und sozialer Existenz zu erzeugen, dies sind meine Gedanken dazu.«[179]

179 Franco *Berrardi*, Interview @NEURO (München 2004): http://neture.org/wp-content/uploads/bifo_NEURO.pdf (28. 7. 2018) (Transl.: D. G.;

Abermals hält also der marxsche Begriff des »General Intellect« her für der Bildung einer neuen Form der Arbeitskraft, die aufgrund ihrer relativen Autonomie bei gleichzeitig völliger Prekarisierung und Integration in das System zur Speerspitze des Widerstandes gegen die Ausbeutung durch das Kapital wird. Aber diese Form des Post-Operaismus begibt sich in dieselbe Falle wie Negri. Denn auch hier scheint der Kommunismus bereits an Ort und Stelle realisiert, es käme nur mehr darauf an, ein entsprechendes Bewusstsein in den Köpfen des neuen Proletariats zu formen, damit diese realisierten, dass sie bereits in der Lage wären, ihre Ketten jederzeit abzustreifen.

Aber nicht nur in operaistischen Gefilden zeigen sich Versuche, auf die Fragestellungen der damaligen Zeit zu antworten. Auch Agamben, einer der heute bekanntesten Philosophen Italiens, war seinerzeit nicht unbeeinflusst von Cacciaris *Pensiero Negativo*, die beiden verbindet eine lange Bekanntschaft und zeitweise sogar Freundschaft, auch wenn Agamben recht bald von diesem Theoriestrang wieder Abstand nahm. In sei-

Orig.: »In my opinion the central force of society nowadays is the cognitive labour force, the ›general intellect‹, the cognition as productive force, but during the last 10–20 years the cognitive workers got more and more exploited and seperated from their social and erotic existence. […] They don't have time, they can't spend attention to their own social and sexual life, to their social relationship, to their family and children. This kind of seperation is the main problem nowadays. I think, when the cognitive worker becomes aware of this seperation and when they start to build social relationship with their comrades and with their own bodies, they become ›kognitarian‹. What is a ›kognitarian‹? A ›kognitarian‹ is a proletarian of cognition. When one becomes conscious of ones belonging to the proletarians, of your being a proletarian of intellectual force and work, when one becomes aware and able to create this kind of connection between cognitive work and social existence, this my idea about it.«)

nem 1982 erschienenen Buch *Il linguaggio e la morte* (Die Sprache und der Tod) stellt er mithilfe von Hegel, Heidegger, Benveniste, Wittgenstein und anderen fest, dass die Stimme nur leerer Übermittler des Gehalts der Sprache ist, selbst jedoch nichts zu diesem Gehalt beiträgt. Die Stimme dient somit als Träger der Sprache, als ihre negative Fundierung, die dadurch gleichzeitig zur Fundierung einer jeden Metaphysik wird, insofern für Agamben die Sprache die *Conditio sine qua non* der metaphysischen Spekulation ist. Während die Sprache jedoch nichts Neues aussagt, sondern immer wieder mit denselben Mitteln repetiert, was in der Sprache bereits vorhanden ist, bildet die Stimme den vergänglichen Rest, durch den an der Unsterblichkeit der Sprache teilgenommen werden kann. In unserer Endlichkeit und Vergänglichkeit als Sprechende im Vergleich zur Sprache selbst findet Agamben somit die zwei Grundvoraussetzungen der Metaphysik, die Sprache und den Tod. Auch Agamben rückt also die Negation als unfundiertes Fundament der abendländischen Philosophie ins Zentrum der Aufmerksamkeit. Und auch wenn seine Antwort eine andere ist als die Cacciaris, kann sie meines Erachtens trotzdem als der Versuch einer Antwort auf die Fragen gelesen werden, die Cacciari 1976 in seiner Schrift *Krisis* formuliert hat.

> »Das Mythologem der Stimme ist somit das originäre Mythologem der Metaphysik; da aber die Stimme auch der originäre Ort der Negativität ist, ist die Negativität untrennbar mit der Metaphysik verbunden. (Hier zeigt sich deutlich die Grenze einer jeden Kritik der Metaphysik – und Vergleichbares gibt es in der Philosophie der Differenz sowie im Negative Denken und in der Grammatologie – man glaubt, den Horizont zu überschreiten, indem das Problem des Negativen und der Unfundiertheit radikalisiert

wird: Dies ist in der Tat gleichbedeutend mit der Vorstellung einer Überwindung der Metaphysik durch reine und einfache Wiederholung ihres *fundamentalen* Problems).«[180]

Wie aus diesem Zitat hervorgeht, folgt Agamben also nicht dem nietzscheanischen Narrativ des Endes der Metaphysik. Die Probleme, die die Metaphysik betreffen, können nicht an anderer Stelle behandelt werden. Agamben versteht nicht, wie die Berufung auf die Unfundiertheit des Negativen die Geschichte der Metaphysik zum Erliegen bringen sollte, vielmehr sei das Negative die Grundvoraussetzung der Metaphysik und die einzige Möglichkeit des Menschen, über seine eigene Endlichkeit hinaus zu blicken.

Doch auch sein Streben nach einer Neuformulierung des abendländischen Politikverständnisses kann in diese Richtung interpretiert werden. Bereits im Epilog von *Il linguaggio e la morte* spricht er von der kuriosen Negativität, mit der das römische Recht den Begriff *sacrum* versehen hat. Es ist einerseits das Wort, das die Teilhabe am Reich der Götter kennzeichnet, andererseits bezeichnet es den Ausschluss aus der Menschengemeinschaft. *Sacrum* bedeutet also gesegnet und verbannt zugleich. Für Agamben bezeichnet dies einerseits die Position des

180 Giorgio *Agamben*, Il linguaggio e la morte. Un semminario sul luogo della negatività (Einaudi 2008) 105f. (Transl.: D. G., Orig.: »Il mitologema della Voce è, dunque il mitologema originale della metafisica; ma, in quanto la Voce è anche il luogo originario della negatività, la negatività è inseparabile dalla metafisica. [Qui si fa evidente il limite di ogni critica della metafisica – e tali sono tanto la filosophia della differenza che il pensiero negativo e la grammatologia – che pensi di oltrapassarne l'orrizonte radicalizzando il problema della negatività e dello in-fondatezza: ciò equivale, infatti, a pensare come superameto della metafisica una pura e semplice ripetizione del suo problema *fondamentale*].«)

Souveräns, der, indem er über den Ausnahmezustand entscheidet, außerhalb des Gesetzes steht; andererseits bezeichnet es die Position des Geächteten, des Rechtlosen, des Vogelfreien, der aus der Rechtsgemeinschaft ausgeschlossen wird und ohne rechtliche Vergeltung getötet werden darf. Gleichzeitig könne der Ausnahmezustand als konstitutive Negativität gelesen werden, durch welche nach Carl Schmitt das aktuelle Machtgefüge unverfälscht zum Vorschein komme, denn die Bestimmung des Souveräns sei nach Schmitt nur durch den Ausnahmezustand möglich oder vielmehr definiert sich der Souverän durch

nichts anderes als durch sein Vermögen, über den Ausnahmezustand zu entscheiden.

Agamben bezieht sich hier auf ähnliche Autoren wie Tronti, so z. B. Machiavelli, Carl Schmitt und Jakob Taubes, und betont dabei die Autonomie des Politischen, die von keiner menschlichen Macht mehr unterdrückt werden kann. Seine theoretischen Bemühungen bewegen sich somit zunehmend in Richtung Politische Theologie. Seine Anlehnung an das Konzept der Biopolitik Michel Foucaults teilt er mit Negri, doch Agamben versucht nicht, dieses Konzept mit der operaistischen Theorie zu vereinbaren, wodurch beide ein völlig unterschiedliches Verständnis daraus entwickeln.

Auch Roberto Esposito nimmt denselben Kurs, seine Trilogie *Communitas*, *Immunitas* und *Bios* zeigt im Fahrwasser der Trilogie Negris in den 2000er Jahren ebenfalls bekannte Thematiken: ein Verständnis von Politik als Biopolitik, ein antidialektisches Verständnis von Gemeinschaft, das sich nach außen hin absichern möchte, also auch das Exodus-Motiv anstrebt, wie bereits Negri, sowie ein antidialektisches Verständnis des Materialismus, der sich nur auf die Organisation von Körpern und die Strukturierung der Welt durch die Sprache beruft.

Weiters ist Esposito ein starker Verfechter der Idee, dass die italienische Philosophie eine eigene Qualität besitze und sich damit von anderen philosophischen Ansätzen abhebe. In seinem Buch *Pensiero Vivente* (Lebendes Denken) erforscht er über die Geschichte der Philosophie – Croce, Gentile, Gramsci u. a. – sowie über die Geschichte der italienischen Literatur, Kunstgeschichte, Film usw. die Genealogie eines dezidiert italienischen Denkens, das sich von anderen Theoriegebäuden abhebt. Esposito gilt damit als einer der Hauptvertreter einer sogenannten »Italian Theory«.

Negri, Agamben, Esposito können als Ausläufer der »Italian Theory« gelten, insofern sie sich mit ähnlichen Fragestellungen beschäftigen; und trotz meiner Reserviertheit gegenüber allzu raschen Schubladisierungen vertrete ich die These, dass ein theoretisches Projekt sich aufgrund seiner Fragen und nicht aufgrund seiner Antworten definiert. Und da der Operaismus in den Fragestellungen, die er in Auseinandersetzung mit philosophischen und soziologischen Kategorien entwickelt hat, von keinem italienischen Denker der damaligen Zeit ignoriert werden konnte, bleibt es für mich offensichtlich, dass er das vereinende und das polarisierende Moment der italienischen Ideengeschichte nach Gramsci bezeichnet. Mehr noch als Gramsci, der in Agambens Denken keinerlei Eindruck hinterlassen hat, bleibt das operaistische Gedankengut ein nicht zu leugnender Teil der italienischen Philosophiegeschichte und damit des italienischen Geistes, falls man sich solch idealistischer Rhetorik anschließen möchte.

Literatur

Giorgio *Agamben*, Il linguaggio e la morte. Un semminario sul luogo della negatività (Einaudi 2008). | Dt.: Die Sprache und der Tod – Ein Seminar über den Ort der Negativität (Suhrkamp, Frankfurt a. M. 2008).

Romano *Alquati*, Klassenanalyse als Klassenkampf. Arbeiteruntersuchungen bei FIAT und OLIVETTI (Athenäum Fischer 1974).

Romano *Alquati*, Università, formazione della forza-lavoro e terziarizzazione. In: Aut-Aut, (Nr. 154/1976) 51–96.

Romano *Alquati*, Ulteriori note sull'università e il territorio. In: Romano *Alquati* et al. (Hg.), Università di ceto medio e proletariato intellettuale (Stampatori, Turin 1978) 9–216.

Nanni *Balestrini* Primo *Moroni* (Hg.), L'orda d'oro: 1968–1977. La grande ondata rivoluzionaria e creativa, politica ed esistenziale (SugarCo Edizione, Mailand 1988). | Dt.: Die goldene Horde. Arbeiterautonomie, Jugendrevolte und bewaffneter Kampf in Italien (Assoziation A, Berlin 2002[2]).

I Cub: la classe operaia come soggetto. In: Nanni *Balestrini*, Primo *Moroni* (Hg.), L'orda d'oro (SugarCo Edizioni, Mailand 1988) 477–494.

Alberto *Asor Rosa*, Perché tutto il mondo insieme. In: l'Espresso (Nr. 3/1988).

Sergio *Bologna*, Il '68 in Fabricca. In: Nanni *Balestrini*, Primo *Moroni* (Hg.), L'orda d'oro (SugarCo Edizioni, Mailand 1988) 507–532.

Luc *Boltanski*, Ève *Chiapello*, Le nouvel esprit du capitalisme (Gallimard, Paris 2011). | Dt.: Der neue Geist des Kapitalismus (Herbert von Halem Verlag, Köln 2006).

Massimo *Cacciari*, Dialettica e critica del Politico. Saggio su Hegel (Feltrinelli, Mailand 1978).

Massimo *Cacciari*, Pensiero negativo e razionalizzazione (Marsilio, Padua 1977).

Massimo *Cacciari*, Sulla genesi del pensiero negativo. In: Contropiano (1/1969).

Intervista a Massimo *Cacciari*. A cura di Giacomo Bottos e Lorenzo Mesini. In: Pandora. Rivista di teoria e politica (15. 10. 2015).

Alessandro *Carrera*, On Massimo Cacciari's Disenchanted Activism. In: Massimo *Cacciari*, The Unpolitical. On the radical Critique of Political Reason (Fordham University Press, New York 2009) 1–44.

Roberto *Chiarini*, Destra italiana. Dall'Unità d'Italia a Alleanza Nazionale (Marsilia, Venedig 1995).

Lotta Continua. Zit. in: Communismo (Nr. 1/Herbst 1970).

Lotta Continua Nr. 2 (29. 11. 1969). Zit. in: http://www.misteriditalia.it/il68/fine-nascita/lotta-continua/lottacontinua.pdf.

Lucio *Colletti*, A Political and Philosophical Interview. In: New Left Review 1/86 (1974).

Lucio *Colletti*, Ideologia e società (Laterza, Bari 1972).

Lucio *Colletti*, Tramonto dell'ideologia (Laterza, Roma 1980).

Mariarosa *Dalla Costa*, Donne e sovversione sociale. In: ders., Potere feminile e sovversione sociale (Marsilio editori, Padua 1972). | Dt.: Die Frauen und der Umsturz der Gesellschaft. In: Mariarosa Dalla Costa, Selma James, Die Macht der Frauen und der Umsturz der Gesellschaft (Merve, Berlin 1973, 27–66).

Mariarosa *Dalla Costa*, La porto dell'orto e del giardino. In: Guido Borio, Francesca Pozzi, Gigi Roggero (Hg.), Gli operaisti (Derive Approdi, Rom 2005).

Sergio *Dalmasso*, La ricerca di un'altra via. Le 7 tesi sul controllo operaio di Panzieri e Libertini. In: »Per il '68« (Nr. 7/1995).

Galvano *Della Volpe*, Critica del Gusto (Feltrinelli, Mailand 1960).

Galvano *Della Volpe*, Rousseau und Marx. Beiträge zur Dialektik geschichtlicher Strukturen (Luchterhand, Darmstadt 1975).

Dario *Gentili*, The Autonomy of the Political in the Italian Tradition (Tronti, Negri, Cacciari). In: Nathaniel *Boyd*, Michele *Filippini* (Hg.), The Autonomy of the Political: Schmitt, Taubes, Tronti, Cacciari, Negri (Jan Van Eyck Academy, Maastricht 2011) 9–23.

Paul *Ginsborg*, Storia d'Italia dal dopoguerra ad oggi (Einaudi, Turin 2006).

Christoph *Henning*, »All das ist nicht mysteriös«. Wider die Verrätselung der Marxschen Geldtheorie. In: Karl Reitter (Hg.), Karl Marx. Philosoph der Befreiung oder Theoretiker des Kapitals? Zur Kritik der »Neuen Marx-Lektüre« (Mandelbaum Verlag, Wien 2015) 49–85.

Marco *Iacona*, 1968. Le origini della contestazione globale (Solfanelli, Chieti 2008).

Lucio *Libertini*, Raniero *Panzieri*, Sieben Thesen zur Frage der Arbeiterkontrolle. In: Archiv für die Geschichte des Widerstandes und der Arbeit (AGWA), Nr. 10, Gießen 1989, 171–181. Oder in: Nicole Berger (Hg.), Thesen zur Arbeiterkontrolle (Verlag Karin Kramer, Berlin).

Luca *Mori*, La sinistra extraparlamentare in Italia (1968–72): origini, sviluppi e rapporti col pci (l'Università degli studi di Firenze, Florenz 2002).

Giuseppe *Natale*, L'occupazione dell'ex Hotel Commercio a Milano. In: Quaderni piacentini (Nr. 37/1969) 109–114.

Antonio *Negri*, Crisi dello Stato-piano. Comunismo e organizzazione rivoluzionaria. In: ders., I libri del rogo (Derive Approdi, Rom 2006). | Dt.: Krise des Plan-Staats, Kommunismus und revolutionäre Organisation (Merve, Berlin 1973).

Antonio *Negri*, Die wilde Anomalie. Baruch Spinozas Entwurf einer freien Gesellschaft (Wagenbach Klaus GmbH, Berlin 1982).

Antonio *Negri*, La sconfitta del '77. In: Nanni *Balestrini*, Primo *Moroni* (Hg.), L'orda d'oro (SugarCo Edizione, Mailand 1988) 485–496. | Dt.: Die Niederlage von 1977. In: Nani Balestrini, Primo Moroni: Die goldene Horde. Arbeiterautonomie, Jugendrevolte und bewaffneter Kampf in Italien (Assoziation A, Berlin 2002[2], 390–396).

Antonio *Negri*, Lettera a Marx. In: Il Manifesto (10. 5. 1983).

Raniero *Panzieri*, Lotte Operaie nello sviluppo capitalistico (Einaudi, Turin 1976).

Antonio *Negri*, Partito operaio contro il lavoro. In: ders., I libri del rogo (Derive Approdi, Rom 2006). | Dt.: Partei gegen die Arbeit. In: Antonio Negri, Massenautonomie gegen historischen Kompromiß (Trikont, München 1977, 13–90).

Antonio *Negri*, Proletari e Stato: Per una discussione su autonomia operaia e compromesso storico (1976). In: ders., I libri del rogo (Derive Approdi, Rom 2006). | Dt.: Proletarier und Staat. In: Antonio Negri, Massenautonomie gegen historischen Kompromiß (Trikont, München 1977, 91–148).

Raniero *Panzieri*, Plusvalore e pianificazione. Appunti di lettura del Capitale. (Orig.: Quaderni Rossi Nr. 4/1964). In: ders., Lotte Operaie nello sviluppo capitalistico (Einaudi, Turin 1976) 51–85. | Dt.: Mehrwert und Planung. In: Claudio Pozzoli (Hg.), Spätkapitalismus und Klassenkampf. Eine Auswahl aus den »Quaderni Rossi« (Europäische Verlagsanstalt, Frankfurt a. M. 1972, 56–86).

Raniero *Panzieri*, Spontaneità e organizzazione (BFS Edizioni, Pisa 1994).

Raniero *Panzieri*, Uso socialista dell'inchiesta operaia. In: ders., Lotte Operaie nello sviluppo capitalistico (Einaudi, Turin 1976) 87–96. | Dt.: Sozialistischer Gebrauch des Arbeiterfragebogens. In: Claudio Pozzoli (Hg.),

Spätkapitalismus und Klassenkampf. Eine Auswahl aus den »Quaderni Rossi« (Europäische Verlagsanstalt, Frankfurt a. M. 1972, 105–113).
Raniero *Panzieri*, Über die kapitalistische Anwendung der Maschinerie im Spätkapitalismus (Orig.: Quaderni Rossi Nr. 1, 1961). In: Thekla (Nr. 7/Juli 1985) 9–27.
Potere Operaio (Nr. 1/18. September 1969). Zit. in: http://www.misteriditalia.it/il68/fine-nascita/potere-operaio/Potereoperaio.pdf.
Costanzo *Preve*, Teoria in pezzi. La dissoluzione del paradigma operaista in Italia (1976–1983), (Dedalo, Bari 1984).
Karin *Priester*, Studien zur Staatstheorie des italienischen Marxismus. Gramsci und Della Volpe (Campus Verlag, Frankfurt am Main 1981).
Karl *Reitter*, Von der 68er Bewegung zum Pyrrhussieg des Neoliberalismus. Sozialphilosophische Aufsätze zu 1968, Fordismus, Postfordismus und zum bedingungslosen Grundeinkommen (Wiener Verlag, Wien 2014).
Oreste *Scalzone*, Zit. in: »Non siam scappati più«: La battaglia di Valle Giulia. In: Nanni *Balestrini*, Primo *Moroni*, L'orda d'oro (SugarCo Edizione, Mailand 1988) 405–414.
Marco *Scavino*, Mobilitazione dei lavoratori industriali in Italia nel biennio 1968–1969. In: Christoph *Cornelißen* et al. (Hg.), Il decennio rosso. Contestazione sociale e conflitto politico in Germania e in Italia negli anni Sessanta e Settanta (Il Mulino, Bologna 2012) 147–166.
Flavio *Silvestrini*, Dopo la trincea: »Gramsci, l'Ordine Nuovo« e la rivoluzione italiana. In: Etica & Politica (Nr. 14/2012) 150–196.
Mario *Tronti*, Noi operaisti (Derive Approdi, Rom 2009).
Mario *Tronti*, Operaio e capitale (Derive Approdi, Rom 2006). | Dt.: Arbeiter und Kapital (Verlag Neue Kritik, Frankfurt a. M. 1974).
Mario *Tronti*, Sull'autonomia del politico (Feltrinelli, Mailand 1977).
Yanis *Varoufakis*, The Global Minotaur. America, Europe and the Future of the Global Economy (Zed Books, London 2011). | Dt.: Der globale Minotaurus. Amerika und die Zukunft der Weltwirtschaft (Verlag Antje Kunstmann, München 2012).
Guido *Viale*, Contro l'università. In: Quaderni Piacentini (Nr. 33/1968) 2–28.
Paolo *Virno*, Grammatik der Multitude (Turia + Kant, Wien 2005).
Paolo *Virno*, Il lavoro non rende liberi. In: Nanni *Balestrini*, Primo *Moroni* (Hg.), L'orda d'oro: 1968–1977. La grande ondata rivoluzionaria e creativa, politica ed esistenziale (SugarCo Edizione, Mailand 1988) 533–565.

Steve *Wright*, Storming Heaven (Pluto Press, London 2002). | Dt.: Den Himmel stürmen. Eine Theoriegeschichte des Operaismus (Assoziation A, Berlin, Hamburg 2005).

Weblinks

Franco *Berrardi*, Interview @NEURO (München 2004): http://neture.org/wp-content/uploads/bifo_NEURO.pdf (28.7.2018).

Text veröffentlicht von CUB Pirelli im Juni 1968: http://www.nelvento.net/archivio/68/autonomia/cubpirelli.htm (24.6.2017).

Collectivo Internazionale Feminista, Le operaie della casa (1977): https://www.viewpointmag.com/2015/10/31/excerpts-from-le-operaie-della-casa/#rf3-5289 (17.6.2018).

Tesi della Sapienza (Pisa 1967) 10: https://issuu.com/#_13460/docs/interno_le_tesi_della_sapienza_pisa. (1.3.2019).

Piattaforma Communista, 70 anni dopo: uno sguardo storico sulla ›Svolta di Salerno‹: http://piattaformacomunista.com/SVOLTA_SALERNO.pdf (17.4.2017).

http://ordadoro.info/?q=content/les-ann%C3%A9es-dures-%C3%A0-la-fiat#footnote9_9hg42c9 (15.4.2017).

http://ordadoro.info/?q=content/piazza-statuto-le-d%C3%A9but-de-l%E2%80%99affrontement#footnoteref8_jd6a3i8 (19.5.2018).

XXXIII Kongress der Partito Socialista in Neapel, 15.–.18 Januar 1959: http://dellarepubblica.it/congressi-psi/xxxiii-congresso-napoli-15-18-gennaio-1959 (20.3.2017).

Wikipedia-Artikel zu »Il Potere Operaio Pisano«: https://it.wikipedia.org/wiki/Il_potere_operaio_pisano (1.2.2018).